イギリス取引法入門

島田真琴
Makoto Shimada

慶應義塾大学出版会

はしがき

　企業法務の方々からよく受ける質問の1つに、「イギリス法を手っ取り早く調べるには、どうすればよいのか」というものがある。イギリス法は、国際金融取引、国際合弁事業、国際物品売買、プラント輸出、海上・航空運送、海上保険その他の多国間に跨る重要な取引における標準書式の基礎であり、また、国際取引の準拠法として選択されることが最も多いので、国際取引に携わる実務家は、日常的な業務の中で同法がかかわる法律問題に頻繁に直面する。そのような折、疑問や問題を解決しようとして定評のある実務書、テキスト、入門書等を原書で読んでも、様々な記述のうちのどれが当面の問題に関連するのかが理解できず、的を射た答えが見つからないというのである。

　イギリス法がなぜ難しいのか、その主な理由は、同法が以下の4つの特徴を有していることに起因する。

　第1に、イギリスは、判例法の国であり、900年以上に亘る裁判所の判決がそのまま法律となっている。しかし、個々の判例は、具体的な事件の解決のための判断を示し、これを読んでも法の全体的な構造が理解できない。

　第2に、イギリスの判例法は、1つの裁判所組織による体系的な法制度ではない。元々は、王立裁判所及び大法官裁判所という2種類の裁判所により、互いを干渉することなく何百年に亘って形成された、コモンロー及びエクイティという別個の法制度が、19世紀末に統合されて現在の判例法となったものである。しかし、コモンローとエクイティは、裁判所が統合した後も、相対立する法原則を実現する独立した制度として併存している。

　第3に、イギリスには、判例法に加えて、13世紀以来の数多くの議会制定法が存在する。議会は、裁判官による判例法を補足したり制限したりするために法律を設けることもあれば、判例法との関係を全く考慮せずに制定することもある。すなわち、判例法と制定法は、調和された法制度ではない。

　第4に、1973年、イギリスは欧州共同体に加盟し、EU法がイギリス法に加わった。その結果、イギリス法とは根本的に異なる大陸法系の法制度（EU法）が、従来の法制度との関係に関する工夫や配慮なしに、自動的に国内法の一部

となっている。

　以上のとおり、イギリス法は、判例法（コモンロー及びエクイティ）、議会制定法、EU 法という、起源も立法者も目的も異なる様々な法制度が無秩序に混合して形成された法制度全体を指し、日本人が想定する「1 国の法体系」という概念とは、およそかけ離れている。このことを理解せずにある特定の分野のイギリス法だけを調べようとすると、その要件、適用範囲、例外等を正確に把握できず、大きな誤解や混乱を生む恐れがある。

　本書は、このようなイギリス法の特徴を踏まえ、様々な法制度の関係を整理しながら、現在の取引社会で用いられているイギリス取引法の全体像を、日本人にできるだけわかりやすく説明することを目的としている。

　本書は、まず第 1 章乃至第 3 章においてイギリス法を学ぶ上で最低限必要なイギリス司法制度の基本的事項を説明したうえで、第 4 章乃至第 13 章で取引法の中心である契約法を体系的に説明した。さらに、第 14 章（契約関係）に契約法と他の法制度の関係を示し、第 15 章乃至 20 章では、過失責任、代理、信託、財産権の移転、寄託、担保という、取引に関連する重要な法律を解説している。いずれも日本人に難解な制度だが、章順に読み進めば理解できるように構成した。続く第 21 章及び第 22 章は、紛争解決地としてイギリスが選ばれた場合に必要となる国際訴訟、仲裁を説明し、最後の 2 章（第 23 章及び第 24 章）では、国際契約交渉、英文契約書作成という国際取引法務の実践面において、イギリス取引法の知識がどのように生かされるのかを紹介した。上記目的に鑑み、制度の沿革や解釈上の論争に関する説明はできるだけ捨象し、現に通用する法に関し我々が知っておくべき事項を端的に提示することを心掛けた。

　本書を一通り読めば、国際取引法務担当者としての強力な武器を手に入れることができる。

　本書の企画・編集に当たり、慶應義塾大学出版会編集部・岡田智武氏及び綿貫ちえみ氏に多大のご尽力をいただいた。心より感謝の意を表したい。

　2014 年 2 月

島田真琴

目　次

はしがき　i

第1章　イギリス法とは ——————————————— 1
1．イギリス法の発生　1
2．イギリス法の分類　5

第2章　裁判所と法律専門職 ——————————— 7
1．裁判所の種類　7
2．民事裁判所（Civil Court）　7
3．刑事裁判所（Criminal Court）　11
4．法律専門職（Legal Profession）　12

第3章　イギリスの法源（Sources of Law） ——————— 15
1．国内法規（Domestic Legislation）　15
2．EU法（European Community Law）　17
3．判例法（Case Law）　19
4．慣習（Custom）　22

第4章　契約の成立(1)——申込（offer）と承諾（acceptance） ——— 23
1．イギリス法における契約の成立　23
2．申込の誘引（Invitation to Treat）　25
3．承諾（Acceptance）　28
4．条件付承諾（Qualified Acceptance）　29
5．書式間の闘争（Battle of Forms）　30
6．郵便ルール（Postal Rule）　32
7．申込人による承諾方法の指定　33
8．申込の失効（Termination of Offer）　34

第5章　契約の成立(2) ——————————————— 37
——約因（consideration）と約束的禁反言（promissory estoppel）

1. 約因（Consideration）の意義・目的　37
2. 未履行約因と既履行約因　38
3. 過去の約因（Past Consideration）　38
4. 約因の価値　39
5. 既存の債務の履行の約因　40
6. 金銭債務の一部弁済（Part-payment of Debt）と約因　43
7. 約束的禁反言（Promissory Estoppel）　45
8. 約束的禁反言の要件　46
9. 約束的禁反言の限界　48

第6章　契約の成立(3) ——————————————— 51
——契約意思（intention）、明確性（certainty）、完全性（completeness）、要式性（formality）

1. 法的拘束力発生の意思（Intention to Create Legal Relations）　51
2. 明確性（Certainty）、完全性（Completeness）　52
3. レター・オブ・インテント（Letter of Intent）　55
4. 条件付合意（Conditional Agreement）　58
5. 要式性（Formal Requirement）　60
6. 捺印証書（Deed）　61

第7章　契約条項(1)——契約条項（term）の種類 ——————— 65

1. 契約条項（Term）とは　65
2. 契約条項（Term）と表示（Representation）の区別　65
3. 契約条項の分類（Classification of Terms）　67
4. 黙示条項（Implied Term）　71
5. 1979年物品売買法（Sale of Goods Act 1979）　74

第8章　契約条項(2)——契約解釈（interpretation of contract） ——— 77

1. 契約解釈上の基本原則　77
2. 口頭証拠排除の原則（Parol Evidence Rule）　80
3. 完全合意条項（Entire Agreement Clause）　82

第9章　契約条項(3)——責任排除条項（exclusion clause） ———— 85
1．責任排除条項（Exclusion Clause）とは　85
2．契約の内容となること（Incorporation into the Contract）　86
3．責任排除条項の適用に関する解釈原則　89
4．1977年不公正契約条項法（Unfair Contract Terms Act 1977）　91
5．1999年消費者契約不公正条項規則（Unfair Terms in Consumer Contracts Regulations 1999）　94

第10章　契約の取消し ——不実表示（misrepresentation）、強迫（duress）等 —— 97
1．不実表示（Misrepresentation）の意義と要件　97
2．不実表示の法的効果　104
3．強迫（Duress）　108
4．不当威圧（Undue Influence）　110
5．非良心的取引（Unconscionable Bargains）　111

第11章　契約の無効 ——錯誤（mistake）、違法性（illegality）———— 113
1．錯誤（Mistake）　113
2．違法性（Illegality）　121

第12章　契約の終了 ———————————————————— 127
　　　　　——履行期前契約違反（anticipatory breach）、フラストレーション（frustration）等
1．合意による契約終了（Discharge by Agreement）　127
2．契約違反による終了（Discharge by Breach）　128
3．フラストレーションによる履行義務の終了（Discharge by Frustration）　130

第13章　契約違反の救済措置（Remedies for Breach of Contract）———— 141
1．損害賠償（Damages）の基本的性質　141
2．損害の範囲　141
3．損害の種類と損害額の算定　145
4．損害賠償請求に対する抗弁　151
5．損害賠償額の予定（Liquidated Damages）　157
6．原状回復（Restitution）　159
7．特定履行（Specific Performance）　161
8．差止命令（Injunction）　162

第14章　契約関係（Privity of Contract） —— 165
1．契約関係の法理（Doctrine of Privity）　165
2．契約関係の法理の回避　165
3．責任排除条項と第三者　170
4．契約上の第三者の権利に関する制定法　171

第15章　過失責任（Negligence） —— 175
1．過失責任（Negligence）とは　175
2．過失責任の成立要件　175
3．純粋な経済的損失（Pure Economic Damage）　181
4．過失責任に基づく請求に対する抗弁（Defences）　183
5．特殊な過失責任（Special Negligence）　185

第16章　代理（Agency） —— 189
1．代理（Agency）とは　189
2．代理の成立要件　189
3．代理人の本人に対する義務　193
4．忠実義務の限定及び忠実義務違反に対する救済措置　196
5．代理人の本人に対する権利　196
6．代理関係の終了　197

第17章　信託（Trust） —— 199
1．エクイティ上の財産権（Equitable Interest）と信託（Trust）　199
2．信託の種類と成立要件　200
3．受託者の義務　206
4．信託違反（Breach of Trust）と救済措置（Remedies）　208

第18章　取引に伴う財産権の移転 —— 213
　　　　　——土地財産権譲渡（conveyance）、物品売買（sale of goods）、
　　　　　債権譲渡（assignment）
1．財産権（Property）とは　213
2．土地利用権原の移転（Transfer of Title to Estate in Land）　215
3．物品に対する財産権の移転　216
4．無権原者との取引による物品に対する権原の移転　222

5．契約上の権利の移転（Assignment of Contractual Right）　227
　　6．更改（Novation）　232

第19章　寄託（Bailment） ──────────────── 235
　　1．寄託とは　235
　　2．受寄者の権限　236
　　3．受寄者の義務　236
　　4．寄託者の義務　239

第20章　担保（Securities） ──────────────── 241
　　1．担保の種類　241
　　2．コモンロー上の土地譲渡抵当権（Legal Mortgage of Land）　242
　　3．エクイティ上の土地譲渡抵当権（Equitable Mortgage）　246
　　4．質権（Pledge）　247
　　5．コモンロー上の動産譲渡抵当権（Legal Mortgage of Goods）　248
　　6．チャージ（エクイティ上の動産担保権、Equitable Charge of Goods）　249
　　7．債権的財産権に対する担保（Security over Choses in Action）　250
　　8．船舶及び航空機の譲渡抵当権（Mortgage of Ship and Aircraft）　250
　　9．リーエン（先取特権、約定留置権、Lien）　251

第21章　国際取引訴訟（International Commercial Litigation） ──── 255
　　1．国際裁判管轄（Jurisdiction）　255
　　2．法の選択（Choice of Law）　261
　　3．判決の執行（Enforcement of Judgment）　263
　　4．外国判決の承認・執行（Recognition and Enforcement of Foreign Judgment）　267

第22章　国際商事仲裁（International Commercial Arbitration） ──── 271
　　1．仲裁（Arbitration）とは　271
　　2．仲裁の管轄（Jurisdiction of Arbitration）　272
　　3．仲裁判断の準拠法（Applicable Law of Arbitration）　274
　　4．国内仲裁判断の執行（Enforcement of Arbitration Award）　275
　　5．外国仲裁判断の執行（Enforcement of Foreign Arbitration Award）　276

第23章　国際契約交渉 — 279

1. 契約交渉のスタイル　279
2. 契約交渉の準備　279
3. 契約交渉の方法　280
4. 法的交渉事項　283
5. 契約交渉中に生ずる当事者の義務　285
6. 契約交渉中に交わす書面　286
7. Subject to Contract と Without Prejudice　289
8. 契約交渉の準拠法　290

第24章　英文契約書の作成 — 291

1. 契約書作成の目的　291
2. 契約書作成の方法　291
3. 契約書の構成　292
4. 契約書作成上の注意事項　300
5. 契約解釈の基本原理とドラフト　305

参考文献　309
和文事項索引　311
欧文事項索引　317
法令・条文索引　323
判例索引　327

第1章　イギリス法とは

1．イギリス法の発生

　イギリス法（common law）は、それぞれ起源の異なる4種類の法律（コモンロー、エクイティ、議会制定法及びEU法）の混合体である。

(1)　**コモンロー（common law）**
　コモンローは、1066年のノルマンディ公ウィリアムによるイングランド征服（the Norman Conquest）及びイングランド王国の成立をその起源としている。ウィリアム征服王（William I, the Conqueror）は、イングランドの全ての土地を支配下においた上、これをノルマンディから連れてきた臣下に分配し、王への忠誠と引換に土地利用を許可した。王から土地使用権を賜った臣下は、その部下たちに更に使用権を分配し、部下たちは更に、それぞれの家来に土地利用を認めるという形で、国王を頂点とするピラミッド型の土地利用体系が出来上がった。いわゆる封建制度の成立である。イギリスの封建制度の際立った特徴は、土地利用権をめぐる全ての争いに関し、国王が紛争解決の権限（裁判権）を保持した点である。すなわち、ある地方貴族の領地内において土地利用を認められたその末端の家臣は、土地に関する自己の権利が侵害されたとき、土地利用権を付与してくれた直接の上司やその領主である地方貴族だけでなく、ロンドンにいる国王に対しても紛争解決のための裁判を求めることが許されていた。また、土地以外の財産に関する争いも、その価値が40シリング（2ポンド）を超えるときは国王に裁判を求めることができた。この上限金額はその後のインフレによりほとんど無意味に等しくなる。このように国王の下にある単一裁判所により統一的な司法判断を行う制度は、イングランド統一とほぼ同時に生まれていたわけである。ノルマン時代の王立裁判所はウエストミンスターに設

置され、12人の裁判官により全事件を処理していた。この12人の裁判官は、年に2回、2人1組で全国を巡回して各地で裁判をし、法制度の均一化を図った。これは巡回裁判所制度（the system of assizes）と呼ばれ、1971年まで続けられてきた。この制度の下で全国を巡回した裁判官は、それぞれの地方の紛争を合理的と思われる慣習に従って審理判断し、悪しき慣習は他の地方の慣習や新しい慣習に置き換えていった。こうして、ある地域における1つの事件での判断が他の地域における類似事件に適用されるようになり、先例拘束性の原理（the doctrine of precedence）が生まれた。裁判官たちは、巡回を終えてウエストミンスターの王立裁判所に戻った際、それぞれが扱った事件について報告・協議し、徐々に共通の法律、すなわち、コモンロー（common law）が形成された。

　なお、「common law」の語は、（ⅰ）欧州大陸法の対立概念としてのイギリス法全体、（ⅱ）下記(2)のエクイティの対立概念として、王立裁判所により形成された法律、（ⅲ）下記(3)の議会制定法の対立概念としての判例法（エクイティを含む case law）等、様々な意味で用いられる。本書では、（ⅰ）をイギリス法、（ⅱ）をコモンロー、（ⅲ）を判例法と呼んで区別する。

(2) エクイティ（equity、衡平法）

　王立裁判所の裁判手続は、原告が訴えた請求事項を記載した勅令状（royal writ）の発行により開始する制度（the writ system）が採られていたが、この令状は、伝統的に、特定の種類の請求を記載できる書式だけに限定されていたため、多くの訴訟申立は裁判所に取り上げてもらえなかった。最大の問題は、ユース（use）と呼ばれていた方法で他人に管理を託した土地の取戻を請求するための勅令状が存在しなかったことである。ユースとは、土地の権利者が他人に対し、自分の家族のために管理等を託して土地を譲渡する制度であり、12世紀頃、十字軍に出征する騎士が家族のために友人や教会に土地を預けたことを起源とする、慣行上の土地保有形式である。14世紀以降、ユースは、土地利用権者が相続の際における封建的な負担から逃れる目的で盛んに利用されるようになった。当時の封建制度上、土地利用権者が死亡した場合、相続人は国王に1年分の賃料に相当する税金を支払わなければならなかった。また、相続人が未成年（当時は21歳未満）の場合、当該土地は、その直属の上司が管理することとされて

いたが、この間に上司が土地の全収穫を剝ぎ取ってしまう事態が横行した。そこで、国王の税金や領主の管理を避けるため、被相続人が友人に対し、息子や家族のため、土地利用権をユースの方法で譲渡する行為が一般化した。しかし、ユースは慣行上の制度に過ぎないので、コモンロー上、この場合の土地利用権はその譲渡を受けた友人に帰属し、友人が約束を破って土地やその収益を略取しても、裁判所に救済を求めることができなかった。裁判所の救済を受けられない人々は国王に直訴したので、国王は、その精神的な助言者である大法官（the Lord Chancellor）にそれらの事件の処理を指示した。これを受けた大法官は、他人から信頼されて土地の管理を託された者（受託者、trustee）は、法律上の義務ではなく、衡平の原則（the principle of equity）に基づく義務を負担するとして、信託（trust）に反する行為をした受託者に土地や収益の返還を命ずるなどの方法で妥当な解決を図った。こうして、信託（trust）事件に関する大法官による裁判所の裁判管轄権が確立した。

　この信託制度の発生と並行して、大法官の裁判所（the Court of Chancellor）には、王立裁判所が扱わない様々な事件が持ち込まれ、大法官は、コモンローでは解決できない問題を、衡平の原則、すなわち、エクイティ（equity）によって解決するようになった。たとえば、金銭賠償（damages）というコモンロー上の救済手段では充分な救済を受けられない者を差止命令（injunctions）や特定履行（specific performance）の方法で救済するなどである。こうして、王立裁判所と大法官裁判所という２つの系列の裁判所により、コモンロー及びエクイティという別個の法体系がそれぞれ独立して発展していった。19世紀後半、王立裁判所と大法官裁判所は、高等法院（the High Court）という１つの裁判所に統合され、1876年以降は全ての裁判所にコモンロー及びエクイティの双方を適用する権限が与えられた。なお、両制度の解決が一致しない場合は、エクイティがコモンローに優先する。

　このようにして両制度が統合された後でも、エクイティ上の信託の法概念は独自の進化を続け、また、エクイティに基づく様々な原則や救済措置（equitable remedies）は、コモンロー上の原則による救済が不十分な場合に裁判官の裁量により認められる制度として機能する等、エクイティはコモンローとは異なる法分野を形成している。

(3) 議会制定法（statutes）

　1215年、イギリス国王ジョン（King John）は、その直接の臣下である貴族たち（barons）との間でマグナカルタ（the Magna Carta）を合意した。マグナカルタの条項の大半は、ジョン王の一方的な課税その他の圧政に反対していた貴族との和解に関するものだが、商人の保護や裁判を受ける権利等、一般市民の権利にかかわる条項も一部加えられた。その内容以上に重要なのは、国王がその家臣との間の合意（法）に従うことを約束したこと、及び国王とその家臣の代表者との間で合意（法）を作ったことの2点である。前者は法の支配（rule of law）、後者は議会主義の契機といわれている。その後、国王の執政を監視し、専横を抑えるために、貴族の代表による議会（Parliament）と呼ばれる評議会が定期的に開催されるようになり、1265年には貴族以外の各地方の庶民の代表もこれに加わることが許された。こうして、14世紀半ば以降、国王（King又はQueen Regnant）、聖職貴族（the Lord Spiritual）・世俗貴族（the Lord Temporal）で構成される貴族院（the House of Lords）、地域別に選出された一般庶民（commons）からなる庶民院（the House of Commons）という3つの機関により構成され、法律を制定する立法府として、国王の議会（the King in Parliament）が生まれた。

　国王の議会による制定法は、日本を含む大陸法系の法制度とは異なり、裁判所が作った判例法を補完又は修正するものと認識され、機能している。

(4) EU法（European Community law）

　欧州共同体（EU）は、フランス、西ドイツ、イタリア、ベルギー、オランダ、ルクセンブルクの6か国が1951年にパリ条約により欧州石炭鉄鋼共同体（ECSC）、1957年に2つのローマ条約により欧州原子力共同体（Euratom）及び欧州経済共同体（EEC）を形成することにより成立した。イギリスは、1972年にアイルランド、デンマークと共にローマ条約に調印してEEC加盟国となり、議会はこれを受けて、1972年欧州共同体法（European Community Act 1972）を制定した。イギリスの法原則上、一般に、条約は国家間の約束に過ぎず、議会がこれに基づく国内法を制定しない限り、私人を直ちに拘束するものではない。しかし、欧州共同体法は、加盟国間の条約及びEU機関（欧州委員会）が制定した規則（regulation）に基づく権利義務は、個別的に議会の承認を得なくても

自動的に法的拘束力を生ずる旨を定めた。こうして、議会は、自らの立法権限に制限を付し、現在及び将来のEU条約及びEU規則を国内法に取り込んだ。

2．イギリス法の分類

　イギリス法（コモンロー、エクイティ、議会制定法及びEU法）は、以下の2とおりの方法で分類できる。

(1) 公法（public law）と私法（private law）
　公法は、国家と私人の間を規律する法律の総称であり、憲法（constitutional law）、行政法（administrative law）、刑事法（criminal law）等が含まれる。私法は、私人間を規律する法律で、契約法、不法行為法、信託法、財産権法、会社法等がこれに当たる。本書は、私法を対象とする。

(2) 民事法（civil law）と刑事法（criminal law）
　イギリスの裁判所は、民事裁判所と刑事裁判所の2つがある。民事法と刑事法は、ある事件が民事裁判所、刑事裁判所のどちらの管轄に属するかを決定するための分類である。民事裁判所が扱う民事法に関する事件において、裁判所の判決を得て権利を行使するのはもっぱら私人であるが、刑事裁判所における刑事法に関する手続は、国の責任において開始し、国家が主体的に関与する。本書は、民事法を中心に扱う。

　民事事件（civil case）と刑事事件（criminal case）は、裁判手続上の用語が異なっている。

　刑事事件は、女王（the Crown）、公訴局（the Crown Prosecution Service）又は公訴局長官（the Director of Public Prosecution）が被告人（defendant）を起訴又は訴追（prosecution）し、刑事裁判所（criminal court）において、被告人が違法（illegal）な犯罪（crime）を行ったかどうか審理（trial）される。刑事手続は、女王が司法長官（the Attorney General）を通じて停止できるが、被害者（victim）には手続を止める権限がない。刑事裁判において有罪（guilty）との判決言渡（award）を受けた被告人は制裁（sanction）が科せられ、犯罪者（offender）として前科

（criminal record）が残る。

　他方、民事事件は、私人が原告（claimant）として訴え（suit）を提起し、民事裁判所（civil court）で、原告が被告（defendant）の不法な（unlawful）な権利侵害（civil wrong）の被害者（victim）かどうか審理（trial）又は審尋（hearing）する。民事裁判の原告は有責（liable）と判断（judgment）された被告から救済措置（remedy）による補償（compensation）を受ける。

第2章　裁判所と法律専門職

1．裁判所の種類

　イギリスの裁判所は、民事裁判所と刑事裁判所に大別される。民事裁判所は、最高裁判所（the Supreme Court）、控訴院民事部（the Court of Appeal, Civil Division）、高等法院（the High Court）及び県裁判所（County Courts）であり、刑事裁判所は、最高裁判所、控訴院刑事部（the Court of Appeal, Criminal Division）、刑事法院（the Crown Court）及び治安判事裁判所（Magistrates' Courts）である。最高裁判所、控訴院、高等法院及び刑事法院は、併せて上位裁判所（superior courts）、県裁判所と治安判事裁判所は下位裁判所（inferior courts）と呼ばれる。

　裁判所全体を統括する裁判所長官の役職名を首席統括判事（the Lord Chief Justice）という。首席統括判事は、刑事裁判所（criminal courts）全体及び家事関係事件を扱う裁判所（family courts）全体の長官（president）に自ら就任し、又は各長官を指名する権限を有する。

2．民事裁判所（Civil Court）

(1) 県裁判所（County Courts）

　県裁判所は全国約170か所に設置され、民事事件全体の約90％は県裁判所が処理している。その事物管轄は以下のとおりである。

(ⅰ)　契約又は不法行為に基づく請求（ただし、名誉毀損事件は当事者が合意した場合に限る）

(ⅱ)　土地及びその権原、利用権の返還請求訴訟

(ⅲ)　3万ポンド以下の（譲渡抵当権、信託等）エクイティに基づく請求

(ⅳ)　破産事件、資本金額12万ポンド以下の会社の解散

（ⅴ）　離婚事件、3万ポンド以下の遺言執行事件
　　（ⅵ）　消費者金融、不動産賃貸借、人種差別事件、特許事件

　県裁判所の裁判官は、特定の複雑な事件だけを担当する巡回裁判官（circuit judge）、それ以外の事件をパートタイムで取り扱う非常勤裁判官（recorder）及び500ポンド以下の少額事件を担当する地区裁判官（district judge）の3種類である。
　県裁判所判決に対する上訴（appeal）は、原則として高等法院に申し立てられる。

(2)　治安判事裁判所（Magistrates' Courts）
　治安判事裁判所は、主として刑事事件を扱うが、離婚前の別居命令、児童保護等の家事手続や税金・公共料金の請求事件に関する管轄権を有している。

(3)　高等法院（the High Court）
　高等法院はロンドンに1つだけ存在し、女王座部（Queen's Bench Division）、大法官部（Chancery Division）及び家事部（Family Division）の3部門に分かれている。それぞれの部門の取扱事件は、次のとおりである。
　　（ⅰ）　女王座部：契約、不法行為等に関するほとんどの民事事件を扱い、かつ海事裁判所（the Admiralty Court）、商事裁判所（the Commercial Court）及び技術・建築裁判所（the Technology and Construction Court）を含む。
　　（ⅱ）　大法官部：土地法、信託、抵当、会社法、破産、税法に関する事件を扱う。
　　（ⅲ）　家事部：離婚、婚姻及び親子関係事件を扱う。
　この3つの部門は、それぞれ、女王座部首席裁判官（the President of the Queen's Bench Division）、大法官部長官（the Chancellor of the High Court）及び家事部首席裁判官（the President of the Family Division）が、上級裁判官（senior judge）として統括する。高等法院の一般の裁判官は、普通裁判官（puisne judge、ピューニ・ジャッジ）と呼ばれている。普通裁判官は、7年以上の法廷実務経験又は2年以上巡回裁判官を務めた経験のある弁護士でなければならない。

高等法院の審判は、名誉毀損事件（defamation）、誣告事件（malicious prosecution）、不当監禁事件（false imprisonment）及び詐欺事件（fraud, deceit）を除き、陪審（jury）にはよらず1名の普通裁判官により行われる。

高等法院の判決に対する上訴裁判所は、常に控訴院である。

(4) 付属裁判所民事部（the Divisional Court, Civil Division）

高等法院の各部門には、付属裁判所（the Divisional Court）が設けられ、それぞれ一定の機能を果たしている。

　（ⅰ）女王座部付属裁判所：女王座部の裁判官2名以上によって構成される。下位裁判所（inferior courts）、審判機関（tribunal）及び地方機関を監督し、その職務の履行や管轄権の逸脱禁止を命ずる等の監督権限、及び行政裁判所（the Administrative Court）を通じて政府機関その他公的機関の決定、たとえば土地開発許可決定等を再検討し、取り消す権限（judicial review）を有している。また、治安判事裁判所や刑事法院の判決が特別上告（case stated、当事者の合意により法律問題のみの判断を求める手続）の方式で上訴された場合、その審理を行う権限も有している。

　（ⅱ）大法官部付属裁判所：県裁判所の破産事件に関する決定に対する上訴事件等を取り扱う。

　（ⅲ）家事部付属裁判所：県裁判所及び治安判事裁判所における家事事件の判決に対する上訴を受ける。

(5) 控訴院民事部（the Court of Appeal, Civil Division）

高等法院の判決及び破産事件を除く県裁判所の判決に対する上訴事件は、控訴院が審判する。控訴院の長官は、記録長官（the Master of the Rolls）と呼ばれる。控訴院における裁判は、通常、3名の裁判官により審判される。

(6) 最高裁判所（the Supreme Court）

最高裁判所は、長官（the President of the Supreme Court）、副長官（the Deputy President）を含む12名の裁判官（Justices of the Supreme Court）で構成され、イングランド、ウェールズのみならず、スコットランド及び北アイルランドの裁判

に対しても最終の上訴裁判所として機能している。その裁判は、3名、5名又は7名の裁判官により審理される。第一審裁判所における裁判官は、当該事件に特定の法律問題が含まれていると考えた場合、両当事者の同意に基づき、控訴院を飛び級（leapfrogging）して最高裁判所に上訴することができる。

かつて、イギリスの最上級審は、女王の議会（the Queen in Parliament）の貴族院（the House of Lords）に設けられた貴族院上訴委員会（the Appellate Committee of the House of Lords）、通称、貴族院（the House of Lords）だった。貴族院上訴委員会は、2009年10月に最高裁判所が設置されると同時に廃止されたが、その判決は今も主要な判例法を形成している。

(7) その他の重要な裁判所
（ⅰ） 枢密院司法委員会（the Judicial Committee of the Privy Council）
最高裁判所の裁判官で構成され、特定のコモンウェルス諸国における判決の上訴裁判所として機能している。前世紀まで、カナダ、オーストラリア等も枢密院を最終審としていた。形式上、枢密院は、女王に助言をする機関に過ぎないが、この助言は必ず判決として採用される。イギリスの法制度上、その判決は、重要な説得的先例として機能している。

（ⅱ） 欧州裁判所（the Court of Justice of the European Union: ECJ）
ECJは、EU加盟国の裁判所からの付託その他によりEU法に関する様々な事項を審理する管轄権を有している。どのような場合に付託すべきかについては、各裁判所の裁量権によるが、欧州裁判所から付託事項に対する回答があった場合は、全裁判所がこれに従わなければならない。

ECJは15名の裁判官により構成され、8名の法務官（Advocates General）がこれを補佐している。通常、1つの事件は7名の裁判官が審理する。

（ⅲ） 欧州人権裁判所（the European Court of Human Rights: ECHR）
フランスのストラスブールにあるECHRは、ルクセンブルクのECJとは、設置根拠、目的及び機能が異なる別個の裁判所である。ECHRは、欧州市民の人権保護のために1953年に発効した欧州人権条約（the Convention for the Protection of Human Rights and Fundamental Freedoms）に関する事件を処理するための特別な裁判所であり、欧州内の個々人や団体は、人権侵害を受けたときには

いつでもこの裁判所に救済を求めることができる。イギリスは、1998年人権法（the Human Rights Act 1998）により同条約を国内法として採択した。その判決に先例拘束性はないが、重要な説得的先例として機能する。

3．刑事裁判所（Criminal Court）

(1) 治安判事裁判所（Magistrates' Courts）

　イングランド及びウェールズに435のMagistrates' Courtsが存在し、イギリスの刑事事件の約98％を処理している。全ての刑事事件は、まず治安判事裁判所に持ち込まれ、このうち、駐車違反、自動車保険未加入等の軽犯罪（summary offence）については、第一審裁判所として審理する。他方、殺人、強姦等の重大犯罪（indictable offence）の場合は、事件を陪審（jury）にかけるため刑事法院（the Crown Court）に付託する。この両者の中間程度の犯罪は、被告人の同意があったときのみ治安判事が自ら審理する。

　治安判事（Magistrate）は全国に約3万人おり、全て大法官により選任された素人の男女である。治安判事は2、3人で裁判所を構成し、法曹資格のある書記官（clerk）の助言を受けて判断する。いくつかの裁判所には地区裁判官（district judge）も配属され、単独で審判する。

　治安判事は、原則として、6か月以下の懲役又は5000ポンド以下の罰金刑しか言い渡すことができない。治安判事がこれより重い刑が相当であると判断した場合は有罪の決定のみを行い、刑の言渡しのために被告人を刑事法院へ移送しなければならない。

　被告人が18歳未満である場合、治安判事裁判所の一部として設けられた少年裁判所（Youth Court）において審理する。この審理は、通常の法廷とは異なる部屋において非公開で行われる。18歳未満の被告人は、殺人その他の重大犯罪で起訴された場合を除き、少年裁判所により処理される。

　治安判事裁判所の判決に対する上訴裁判所は、通常の場合刑事法院である。上訴権は被告人にのみ与えられている。ただし、刑事法院は治安判事裁判所が言い渡した刑を加重することもできる。被告人が純然たる法律事項に関してのみ争いたい場合は、合意事実記載書（case stated）を提出する方法により女王座

部付属裁判所に上訴することができる。この方法による上訴は、検察官の側も行うことができる。

(2) **刑事法院**（the Crown Court）
　刑事法院は、殺人その他の全ての重大犯罪（trial on indictment）を第一審裁判所として処理し、かつ治安判事裁判所の判決に対する上訴事件も取り扱う。全ての裁判は、12人の素人からなる陪審（jury）の評決により審判する。ただし、陪審は事実問題のみを判断し、法律判断は裁判官が行う。
　刑事法院の判決に対する上訴裁判所は控訴院刑事部である。ただし、法律問題に関しては、合意事実記載書（case stated）を提出する方式で女王座部付属裁判所に上訴することもできる。

(3) **控訴院刑事部**（the Court of Appeal, Criminal Division）
　刑事法院で陪審により審理された事件の有罪判決又は量刑に対する上訴事件は、控訴院において審理される。控訴院の裁判は、通常、3名の裁判官による。被告人は、法律問題、事実問題、量刑の当否のいずれに関しても上訴することができるが、事実問題のみについて上訴しようとする場合、原審の裁判官又は控訴院の許可を受けなければならない。検察側は原則として量刑以外に関しては上訴することはできない。ただし、殺人、強姦等重大犯罪事件の再審査や法律問題の検討を要求することができる。

(4) **最高裁判所**（the Supreme Court）
　最高裁判所は、控訴院の判決及び女王座部付属裁判所の判決における法律判断について、（ⅰ）当該法律事項は公共のために重要であり、かつ（ⅱ）原裁判所又は最高裁判所自身が上訴を許可した場合に限り、上訴審として審理する。この上訴は、検察側、被告人の双方が行うことができる。

4．法律専門職（Legal Profession）

　イングランド及びウェールズにおける弁護士には、ソリシター（solicitors）

とバリスター（barristers）の2種類がある。現在、ソリシターの人数は約11万人、バリスターは約1万5000人である。イギリスは職業裁判官制度を採っていないので、一定以上の法廷実務経験を経たバリスターやソリシターの中から裁判官（治安判事を除く）が選任される。

(1) **ソリシター（事務弁護士、solicitor）**

　ソリシターの仕事の中心は、不動産譲渡手続、遺言書作成、破産申請、離婚事件や損害賠償事件の和解交渉、契約書作成、会社設立・解散手続、許認可申請、法律・税務相談その他一般的な法律問題に関する助言や代理業務であり、訴訟事件に関しては、バリスターのための下準備作業を行う。ソリシターは、原則として下位裁判所（県裁判所及び治安判事裁判所）においてのみ代理人として弁論できる。ただし、自分で事務所を経営しているソリシターは、上位裁判所における弁論資格を申請することができる。ソリシターがこの資格を取得するためには、一定の研修を受けなければならない。

　訴訟の依頼者は、通常、ソリシターに事件を依頼し、ソリシターがバリスターを選定する。その後のソリシターの役割は、事件の報告書を作成してバリスターに依頼事項を説明すること、依頼者と相談しながらその意向に基づいて事件を管理すること、バリスターに適切な指示を与えること、証拠書類や証人を準備し必要な書類を作成すること等である。現行制度上は、一般人が直接バリスターに事件処理を頼むことも可能だが、素人がソリシターのサービスを受けずに直接に事件を管理するのは、実際上困難である。

　ソリシターの自治団体は、ロー・ソサイエティ（the Law Society）である。ロー・ソサイエティはソリシターの能力維持と誠実性の確保のため、厳格な行動準則（code of conduct）を設けている。

(2) **バリスター（barrister）**

　バリスターは、法廷における代理活動を主要な業務とし、全ての裁判所において訴訟活動をすることができる。その他の重要な業務は、専門分野に関する法律意見書の作成である。10年乃至15年の実務経験があるバリスターは、女王の勅撰弁護士（Queen's Counsel）になることを申請できる。勅撰弁護士になっ

た（take silk）バリスターは、弟子と組んで代理活動を行う。

バリスターは、依頼を受けたあらゆる事件を差別なく引き受けるべき義務を負っている（the "cab rank" principle）。バリスターはパートナーシップを組むことができないが、通常、勅撰弁護士を所長とする事務所（chambers）の1つに席を設けて執務する。

全国のバリスターは、ロンドンにある4つのインズ・オブ・コート（the Inns of Court）の1つに加入している。インズ・オブ・コートは、バリスターを養成するための伝統的な教育機関である。バリスターを目指す者は、研修期間中、その所属するインズ・オブ・コートのダイニングルームで、先輩弁護士と共に所定の回数（原則24回）の晩餐をとることが義務付けられている。

(3) その他の法律専門職
（ⅰ） 不動産譲渡士（licensed conveyancer）：土地売買に伴う財産権移転（conveyance）の手続を処理する業務は、1985年までソリシターが独占していたが、現在は、不動産売買手続の処理業のみを扱う不動産譲渡士という資格を取ることができるようになった。
（ⅱ） 法律専務職員（legal executive）：ほとんどのソリシターは、高度の法律業務を処理するソリシター以外のスタッフを雇っている。これらのスタッフは、一定の実務経験と一連の試験に受かることを条件として、legal executive という資格を得て、法律専務協会（the Institute of Legal Executives）に登録することができる。
（ⅲ） 補助弁護士（assistant lawyers）：国際的な事件を扱う大規模のソリシター事務所には、ソリシターの資格を持たない国外の弁護士も多数勤務している。EU加盟国の弁護士は、イギリスでも自由に就業できる。

第3章　イギリスの法源（Sources of Law）

イギリスには、次の4つの種類の法源が存在する。
(ⅰ)　国内法規（domestic legislation）としての制定法（statutes）及び命令・規則（statutory instruments）
(ⅱ)　EU法（European Community Law）、すなわち、EU加盟国間の条約（treaties）、欧州委員会の規則（regulations）、指令（directives）及び決定（decisions）
(ⅲ)　判例法（case law）
(ⅳ)　慣習（custom）

1．国内法規（Domestic Legislation）

(1)　議会制定法とは

　議会制定法（Acts of Parliament）は、女王の議会（the Queen in Parliament）が制定する第一義的な法律（primary legislation）であり、判例法その他のあらゆる国内法令に優先し、所定の手続に従わない限り、原則として覆すことができない。これを議会（Parliament）の主権及び優位性（sovereignty and supremacy）という。ただし、法律の制定における議会の権限には、以下のような限界がある。
　第1に、制定法は、将来の議会による立法行為を制限することができない。
　第2に、EU法は、イギリス国内法に優先する。よって、EU法に反する国内法の規定は効力を有しない。ただし、議会は、この根拠である1972年欧州共同体法を廃止する権限を有している。
　第3に、議会は欧州人権条約に基づいて保障されているイギリス国民の権利と自由を尊重しなければならない。ただし、理論上は、その根拠である1998年人権法も、議会が廃止を議決することが可能である。

(2) 制定法の立法過程

　議会が法律を制定するには、その法案（a bill）が庶民院（the House of Commons）及び貴族院（the House of Lords）の双方を通過し、女王の裁可（the Royal Assent）を受けなければ成立しない。

　庶民院は、総選挙（general election）又は補欠選挙で国民に選ばれた議員（Members of Parliament）によって構成される議会である。英国は、各選挙区から1名ずつを選出する小選挙区制を採っている。選出された議員が最も多い政党が政府を組織し、その政党の代表が首相（the Prime Minister）となる。1999年以降スコットランドは独自の議会を持ち、教育、社会保障等に関し、スコットランド地方だけに適用される法律を制定する特定の権限の委譲（devolution）を受けている。このスコットランド議会の議員は比例代表制で選出されている。ただし、スコットランド議会に委譲された権限は限定的であり、スコットランドの利害に影響する一般的な法律のほとんどは、ウエストミンスターの議会で制定されている。ウェールズにも、ウェールズ議会（Welsh National Assembly）と呼ばれるミニ議会がある。

　貴族院は、主に善行や政治的な嗜好により選任される終身貴族（life peers）によって構成される。かつては家柄に基づく世襲貴族（hereditary peers）も存在したが、2003年に労働党政府により全廃された。貴族院は、法案の成立を最長1年まで（予算案の承認は1か月まで）遅らせることができるだけである。

　女王による裁可は、現在では、女王が両院において法律の略名を読み上げるだけの形式的な行為である。1707年以降、女王又は国王が法律の承認を拒んだことは一度もない。

　ほとんどの法律は政府が議会に提出した法案に基づいて制定されているが、各議員も議員提出法案の方式で法案を提出することができる。

(3) 委任立法（delegated legislation）

　委任立法とは、議会から授権を受けてその他の機関が制定した法規のことであり、これには、命令、規則（statutory instruments）、枢密院令（orders in council）及び条例（bye-law）が含まれる。命令、規則の制定権は、制定法において、特定の大臣その他の役人や大法官に付与される。毎年約40乃至50の法律が制定さ

れるのに対し、命令・規則の数は年間4000以上である。枢密院令は、特に緊急を要する事態が生じたときに限り、大臣が宣告して遅滞なく実施することができる命令である[1]。条例は、議会が各地方自治体に対し、当該地方に影響がある事項に関してのみ制定権を付与する法規である。

2．EU法（European Community Law）

(1) 条約（the Treaties）

EU法の主要な法源は、欧州共同体に加盟する諸国間で批准された1951年のパリ条約[2]、及び1957年の2つのローマ条約[3]の3条約である。パリ条約により欧州石炭鉄鋼共同体（the European Coal and Steel Community）が、また2つのローマ条約により、欧州原子力共同体（the European Atomic Energy Community）及び欧州経済共同体（the European Economic Community: EEC）がそれぞれ形成された。その後、EECは、単にEC（the European Community、欧州共同体）と呼ばれ、更に、2007年のリスボン条約締結後は、EU（the European Union）の呼び方が正式名称となった[4]。

(2) EUの機関（European Institutions）

EUには、欧州委員会（the European Commission）、欧州閣僚理事会（the European Council of Ministers）、欧州議会（the European Parliament）及び欧州裁判所が設けられている。

欧州委員会はEUの政策を実施・遂行する執行機関である。欧州委員会の本部はブリュッセルにあるが、各国の主要都市にオフィスを設け、その機能を分散している。欧州閣僚理事会は、加盟各国政府の閣僚（president, prime minister等）の集まりであり、基本的な政策やその実施方法を決定する機関である。欧

---

1) Emergency Powers Act 1920.
2) European Coal and Steel Community Treaty 1951 (Treaty of Paris).
3) European Community Treaty 1957 (the first Treaties of Rome)、European Atomic Energy Community Treaty 1957 (the second Treaty of Rome).
4) Treaty of Lisbon 2007 (European Reform Treaty) Article 2(2)(a).

州議会は、各国が選出した代表による会議体であり、フランスのストラスブールに所在している。この代表として選出された委員の総数は766名であり、イギリスからは73名が送り込まれている (2011年)。この機関は、欧州委員会に対する助言、勧告が主要な役割であるが、予算の承認に関しては実質的な権限を持っている。EU の司法機関としては、ルクセンブルクに欧州裁判所 (ECJ) が設けられ、加盟国の条約上の義務違反の判断や条約解釈の決定等を行っている。この裁判所には、加盟各国から1名ずつの裁判官が派遣されている。

(3) 二次的 EU 法規 (secondary EU legislation)

EU の各機関には一般的な立法権は与えられていない。ただし、条約の個別的な規定に基づいて特定の機関に権限が付与された場合に限り、当該機関は、関連する二次的法規を制定することができる。これには、規則 (regulations)、指令 (directions)、決定 (decisions) の3種類がある。

EU 規則は、欧州閣僚理事会又は欧州委員会が策定する法規であり、各加盟国の議会による採択を待たず、制定と同時に全加盟国を拘束し、各国の裁判所において国内法に優先して適用される[5]。

欧州首脳評議会及び欧州委員会は、それぞれの役割に応じて、指令を発する権限を与えられる。指令は、直ちに加盟国を拘束するものではなく、各加盟国に対し、一定の期間内 (2年くらい) に国内法を EU 法に適合させるように要求して発せられる。指令は、会社法、銀行法、取引法等、EU が定めた法規だけで各国の法制を直接的に変更するのは実務的に困難な分野において用いられる。

決定は、加盟国内の個人、法人、機関、国家等から持ち込まれた特定の事項に関して欧州委員会が行う。当該決定はその名宛人を直ちに拘束する。たとえば、ある加盟国の農業政策に関して当該加盟国を名宛人とする決定、企業の競争制限行為を調査の上当該企業に対して出す決定等である。

---

5) *In Re: Tachographs: EC Commission v The United Kingdom* (1979) ECR 419.

第3章　イギリスの法源（Sources of Law）

3．判例法（Case Law）

　判例法（common law, case law）とは、過去の事件の裁判において裁判所が示した一定の規範的な判断のうち、その後の事件を拘束する効力を有している部分のことである。判例法は、その効力において議会制定法に劣後するが、制定法の適用がない分野には広く適用されると共に、制定法の解釈法としても重要な機能を有している。契約、不法行為、信託その他最も基本的かつ重要な法分野の根幹部分は判例法に規律されている。

　判例法の拘束力は、先例拘束性の原理（*stare decisis*、the doctrine of precedence）に基づいている。先例拘束性の原理とは、（ⅰ）裁判所が、過去の先例（すなわち、過去の裁判における裁判官の決定）に従わなければならないこと、（ⅱ）上位の裁判所の判断は下位裁判所の判断を拘束すること、及び（ⅲ）事実関係の重要な部分が同一の事件は同様の取扱いを受けるべきことを内容とする基本原理である。裁判官は、裁判において、この基本原理を前提に、過去の判決を分析して判例法に当たる規範的判断を見つけ出し、それが現事件の事実関係に適用できるか否かを決定する。このための具体的な作業としては、（ⅰ）先ず現に取り扱っている事件の争点と類似、関連する問題を扱った判例を探し、（ⅱ）当該判例が現事件を拘束することを確認し、（ⅲ）その判例の中で裁判官が示している規範的な判断に先例拘束性があるのか、それとも法に関する裁判官の傍論に過ぎないのかを選別し、（ⅳ）最後にこれを当該事件に適用できるか否かを分析する必要がある。

(1) 判例調査

　判例法を適用するには、まず判例集（case report）の調査が必要である。

　判例集には様々な種類のものが存在し、その質も玉石混交である。1272年から1535年までの間はYear Books（年書）と呼ばれる裁判速記録のようなものが編纂されていたが、1535年から1865年までの間は廃止され、代わりに報告者の名前の入った様々な非公式の判例集が民間企業により出版された。これらの中には全く信頼に値しないものも含まれていた。1865年、ロンドン市内の4つのインズ・オブ・コート（Inns of Court）及びロー・ソサイエティ（Law Society）

は、法律家が監修した上級裁判所判決集を出版するための協議会（the Incorporated Council of Law Reporting: ICLR）を発足し、週刊の判例集（the Weekly Law Reports）及び年次判例集（the Law Reports）の編纂を開始した。これ以外にも、民間企業が、特に特定の専門分野の判決を中心に集めた判例集を出版し、現在50種類以上の判例集が存在する。重要なものは以下の5つである。
　① The Law Reports：上記の ICLR が1865年以降発行しており、Appeal Cases（AC）、Queen's Bench Division（QBD）& King's Bench Division（KBD）、Chancery Division（Ch.）及び Family Division（Fam.）の4つに分かれている。
　② Weekly Law Reports（WLR）
　③ All England Law Reports（All ER）
　④ English Reports：1865年以前から発行され、ICLR のリポート以降に適宜に廃止された様々な判例集をまとめて再発行したもの。
　⑤ Lloyd's Law Reports：ロイズ保険協会が編纂し、海事法、保険法の分野の重要判例を網羅している。

LEXIS 及び WESTLAW のデータベースには、これらのほとんどの判例が含まれている。

なお、控訴院の実務指導により、裁判手続で引用する判例は、原則として ICLR 発行の公式判例集（上記①、②）により、その他の判例集は、これに載っていない事件を引用するときにだけ使用すべきものとされている。

(2) 裁判所間のヒエラルキーと判例の拘束力

全ての裁判所が判例法を形成できるわけではない。裁判所が他のどの裁判所の判断に拘束され、どの裁判所の判断には拘束を受けないかについては、以下のとおり、裁判所間のヒエラルキーに従って決められている。
　(ⅰ) 最高裁判所（the Supreme Court）：イギリス国内の法律問題について、他の全ての裁判所の判断に拘束されない。貴族院及び最高裁判所自身の先例についても適当と考えるときは従わなくてもよい。ただし、EU 法に関する事項については、欧州裁判所の判断に従わなければならない。
　(ⅱ) 控訴院（the Court of Appeal）：控訴院民事部は、貴族院、最高裁判所及び控訴院自身の先例の拘束を受ける。控訴院刑事部については、貴族院

及び最高裁判所の先例にのみ従う。
(ⅲ) 高等法院（the High Court）：貴族院、最高裁判所及び控訴院の判例に拘束されるが、自らの先例の拘束は受けない。
(ⅳ) 高等法院付属裁判所：貴族院、最高裁判所及び控訴院の判例に拘束される。また、2名以上の裁判官による判決の場合、付属裁判所のその後の裁判及び下位裁判所を拘束する。
(ⅴ) 刑事裁判所（the Crown Court）、治安判事裁判所（Magistrates' Courts）及び県裁判所（County Courts）：上位裁判所の判例に拘束されるが、自らの判断は先例拘束力を有しない。
(ⅵ) 枢密院（the Privy Council）：英連合に属する国の事件（Commonwealth cases）について最高裁判所（及び貴族院）の裁判官によって構成される枢密院が上訴審として下した判決は、イギリスでは先例拘束力を有しないが、説得的先例（persuasive precedent）として重要である。

(3) 判例の分析

　判決文には、通常、当該事件の事実が記載され、更に裁判官による先例の分析と当該事件における争点の判断が説示されているが、その全てが先例（binding precedent）となってその後の裁判所を拘束するわけではない。先例として拘束力を持つのは、当該事件の争点を決定する上で本当の理由となった部分だけである。この部分は、すなわち判決理由（*ratio decidendi*）と呼ばれている。
　判決文中においては、裁判官が、当該事件の解決とは実際上関係がない事項についてまで意見を述べていることが少なくない。たとえば、被告がもっと若かったらどうか、身体障害者だったらどうなっていたか、原告にも非があったらどうなったか等々である。このような仮説の提示は、そのとおりの事態が起こったときに裁判官がどのように判断するかを推測する上で有益であるが、その意見自体が先例となるわけではない。判決のこの部分は、傍論すなわちその他の判示事項（*obiter dicta*）と呼ばれている。また、そのような意見部分は、判例法ではないにしても、裁判官を説得する上で役に立つという意味で、説得的先例とも呼ばれる。
　判決文中の裁判官の説示に関して、記述的判決理由（descriptive ratio）と規範

的判決理由（prescriptive ratio）という区別が用いられることがある。前者は、当該事件に関して裁判所に提示された事実関係に基づく裁判官の具体的な判断を意味し、後者は、当該事件から導き出される法規範を意味している。一般に、拘束力ある法と言えるのは、抽象的な法規範として抽出される規範的判決理由の方である。ただし、記述的判決理由も、当該先例が類似の他の事件に適用されるかどうかを判断する上で有益である。

(4) **判例法の適用・区別**
　裁判所が示す先例には、その意味や適用範囲について一定の評価が必要なものも少なくない。裁判官は、先例の適用範囲が限定的であることを明らかにするための限定文言（qualification）を入れる場合もある。先例拘束性を争う者は、先例の解釈や限定文言を手掛かりとし、先例の事実関係と本件とが重要な部分において相違することを示して、両事件を区別しなければならない。この作業を判例の区別（distinguishing cases）という。判決において、先例を適用するために示した具体的な事実関係、すなわち、上記の記述的判決理由の分析は、この作業を行う上で不可欠である。

4．慣習（Custom）

　コモンローは元々各地方の慣習を基礎に形成されてきたものなので、これまで裁判所で採用されたことのない慣習が見つかれば、新しい法源となる。

第4章　契約の成立⑴
―― 申込（offer）と承諾（acceptance）

1．イギリス法における契約の成立

⑴　契約（contract）とは

　契約とは、人又は団体（会社、パートナーシップ、国家等）と他の人又は団体との間における一定の内容の行為や給付を行うこと、又は行わないことの約束（promise）、すなわち、当事者間における義務負担の合意（an agreement between the parties to undertake obligations）であって、かつ法的拘束力（enforceability）を有するものを意味している。「法的拘束力を有する」とは、裁判所が、（ⅰ）当事者の一方がその約束を破ったとき、すなわち、当該合意に違反（breach）したときに、その結果不利益を被った相手方当事者に対して一定の救済手段（remedy）を与え、かつ（ⅱ）違反の有無にかかわらず、そのような効果を伴う義務の存在を認めるということである。

　契約は、原則として、（ⅰ）当事者間における合意（agreement）、（ⅱ）価値のある約因（valuable consideration）及び（ⅲ）法的拘束力を生じさせる当事者の意思（intention to create legal relations）という3つの要素が備わった場合に成立する。土地の権利に関する契約、一定の金額を超える消費者金融契約その他の例外を除き、契約成立のためには、書面の作成その他の特別な要式を必要としない（第6章5）。

　上記3要素の1つである合意は、当事者の一方の申込（offer）とこれに対応する承諾（acceptance）によって成り立っている。

　申込とは、申込人（offeror）が、相手方（offeree）が承諾（accept）することによりそのとおりの法的拘束を受けること（法的拘束力のある義務を負担すること）を意図して行った契約条件の申入れのことであり、承諾とは、申込を受けた条件に対する無条件の合意のことである。

(2) 双方的申込 (bilateral offer) と一方的申込 (unilateral offer)

申込には、双方的申込と一方的申込の2種類があり、前者によって成立する契約を、双方的契約 (bilateral contract)、後者による契約を一方的契約 (unilateral contract) という。これらは日本法上の双務契約、片務契約とは全く異なる法概念である。

双方的契約とは、当事者の一方 (X) が相手方 (Y) に対し、Yが一定の行為 (AAA) をする旨 (又はしない旨) を約束することの見返りとして、XがYのために一定の行為 (BBB) をすること (又は一定の行為をしないこと) の申込 (bilateral offer) をし、Yがこれに承諾することによって成立する合意のうち法的拘束力を有するものであり、この結果、XはYに対し、YはXに対し、それぞれ自己の約束した行為を行う (又は行わない) 義務を負う。

他方、契約の一方当事者 (X) が、「YがAAAをしたら自分 (X) はBBBをしてあげよう」との申入れをすることがある。この場合、YはXの申し入れたAAAを行う義務を負うわけではないが、これを行った場合、Xは約束どおりBBBを行うべき義務を負うことになる。このような申入れが一方的申込であり、これにより成立する契約が一方的契約である。たとえば、Xが「Yが家の庭の芝生を刈ってくれたら5ポンドあげよう」と約束する場合や、Xが「誰かが家の犬を見つけてくれたら、その人に5ポンドあげよう」と約束する場合等がその例である。一方的契約の場合、Xの申込 (unilateral offer) に対し、その申込を受けた相手方Y (特定人の場合もあれば、特定又は不特定多数の内の誰かに対する申込の場合もある) が申入れどおりの行為をすることが承諾に当たる。

ある申込が一方的申込、双方的申込のどちらであるかの区別は、申込、承諾 (すなわち、合意成立) の有無や申込の撤回 (revocation of offer) の可否などを判断する上で重要な意味を持っている。

(3) 契約成立の判断基準——客観基準 (objective test)

契約が成立したか否かを決定するには、一方当事者の他方に対する通知や表明が申込に当たるか否か、及び相手方がこれに対応する承諾をしているか否かを判断、評価しなければならない。これらの判断は、各当事者の言動に基づいて、合理的な一般人は当事者間に契約が成立したと合理的に評価するかどうか

(whether or not a reasonable person would believe so）を基準に行われ、当事者の内心の意思がどうであったかは問題としない。これを客観基準（objective test）という。

2．申込の誘引（Invitation to Treat）

申込は、相手方の承諾によって法的義務を負担する旨の確定的な約束の表明でなければならず、単なる契約交渉の申入れ、すなわち、申込の誘因では足りない。一方当事者の相手方への申入れが申込の誘因、申込のどちらに当たるのかは、契約の成立に関わる問題だが、一見区別がつきにくいのでよく争われる。

(1) 店舗の商品展示・陳列（shop display）

小売店舗のショー・ウィンドーに展示された商品や店内に陳列された商品は、たとえ値札が付いていたとしても、原則として、申込の誘因に過ぎない（①、②）。小売店が展示品の購入希望者全員の需要に応ずるのは通常不可能なので、客観基準に照らし、展示しただけで売却義務を負う旨の意思があるとは考えられないからである（②の傍論）。

① *Pharmaceutical Society of Great Britain v Boots Cash Chemists* [1953] 1 QB 401 (CA)：薬品毒物法（Pharmacy and Poisons Act 1933）上、毒物を含む一定の医薬品は、薬剤師の監督下でのみ販売が許されていた。Yは、セルフサービス式の店舗の解放棚に当該医薬品を陳列したことにより、同法違反で刑事訴追された。Yは、顧客が商品を出口付近の勘定台に持って行き店員に購入を申し込み、店員が承諾するまでは販売は行われていないと主張して争った。勘定台には資格のある薬剤師が配置されていた。裁判所は、Yの言い分を認め、店内における商品の陳列は、申込の誘因に過ぎないと判示した。

② *Fisher v Bell* [1961] 1 QB 394（CA）：Yは、その楽器店のショー・ウインドーに「飛出しナイフ4シリング」との正札を付して押しボタン式のナイフを陳列したため、凶器禁止法（Restriction of Offensive Weapons Act 1959）に違反して凶器の販売の申込（offer for sale）をした容疑で訴追された。Yは、通行客の関心を引くために申込を誘因しただけで、販売の申込はしていないと争った。裁判所は、Yの言い分を認めたが、傍論として、仮にYが凶器の製造者だったとしたら、理論上は全ての顧客からの注文に応

じられるので、店頭での陳列が販売申込に当たっていた可能性があると示唆した。

(2) 広告 (advertisement)

　商品の宣伝広告文は、客観的に見て、当該商品の購入を希望する全ての者と契約する意図とは解されないので、原則として申込の誘引 (invitation to treat) に過ぎない（③）。ただし、一方的契約に関する広告文の場合は、希望者全てを対象にしていないので、申込と解されることもある（④、⑤）。

　③　*Partridge v Crittenden* [1968] 2 All ER 421：Xは、『愛鳥と鳥籠』という雑誌の三行広告欄に、「ブランブルフィンチ雄鳥・雌鳥各25シリング」との広告を載せた。これを見たZは、25シリング小切手同封の書簡で雌1羽を注文した。Xがこれに応えて届けたのは、鳥類保護法 (Protection of Birds Act 1954) が販売申込 (offer for sale) を禁じる「野鳥」であることがわかったので、警察官YがXを訴追した。裁判所は、取引常識上、刊行物の広告文は、製造者からの申し出の場合を除き、販売申込ではなく申込の誘因と解されると判示し、Xを無罪とした。

　④　*Carlill v Carbolic Smoke Ball Co* [1893] 1 QB 256 (CA)：Yは「カーボリック・スモークボール」という商品名の医薬調剤を開発し、様々な新聞に次のような広告文を載せた。「毎日3回2週間、指示書どおりにボールを使用した後に流行性感冒に罹った者には、100ポンドの賞金を支払います。当社の誠意の証として、リージェント通りのアライアンス銀行に1000ポンドを預託しました。」Xは、ボールを購入し、指示書どおりに使用中、インフルエンザに感染した。Yは、賞金の支払を拒絶し、広告文は、(ⅰ) 単なる吹聴 (puff) に過ぎないこと、(ⅱ) 発病までの期限の定めがなく明確性を欠くこと、(ⅲ) 仮に申込とすれば、全世界からの承諾により全世界の人々に義務を負うという実現不可能な結果となること等を理由に、広告文は、100ポンドを支払う旨の契約申込に当たらないと主張した。裁判所は、Yの各言い分に対して、「(ⅰ) 1000ポンドを預託したとの記載は、明確な支払意思を示し、単なる吹聴ではない、(ⅱ) 本件のような使用中における発病が賞金の対象となることは合理的に明白であり、申込は不明確ではない、(ⅲ) 一方的申込 (unilateral offer) の場合は、申し込まれた行為をした者（本件では指示どおりにボールを使用して発病した者）との間にのみ契約が成立するので、全世界への申込も可能である」と述べ、Xの請求を認めた。

　⑤　*Lefkowitz v Great Minneapolis Surplus Store* (1957) 86 NW 2d 689：Yは、新聞紙面に、「土曜朝9時；100ドル相当の新品ブランド毛皮コート3着、先着順各1ドル」との

広告を掲載した。Xは先着3人内に入っていたが、Yは、女性限定を理由にXへの販売を拒絶した。ミネソタ州裁判所は、広告文は男女双方への契約申込であると判示した。

(3) 競売 (auction sale)

オークション（競売）は、競売人がハンマーを叩く等の慣習上の方法で手続終了を宣言し、かついずれかの入札者が当該宣言までに入札を申し入れていた場合に成立する[1]。競売が「価格無制限、権利留保なし（without reserve）」として行われる場合は、取引慣行上、競売人がハンマーを打った時に最高値の入札者（bidder）との間で成立する（⑥）。オークションの開催通知は、申込の誘因に過ぎない[2]。

⑥ *Barry v Davies*［2000］1 WLR 1962（CA）：エンジン分析器2台の価格無制限（without reserve）によるオークションにおいて、Xは唯一の入札者だったが、競売人Yは、Xの入札価格が低すぎると判断し、ハンマーを叩かずに競売を取り消し、数日後に相対取引により、Xの入札額よりも高い金額で他の者に売却した。裁判所は、価格無制限条件のオークションの場合、競売人と入札者との間には、競売人は最高入札者に販売する旨の付帯的契約が成立していると述べ、Yの契約違反による責任を認めた。（*Warlow v Harrison*（1859）1 E&E 309；120 ER 925（Exchequer Chamber）も同旨。）

(4) 入札 (tender)

原則として、入札の申入れは申込の誘引（invitation to treat）に過ぎず、最高額の入札者との間で直ちに契約が成立するわけではない[3]。ただし、最高額入札者に落札させることを明示して入札を求めた場合は、申込と解される（⑦）。また、入札期限を設定した入札申入れにおいて、当初期限内の入札者たちを無視して入札期限を再設定する行為は、付帯的契約違反（breach of collateral contract）となる（⑧）。

⑦ *Harvela Investments Ltd v Royal Trust Co of Canada*［1985］2 All ER 966（HL）：Yは、ライバル会社であるXとZにY株式売却の入札を申し入れ、期限内に最高額を提示

---

1) Sale of Goods Act 1979 s57(2).
2) *Harris v Nickerson*（1873）LR 8 QB 286（QB）.
3) *Spencer v Harding*（1870）LR 5 CP 561（CP）.

した方に売却すると告知した。Xは、217万5000ドルを提示し、Zは210万ドル又は「Xより10万1000ドル高い金額」と提示した。Yは、Zの入札を受け入れて227万6000ドルで売買契約を締結した。Xは、Zの入札は無効であると主張し、YZを相手に訴訟を提起した。貴族院は、他の者の入札額に関連付けた入札は無効であるから、唯一の有効な入札者はXであるとし、XY間の契約成立を認めた。

⑧ *Blackpool and Fylde Aero Club v Blackpool BC*［1990］3 All ER 25（CA）：Xら7名は、Y（ブラックプール市）から遊覧飛行事業の入札を求められた。入札期限は3月17日正午であり、これに遅れた場合は資格を失う旨が明示されていたが、Yのミスにより、入札箱は期限後も入札可能な状態で設置された。Yはこれに気づいて入札手続をやり直そうとしたが、裁判所は、特定人に対して期限を明示して入札を求めた場合は、期限内の入札者から落札者を選択する義務が生ずるとし、Yの入札やり直しは契約違反であると判示した。

3．承諾（Acceptance）

申込に対する承諾がなされたか否かを決定する上で、先ず当該申込が双方的申込、一方的申込のどちらであるかを確定する必要がある。

(1) 双方的申込の場合

申込を受けた者に承諾の意思があったとしても、その意思が申込人に通知されない限り契約は成立しない（⑨）。すなわち、申込に対する沈黙（acceptance by silence）が承諾となったり、承諾とみなされたりすることはない。

ただし、申込に対して沈黙しながら承諾したことを前提とする行為を行ったとき、これによって契約を承諾したこと（acceptance in silence）になる場合がある（⑩）。

⑨ *Felthouse v Bindley*（1862）11 CB（NS）869：Xは、彼の甥Zに馬の購入申込をし、「返事がない場合、馬は30ポンド15シリングで私が購入したものとみなす。」と記載した書簡を送った。Zは、返信をしなかったが、Xに売却したつもりで、競売人Yにこの馬を競売品リストから外すよう指示した。ところが、Yはミスにより馬を競売により売却してしまった。XはYに対し、所有権侵害を理由に損害賠償を求めたが、裁判所は、XZ間の売買契約は、Zの承諾通知がないので成立していないとし、Xの所有権を認めな

かった。

⑩ *Brogden v Metropolitan Railway*（1877）2 App Cas 666（HL）：Xは、正式な契約を締結せず、Y（鉄道会社）に4年間石炭を供給していた。Yは、取引を書面化するため、継続的売買基本契約書の草案をXに送った。Xはこれに条項を追加し、「承諾した（approved）」と印して送り返した。Yは追加条項に気づかず、契約書案を戸棚にしまった。その後2年間取引が継続した後、両者間に契約違反をめぐる紛争が発生した。Xは、Yから契約書案に対する承諾通知を受けていないので、契約は成立していないと主張した。裁判所は、Yは、契約の条項に従って履行することにより、Xの申込を承諾していたと述べ、契約の成立を認めた。

(2) 一方的申込の場合

一方的申込に対する承諾は、申込があることを知りながら、申し込まれたとおりの行為をすることであり[4]、当該行為の理由や動機までは関係がない（⑪）。

⑪ *Williams v Cawardine*（1833）5 C & P 566：Yは、殺人鬼Zに関する情報提供者に賞金20ポンドを支払う旨のチラシを配布した。Zの女友達Xは、Zに乱暴された腹いせにYに居場所を伝え、Zは逮捕された。Yは、Xの情報提供は賞金20ポンドのためではなくZへの仕返し目的に過ぎないとして、賞金の支払を拒んだ。裁判所は、動機が何であれ、Xはチラシを見た上で情報を提供したのだから賞金を受ける権利があると判示した。

4．条件付承諾（Qualified Acceptance）

契約が成立するには、申込に対する無条件の承諾（unqualified acceptance）がなければならない。条件付の承諾（qualified acceptance）は、反対申込（counter-offer）、すなわち、相手方の申込の拒絶（rejection）プラス新たな申込である（⑫）。

⑫ *Hyde v Wrench*（1840）3 Beav 334：YはXに対し、農場を1000ポンドで売却すると申し込んだ。Xは950ポンドなら買うと返答したが、Yが同意しないので、直ちに最初の1000ポンドの申込に承諾する旨を書き送った。裁判所は、Xによる950ポンドの反対申込は、最初の1000ポンドの申込に対する黙示の拒絶なので、当初の申込は失効していると述べ、契約成立を否定した。

---

4) *R v Clarke*（1927）40 CLR 227-Australian case.

ただし、申込人に対する単なる問い合わせは、反対申込とはいえない。この場合は、最初の申込が存続し、これに対する承諾があれば契約は成立する（⑬、⑭の傍論）。

⑬ *Stevenson, Jacques and CO v McLean*（1880）5 QBD 346：YはXに対し、一定量の鉄を「1トン当たり40シリング即金払で販売する」と申し込んだ。Xは電報で、「引渡後2か月内の支払ではどうか、もし無理なら、どのくらいの期間の延払であれば合意してもらえるのか」と問い合わせたが、Yから返報がないので、当初の即金払の条件で承諾すると打電した。しかし、Yは既に第三者に鉄を売却していた。Yは、「Xの最初の電報は反対申込であり、Yの申込は失効した」と主張し、契約成立を争った。裁判所は、Xの最初の電報は、異なる契約条件の問い合わせに過ぎず、Yの最初の申込条件を拒絶していないとし、2番目の電報による契約成立を認めた。

⑭ *Gibson v Manchester City Council*［1979］1 WLR 294（HL）：Y（マンチェスター市）は、その所有する集合住宅の全賃借人に、現に賃貸中の住宅を販売する旨の書簡を送った。書簡には、「2725ポンドの通常価格から20％引きで売却する用意あり」と記載されていた。賃借人Xは、「借家の修繕工事をしたので、工事費分を値引きしてもらえないか」とYに尋ねたところ、Yは、「申入価格は、その点を斟酌済みである」と回答した。Xはこの回答を受け、当初の申入価格を承諾するとYに伝えた。裁判所は、Yは契約申込をしていないと認定し、契約成立を否定した。ただし、傍論において、仮に最初の書簡がYによる申込だったとしたら、Xの問合せは反対申込に当たらないので、契約は成立していると述べた。

5．書式間の闘争（Battle of Forms）

契約交渉において、申込（offer）に対し、条件の変更を申し入れた再度の申込（counter-offer）が交互に繰り返される状態を書式間の闘争（battle of forms）という。企業間の取引交渉で、互いの契約条件について、それぞれが自己の用いている印刷された標準契約書式（standard form of contract）の条件による契約を交互に繰り返して申し入れる場合が典型例である。

契約成立の一般原則に従えば、契約は、最後の無条件承諾があったときに、その直前に受けた申込の書式により成立する（⑮）。よって、この闘争の勝者は、最後の申込を行った側の当事者（the party who fires the last shot）となる。こ

れを受け取った側の当事者が特に異議を述べずに契約の履行に着手したとき、行為によって、最後の契約条件に承諾したものと解される[5]。この考え方は、ラストショット法理（last shot doctrine）と呼ばれる。

契約の成立時期をラストショット法理によって画一的、形式的に決定する手法には批判も多い（⑮におけるデニング卿の傍論）が、他に機能的かつ客観的な判断基準が見当たらないので、裁判所は、他の方法で合意の時期・内容が明確に認定できる例外的な場合を除き、この手法を用いている（⑯）。

⑮ *Butler Machine Tool Co Ltd v Ex-cell-o Corporation (England) Ltd*［1979］1 All ER 965：XはYに対し、Xの標準販売条項に基づいて機械製品を特定価格で販売する旨を申し入れた。当該標準販売条項には、引渡日までの市場価格変動に応じて価格を自動的に変更する旨の条項（価格変更条項、escalation clause）が含まれていた。Yは、Yの標準購入条項に従う条件で、当該製品を注文した。Yの標準購入条項には、価格変更条項は含まれていない。さらに、Yの注文書には、「本書記載の条件にて承諾します。」と記載された剥ぎ取り式の承諾用スリップが付いていた。Xは、スリップに署名してYに送り返したが、その後、価格変更条項に基づく代金の変更を求めた。裁判所は、Xはスリップに署名して送り返したことによりYの反対申込を承諾したので、価格変更条項に基づく権利を有しないと判示した。デニング卿は、傍論においてこの旧式の判断方法を批判し、両当事者間の交換文書や行動を斟酌して全ての重要事項が合意されたかどうかにより契約成立を判断すべきであるとの意見を述べた。

⑯ *Tekdata Interconnections Ltd v Amphenol Ltd*［2009］EWCA Civ 1209,［2010］2 All ER (Comm) 302：XとYは長年の取引関係にある。ある取引に関し、XはYに対し、Xの標準契約書式の条項に基づく注文を発し、Yはこれに対し、Yの標準契約条項に基づき承諾する旨の承諾通知書で応じた。控訴院は、書式間の闘争は、両当事者間の交信文及び言動により別の合意を認定できる場合を除き、ラストショット法理により解決すると述べ、本件では、XがYの商品を受領したときに契約が成立したので、最後の申込（last shot）はYが行ったと認定した。

---

5) *Sauter Automation v Goodman (HC) (Manchester Services)*［1987］CLYは、供給者による商品の発送をラストショットに対する承諾に当たると認定した。

6．郵便ルール（Postal Rule）

　契約は原則として申込に対する承諾が申込人に到達したときに成立するが、イギリスの判例法上、承諾の通知方法が郵送である場合には、その例外として、承諾通知書を投函したときに承諾の効力が発生し、契約が成立する。これを郵便ルールといい、その具体的な内容は以下のとおりである。

(1)　申込に対する承諾の方法として、郵便の方法による承諾が合理的な場合、契約は承諾通知を投函したときに成立する[6]。
(2)　郵便による承諾は、投函しさえすれば到達の有無を問わない[7]。
(3)　申込人が当該申込に対する承諾に関して郵便ルールを排除した場合は、その適用がない[8]。
(4)　郵便ルールは、承諾（acceptance）の通知だけに適用され、申込の撤回（revocation）通知には適用がない（下記㉓）。
(5)　郵便ルールは、ファックス、テレックス、Eメール等、通知の発信と同時に到達する伝達手段（instantaneous communications）には適用がない（⑰、⑱）。その場合の承諾の効力は、名宛人に現実に達したときではなく、相手方に到達したことが合理的に期待できるときに生ずる（⑲）。

　⑰　*Entores v Miles Far East Corporation*［1955］2 QB 327（CA）：ロンドン在住のXは、ニューヨーク在住Yのオランダ所在の代理人Zにテレックスで契約申込をした。Zからの承諾通知は、Xのロンドン事務所のテレックス機に届いた。後日Xは、Yの契約違反を理由にイギリスで訴訟を起こそうとした。訴訟法上、契約紛争に関する訴状を国外の被告に送達する条件として、イギリスで契約が成立していることが必要となる。Yは、郵便ルールにより、契約は承諾通知の発信地であるオランダで成立したと主張し、送達を争った。控訴院は、即時に到達する通知（instantaneous communication）は郵便ルールの適用を受けず、契約は承諾通知の受信地、イギリスで成立したと判示した。

---

6)　*Adams v Lindsell*（1818）106 ER 250.
7)　*Household Fire and Carriage Accident Insurance Co Ltd v Grant*（1879）4 Ex D 216（CA）.
8)　*Holwell Securities v Hughes*［1974］1 All ER 161（CA）.

第4章　契約の成立(1)

⑱　*Brinkibon Ltd v Stahag Stahl*［1983］2 AC 34（HL）：契約申込に対する承諾を、ロンドンからウィーンに宛てたテレックスで行った事案において、貴族院は、⑰の判例法を確認し、契約が成立したのは承諾通知が到達した地（ウィーン）であるから、国外への送達は許されないと判示した。

⑲　*Thomas v BPE Solicitors*［2010］All ER（D）306：XはY（弁護士）宛に金曜日午後6時にEメールで承諾通知を送ったが、Yは6時前に退社し、翌週月曜日は休日のため、火曜日までメールを読まなかった。裁判所は、Eメールは即時到達の通知（instantaneous communication）であるとし郵便ルールを適用しなかったが、Eメールによる承諾通知は、受領者が通常読むであろうと期待できる時（金曜の夕方）に到達していると判示した。

7．申込人による承諾方法の指定

　申込人は、申込に際して承諾の通知の方法等を指定することがあるが、一般的には、承諾は必ず申込人が指定した方法によって通知しなければならないわけではない（⑳）。申込人が特定の方法によらない限り承諾を受けない意思であるなら、そのことを明示して申し込まなければならない（㉑）。

⑳　*Tinn v Hoffman & Co*（1873）29 LT 271：Xは、契約申込に際し、折り返し便による承諾（acceptance by return of post）を要求した。裁判所は、この要求は、郵便以外の方法による承諾を禁ずる趣旨ではなく、電報その他郵便以上に迅速な方法でもよいと判示した。

㉑　*Manchester Diocesan Council for Education v Commercial and General Investments Ltd*［1969］3 All ER 1593（Ch D）：Xが実施した不動産売却の入札（tender）において、入札者への承諾通知は、入札者が事前に届けた住所に発送することになっていたが、Xが落札者Yに発した承諾通知は、Yの測量士の元に届いた。Yは、4か月後にそのことを知り契約の成立を争った。裁判所は、申込人は承諾の方法を指定することができるが、単に承諾方法を定めているだけの場合は、指定した方法と同じくらい効率的な方法による承諾を妨げないと判示し、契約の成立を認めた。（*Yates Building Co v R J Pulleyn & Sons (York)*（1975）119 SJ 370は、「承諾は書留郵便で」との申込人の指定に関し、当該指定が「強制的（mandatory）」であることを明記していなかったとし、普通郵便による承諾を有効と判示した。）

8．申込の失効（Termination of Offer）

申込は、申込人による撤回（revocation）、申込に際して指定した有効期限又は合理的期間の経過（express time limits or lapse of reasonable time）、及び解除条件付申込における条件の成就（condition satisfied in the case of conditional offer）によって失効する。

(1) 撤回（revocation）

申込の撤回の時期は、双方的申込の場合と一方的申込の場合とで若干異なる。双方的申込は、原則として、承諾があるまではいつでも撤回できる。申込人が承諾期間を設けた場合であってもこれに拘束されず、その期間中でも自由に撤回できる（㉒）。ただし、撤回の通知をすることが必要である（㉓）。撤回の通知は、申込人本人ではなくても、信頼できる第三者が行えば十分である（㉒）。

> ㉒ *Dickinson v Dodds*（1876）2 Ch D 463（CA）：6月10日水曜日、YはXに対し、Yの家を800ポンドで売却する旨の契約申込の書簡を送った。これには、「この申込の効力は6月12日金曜日午前9時まで」と記されていた。翌11日、Xは、Yの友人Zから、Yが他の人に売却申込をしたことを聞いた。Xは慌ててYの家に行き、承諾する旨を告げたが、Yは既に第三者に家を売却していた。XはYを契約違反で訴えたが、裁判所は、Yの申込撤回の意思はZがXに伝えていたと認定し、契約成立を否定した。

> ㉓ *Byrne & Co v Van Tienhoven & Co*（1880）5 CPD 344：10月1日、YはXに対し、ブリキ板100箱分を売却する旨の申込書を投函したが、同月8日にこの申込を撤回する旨の書簡を投函した。Xは、同月11日に申込を承諾する旨の電報を打ち、15日にこれを確認する書簡を投函した。Yの申込撤回通知は20日にXに到達した。裁判所は、郵便ルールは撤回通知には適用されないと判示し、撤回通知がXに届いたのは承諾の後だったので、契約の成立を認定した。

一方的申込の撤回は、相手方が履行に着手した後はできない（㉔）。なお、不特定多数人に対する一方的申込の場合、その撤回通知を申込と同一又は同等の方法で行えば、相手方が撤回通知を知らなくても構わない、すなわち相手方に現実に到達しなくても撤回の効力が生ずる（㉕、ただし、アメリカの判決）。

㉔ *Daulia Ltd v Four Millbank Nominees Ltd*〔1978〕2 WLR 621（CA）：YはXに、「X署名済みの売買契約書、及び代金支払のための小切手を翌朝10時までに提示すれば、不動産をXに売却する」旨を伝えた。Xは言われたとおりに準備したが、Yは契約書への署名を拒んだ。裁判所は、Yは、売買契約に付随して一方的契約の申込（unilateral offer）をしたと認定し、Yが示した条件をXが履行した以上、Yは申込を撤回できないとして、Yの契約違反の責任を認めた。（*Errington v Errington and Woods*〔1952〕1 All ER 149は、「不動産の被担保債務を代位弁済すれば譲渡する」との一方的申込は、相手方が一部弁済を始めた後は撤回できないと判示。）

㉕ *Shuey v United States*（1875）23 L Ed 697, 92 US 73：1865年4月、合衆国政府は、特定の犯罪者の逮捕に結びつく情報の提供者に対する懸賞金を公表した。同年11月、大統領は、この申込の撤回を命じ、同等の方法で公表した。Xは、1866年、当該犯罪者を探し出し、撤回通知を知らずに政府に伝えた。裁判所は、申込と同様の周知方法で撤回した場合は、それを知らない者に対しても有効な撤回となると判示し、Xの懸賞金請求を認めなかった。

(2) 承諾の期限

申込に有効期限（express time limits）を設けた場合、その期間が経過した後に承諾しても契約は成立しない。期限を設けていない申込は、その性質に応じた合理的期間の経過（lapse of reasonable time）により失効する（㉖）。

㉖ *Ramsgate Victoria Hotel Co Ltd v Montefiore*（1866）LR 1 Ex 109：YはXに対し、6月に株式購入の申込をしたが、Xは11月になってようやく株式を発行し、Yの申込を承諾した。裁判所は、申込は合理的な期間経過後は失効すると判示し、Xの請求を認めなかった。

(3) 解除条件付申込（conditional offers）

解除条件付申込は条件成就（occurrence of condition）後には承諾（accept）できない。この条件は、黙示的条件（implied condition）の場合もあり得る（㉗）。

㉗ *Financings Ltd v Stimson*〔1962〕3 All ER 386：Yは、Xからの融資によって自動車を販売店Zから購入するため、購入賃貸契約書（hire-purchase agreement、金融会社が販売店から車を購入して顧客に賃貸する方法による購入代金の融資手段）に署名し、Xに

融資を申し込んだ。Ｙは、一旦は車を受け取ったが、満足できなかったのでＺに返還した。その後、車はＺの下から盗まれて大破した。Ｘはこの経緯を知らずに、Ｙから受領した購入賃貸契約書に承諾の署名をし、Ｙに賃借料（融資返済金）の支払を求めた。裁判所は、Ｘの契約申込は、Ｙの承諾時点における車の状態が、申込時と変わりがないことを黙示の条件としていると述べ、購入賃貸契約の成立を否定した。

第5章　契約の成立(2)
——約因（consideration）と約束的禁反言（promissory estoppel）

1．約因（Consideration）の意義・目的

　約因とは、ある者（promisor）が他の者（promisee）に対して財産の交付、役務の提供その他の一定の行為をすること（act）やしないこと（forbearance）の約束（promise）をしたことに対する見返りとして、そのような約束を受けた者、すなわち被約束者（promisee）が約束者（promisor）のために行う一定の作為もしくは不作為又は一定の作為もしくは不作為をする旨の約束のことである。そのような作為、不作為又はその約束の存在によって、約束者が被約束者に対して行った約束は、法的拘束力（enforceability）のある合意（agreement）、すなわち契約（contract）となる。

　イギリス法上、約因のない合意は、捺印証書（deed）による契約その他後述する一定の例外を除き、法的拘束力を生じない。これを約因の法理（the doctrine of consideration）という。この法理は、何らの見返りのない無償の約束にまで裁判所の保護を与える必要がないとする、相互主義の理念（idea of reciprocity）に基づき、裁判所が訴訟数を限定するために形成してきた伝統的法理の1つだが、現代ではその合理性に疑問が持たれている。実際上、義務負担を約束した者が当該義務を不当に免れようとする際、合意したときに偶々約因を失念していたことを利用し、この法理を方便として主張することが少なくない。よって、裁判所は約因の要件を形式的、画一的に解することはせず、比較的柔軟にその適否を判断している。

　約因の提供は、必ず約束により利益を受ける者（promisee）が行わなければならない[1]。ただし、約因の提供を受ける者やその利益を受ける者は、義務の

---

1) *Dunlop Pneumatic Tyre Co Ltd v Selfridge & Co Ltd* [1915] AC 847（HL）.

負担を約束した者以外の第三者でもよい[2]。

2．未履行約因と既履行約因

約因には、「当事者の一方による作為又は不作為（an act or service provided as consideration of promise）」と「当事者の一方による作為又は不作為の約束（promise as consideration of promise）」の2種類がある。前者の例は、飼い犬を探した人に50ポンド支払うとの広告を見て、犬を見つけてくる行為等であり、他方、1000ポンドでパソコンを購入するとの申込を承諾してパソコンの搬入を約束すること等が後者である。前者は既履行約因（executed consideration）、後者は未履行約因（executory consideration）という。

3．過去の約因（Past Consideration）

過去の約因とは、相手方が約束をする前に相手方の要求を受けることなく提供（実行）した作為又は不作為のことである。原則として、過去の約因は、その後の約束の約因とはなり得ない（①、②）。

① *Roscorla v Thomas*（1842）3 QB 234：XはYに対し、Xの馬を30ポンドで売却する旨の契約を締結した後、馬には悪癖はないと保証したが、これは事実に反していた。裁判所は、Yが保証したのはXが代金支払を約束した後なので、Xは保証違反の責任を追及できないと判示した。

② *Re McArdle*（1951）Ch 669（CA）：Xは、Zの息子の妻だったが、Z所有の家屋に住んでいる間に、Xの費用で改築工事をした。そこで、Zの死後、Zの相続人Yらは、「Xが建物を改善してくれたことの対価として、488ポンドを支払うことに合意します。」と記した書面を作成したが、後日支払を拒んだ。裁判所は、Xによる改築工事は「過去の約因（past consideration）」に過ぎず、Yらの約束は拘束力を生じないと判示した。

ただし、過去の行為が当事者間の合意（一方当事者が相手方に対して当該行為

---

[2]　*Shadwell v Shadwell*（1860）9 CB NS 159（後記⑫）．

を依頼し、相手方がこれを承諾すること）に基づいて行われ、かつ当該行為に対して対価を支払うことが当初から意図されていた場合には、たとえ対価の金額が未定であっても、過去の約因にはならない（③、④）。

③ *Lampleigh v Braithwait*（1615）Hob 105：Yは人を殺してしまったため、国王の処罰を恐れ、Xに対し、国王の許しを得るためあらゆる活動をして助けてほしいと頼んだ。Xは相当の努力と費用をかけてこれを実現したので、Yはその謝礼としてXに100ポンドを支払うと約束した。しかし、後日、Xの活動は過去の約因に過ぎないと主張し、支払を拒んだ。裁判所は、Yの活動はXの依頼に基づいており、Yは依頼のときに（金額未定で）謝礼の支払を約束していたと認定し、Xは100ポンドを請求できると判示した。

④ *Pao On v Lau Yiu Long*（1980）AC 614（PC: Hong Kong）：Xらは、その所有するP社（非公開会社）株式を、公開会社Q社の株式と交換する契約をYと締結した。当該契約において、Xらは、Q社株価の暴落を避けるため、1年間はQ社株を売却しない旨を約束していた。契約締結後、Xらは、1年の売却制限期間中にQ社株が下落して損失を被った場合、Yに損失補償するよう求めたので、Yはこれに合意し、株式交換を実行した。1年後にXらが損失補償を求めたとき、Yは、損失補償の約束の対価は過去の約因であると主張し、支払を拒んだ。裁判所は、Yの言い分を斥け、次の3要件を充足する場合、役務の提供は過去の約因に当たらないと判示した。（ⅰ）当該役務が支払約束をした者の依頼に基づいて提供されたこと、（ⅱ）依頼を受けたときに、これに対して何らかの対価を支払うべきであることを両当事者が了解していたこと、（ⅲ）依頼者の支払約束は、約因を除けば、法的に有効な契約の要件を備えていること。

4．約因の価値

　約因は、経済的価値（value）のあるものでなければならないが、約束や義務の価値に見合った経済的価値（たとえば、売買の目的物の時価に見合った代金）を有するものである必要はなく、何らかの経済的価値のあるものでさえあれば、名目だけの価値でもよい（⑤）。約因という要件は、私人間の取引上のミス（bad bargain）を是正するために存在するわけではないからである。被約束者が不利益（detriment）を受忍するだけでもよいし[3]、自らの利益のための行為でも約束者の利益になれば約因となる[4]。

---

3) *Currie v Misa*（1875）LR 10 Ex 153（HL）.

⑤ *Chappell v Nestle*（1959）2 All ER 701：Xは、「ロッキングシューズ」というダンス・メロディーの著作権を有していた。Yは、Yの商品（チョコレート）の宣伝広告のため、この曲のレコードを1.5シリング及びチョコレート包み紙3枚と交換した。包み紙は交換後直ちに廃棄される。当時の著作権法上、著作物を無断で小売販売しても、著作権者に小売価格の6.25％を支払えば著作権侵害にならなかった。Yは1.5シリングを小売販売価格とし、その6.25％をXに支払った。しかし、裁判所は、包み紙3枚も有効な約因（good consideration）なので、Yの行為は小売販売に当たらず、著作権法に違反すると判示した。

5．既存の債務の履行の約因

約因に経済的な価値（value）があるか否かの問題に関連し、約因を提供すべき者が既に負担している義務を履行することやその履行を約束することが有効な約因（good consideration）といえるか否かが問題となる。判例法上、約因として履行する義務が法律上の義務（obligation imposed by law）である場合と契約上の義務（contractual duties）である場合とでは、若干取扱いが異なっている。

(1) 法律上の義務の履行と約因

法律上の義務（obligation imposed by law）の履行は原則として約因とはならない（⑥）。ただし、法律上の通常の義務履行を尽くしたと認められる限度を超えて履行することやその履行を約束することは、公共政策（public policy）に反しない限り約因となり得る（⑦）。

⑥ *Collins v Godefroy*（1831）1 B & Ad 950：Yは、裁判においてXを証人申請したので、Xは裁判所から召喚状を受けた。YはXに対し、証人として出頭してくれたら、手数料6ギニー支払うと約束した。Xは、出廷後にYに対し手数料6ギニーを求めたところ、裁判所は、召喚に基づく出頭は法律上の義務なので、有効な約因ではないと判示した。

⑦ *Glasbrook Bros Ltd v Glamorgan County Council*（1925）AC 270（HL）：炭鉱夫のス

---

4) *Edmonds v Lawson*［2000］QB 501 1091（CA）は、弁護士見習生は、法律事務所（chamber）で教育を受けることにより、事務所に「将来採用すべき者の選別・確保」という利益（約因）を与えていると判示。

トライキの際、炭鉱管理者Pは、地方警察の警視Qに、スト破りで働く炭鉱夫らを守るため、もっと多くの警察官を配置してほしいと頼んだ。Qは、既に適正な人数の警察官を配置したつもりでいたが、Pが強く望むので、70人の警察官を追加した。その後、炭鉱経営者Xは、Y（市）から追加警察官70人分の勤務手当を請求されたので、警察は公的職務を果たしただけなので、その対価を支払う必要がないと主張して争った。裁判所は、警察が通常の公的職務を超える特別な役務提供を求められた場合は、超過業務の報酬を求めることができると判示した。（*Harris v Sheffield United Football Club Ltd*（1987）2 All ER 838（CA）、*White v Bluett*（1853）23 LJ Ex 36も同旨。）

(2) 契約上の義務と約因

相手方との間で既に締結している契約上の義務の履行は、原則として、当該相手方による新たな約束の約因にならない（⑧）。

⑧　*Stilk v Myrick*（1809）2 Camp 317：航海中の船の船長Yは、船員2名が途中下船した後、残る船員Xらに対し、最後まで働けば追加報酬を支払うと約束した。裁判所は、最後まで働くことは当初から契約上の義務であったことを理由に、Xらの追加報酬請求を認めなかった。

ただし、この例外として、第1に、当初の契約上予定されていた義務の範囲を超えた行為を行う場合は、約因となり得る（⑨）。第2に、役務提供や物品供給に関する義務履行に関し、（ⅰ）債権者が、債務者による約定どおりの義務履行は困難である旨を合理的に判断し、（ⅱ）債務者に対して約束した期限内に義務を履行したら追加代金を支払う旨を約束し、かつ（ⅲ）その約束が債務者の詐欺や強迫によるものではない場合、追加代金の約束は、債務者が当初の約定どおりに義務を履行する旨の約束が約因となり法的拘束力を生ずる（⑩）。

⑨　*Hartley v Ponsonby*（1857）7 E & B 872：イギリスからボンベイ（ムンバイ）へ向けて乗務員36名を乗せた船が出航したが、途中の港で17名が職場放棄した。船長Yは、残った乗務員のうち5名の有能な船員Xらに対し、航海を完了したら40ポンドの追加報酬を支払うと約束した。裁判所は、Xらは、乗務員が全員がいた最初の契約時とは異なる業務の依頼を受けてこれを履行したので、有効な約因の提供に当たると判示した。

⑩　*Williams v Roffey Bros and Nicholls (Contractors) Ltd*（1991）1 QB 1（CA）：Yは、

Zから建物建築を受注し、大工Xに代金2万ポンドで下請に出した。Xは、工事中に財務状態が悪化し、仕事の継続が困難となった。Yは、工事の完成が納期に遅れてZから違約金の請求を受けるのを恐れ、Xに対し、納期内に完成すれば追加代金として1万300ポンド支払うと提案し、その旨合意した。しかし、工事が無事に完成した後、当初の契約に基づく業務完了の約束は有効な約因ではないので、追加代金の約束は法的効力を生じないと主張し、支払を拒んだ。裁判所は、Yの追加代金の約束は、YがZへの違約金支払を免れ、別の下請人と契約し直す手間と費用を避けられる等、様々な利益をYが受けることの対価であるから有効な約因であると述べ、Xの追加代金請求を認めた。裁判所は、契約の履行の継続が有効な約因となるための条件を次のように示した。「（ⅰ）AがBとの間で代金支払を対価として物品の販売又は役務の提供に関する契約を提供し、かつ（ⅱ）契約上のAの義務履行の完了前に、Bは、履行を期限内に完了できるかどうかについて合理的な疑問を持ち、かつ（ⅲ）BがAに対し、Aが期限内に完了した場合は追加代金を支払う旨を約束し、かつ（ⅳ）Aがこれを行えば、Bは実際に利益を受けること、又は損害を避けることができ、かつ（ⅴ）Bの追加払の約束がAによる経済的強迫や詐欺行為の結果ではない場合、（ⅵ）Bが受ける利益は、Bの支払約束の約因となり、当該約束は法的拘束力を生ずる。以上は、⑧判決の原則を限定するが、これと矛盾はしない。」

(3) 第三者との契約に基づく義務

約束者による約束の対価として、約束を受けた者が第三者との間の契約に基づいて負担した義務（obligation imposed by contract with a third party）を履行した場合、当該義務履行は約束者の約束の約因となる（⑪）。

⑪ *New Zealand Shipping Co Ltd v AM Satterthwaite & Co, The Eurymedon* [1975] AC 154（PC: New Zealand）：Xは、運送人Zに穿孔機のニュージーランドへの運送を依頼した。運送契約（船荷証券）上、Xは、運送中の損害について、Z及びその従業員、代理人及び下請人の責任を免除すると約束していた。到着港での荷降ろし作業中、Zが雇った港湾荷役作業員Yの行為により穿孔機は損傷した。XはYに対し訴訟を提起したので、（ⅰ）Yは運送契約の当事者か（すなわち、責任免除条項の適用を受けるか）、及び（ⅱ）Yは約因を提供しているか（責任免除条項はYとの間で法的拘束力のある義務か）が争われた。裁判所は、（ⅰ）Yは荷降ろし作業に着手することにより船荷証券に提示されたXの契約申込を承諾したので、契約当事者であり、また（ⅱ）ZY間の契約に基づくYによる荷降ろし役務の提供は、十分な約因であると判示した。（*Scotson v Pegg*（1861）6 H & N 295も同旨。）

第5章　契約の成立(2)

　また、約束者による約束の対価として、被約束者が第三者との間の契約上の義務を履行することを約束者に対して約束した場合も、当該約束は、強迫、威嚇によるものでない限り、約束者の約束の約因となる（⑫）。

⑫　*Shadwell v Shadwell*（1860）9 CB NS 159（Court of Common Bench）：Xは婚約していたが、経済的理由で結婚できなかった。Xの叔父Zは、Xが結婚するのなら、Xの収入が年間600ギニーになるまで、毎年150ポンドを支援すると申し出た。Xはこれを受けて婚約者と結婚したが、収入が600ギニーを超えることはなかった。Zは12年間150ポンドずつ支払ったが、その後は支払を止め、6年後に亡くなった。Xは遺言執行者Yに対し、6年分の支払を求めた。Yは、Xの結婚は、契約（婚約）上の義務の履行に過ぎず、有効な約因ではないと主張し、支払を拒んだ。裁判所は、Xが結婚によって社会的な責任と立場を引き受けたことは、Zの支払約束に対する十分な約因であると判示した。Zは、身を固めた甥の姿を見るという望みを叶えることで、利益を受けたことになる。

6．金銭債務の一部弁済（Part-payment of Debt）と約因

(1) 原則

　金銭消費貸借契約において、借金等の返済に窮した借主と貸主との間で、借主がその一部だけ支払えば残金の返済を免除する旨を約束することがある。借主がいわれたとおりの金額を支払った後に貸主が残債務免除の約束を破って残金を請求してきた場合、貸主による約束は法的拘束力があるのか、すなわち、借入金その他の金銭債務の一部履行は、残債務免除の約因となり得るのかが問題となる。金銭債務の一部履行も契約上の義務の履行ではあるが、イギリスの裁判所は、古くからこの問題に関して上記5(2)とは異なる法原則を採ってきた。すなわち、原則として、金銭債務の全部弁済の代わりにその一部を弁済しても残債務を免除する約束に対する約因とはならず、債権者は、残債務免除の約束を無視して残額を請求することができる（⑬、⑭）。

⑬　*Foakes v Beer*（1884）9 App Cas 605（HL）：XはYに2090ポンドを貸していたが、Yに対し、分割払で元金を完済すれば利息は請求しないと約束した。Yが5年に亘って約束どおりの分割金の支払を終えた後、XはYに対し、その間の利息分360ポンドを請求した。貴族院は、1602年の判例法（*Pinnel's Case*（1602）5 Co Rep 117a）を適用し、

Xの約束に対しYは何も約因を提供していないので、法的拘束力がないと判示し、Xの請求を認めた。

⑭ *Re Selectmove Ltd*（1995）2 All ER 531（CA）：X（歳入庁）に膨大な税金債務を負っていたYは、徴税官との会議において、将来の税金は期限どおりに支払うので、未払分は分割延払にしてほしいと申し入れた。その後、Xは滞納額の一括払を求めたので、Yは分割払の合意を主張して争った。裁判所は合意の成立を否定し、さらに傍論として、仮に合意があったとしても、約因のない合意であると述べた。

(2) 例外

裁判所は、上記6(1)の原則によって生ずる不合理な結果から債務者を救済するため、以下のような様々な例外を設けている。

（ⅰ） 正当に争われている債務

争いのある債務の一部弁済は、それ以上の債務が存在しない旨の約束の約因となり得る。ただし、一部弁済金額の受領により残債務を免除する意思がある場合でなければならない[5]。

（ⅱ） 債務者の履行条件の変更

債務弁済に関する履行条件の変更を伴う場合であれば、当該変更の合意が残債務免除の約因となる。「5ポンド支払って100ポンドの債務免除を受けることはできないが、5ポンド相当の馬を提供すれば免除を受けられる」ということである[6]。この例外によれば、債務の一部の繰上弁済を条件に残債務の免除を受けることも可能となる。ただし、現金に換えて小切手により支払うことにする程度では履行条件の変更に当らない[7]。

（ⅲ） 第三者による一部弁済

債権者が、第三者による債務の一部弁済がなされたときに残債務を免除する旨を合意した場合、第三者による弁済は約因となり、当該残債務免除の合意は法的拘束力を生ずる（⑮）。

（ⅳ） その他の例外として、任意整理契約[8]、反対債権の放棄、下記7の約

---

5) *Ferguson v Davies*（1997）1 All ER 315（CA）は、一部弁済として受領した小切手を換金しただけでは残部免除に当たらないと判示。
6) *Sibree v Tripp*（1846）15 M. & W. 23.
7) *D & C Builders Ltd v Rees*［1965］3 All ER 837.

束的禁反言等がある。

⑮ *Hirachand Punamchand v Temple*（1911）2 KB 330（CA）：YはXから3600ルピーを借りていた。Yの父Zは、Xに、1500ルピーを支払うので、残金を免除してほしいと申し入れて為替手形を送った。Xは手形を換金した後、残金をYに対して請求した。裁判所は、XはZの申入れを受け入れたので、Yに対してそれ以上請求できないと判示した。

7．約束的禁反言（Promissory Estoppel）

禁反言（estoppel）は、ある者が、他人に一定の事実の存在を信じさせる行為をしたとき、これを信頼して自己の利害関係を変更した者の利益を保護するため、この事実を覆す主張をすることを禁止する旨の法原則である。この原則に基づき、契約どおりの権利（strict legal rights）を実行しない、又は権利行使を停止すると信じさせた契約当事者は、その後に当該権利の行使をすることができなくなる。

コモンロー上の禁反言は当事者の行為（conduct）及び事実の表示を基礎とし、これに反する将来の行為や事実の主張を禁じていたが、19世紀後半になって、事実の表示だけではなく、将来の意思の表示、すなわち（明示又は黙示による）約束についても、エクイティに基づいて禁反言を認める判例が現れた（⑯）。同判決では、契約の一方当事者が約因を新たに提供せずに契約上の権利行使をしないことを約束（promise）した場合において、その約束に反して権利行使をすることが公平に反すること（inequitable）を根拠として、約束者による権利行使を制限した。これを約束的禁反言（promissory estoppel）という。

約束的禁反言は、上記6の金銭債務の一部支払を対価とする残部免除の約束に関しても適用される（⑰におけるデニング裁判官の傍論、⑱）。

⑯ *Hughes v Metropolitan Railway Co*（1877）2 App Cas 439（HL）：建物賃借人Yは、家主Xから建物修繕工事を6か月以内に行うように請求された。その後、XY間で当該建物利用権の売買に関する交渉が始まったので、Yは修繕工事を履行しなかった。交渉

---

8) *Good v Cheeseman*（1831）2 B&Ad 328.（債務者と数名の債権者の間における債権額に応じた一部免除を合意した場合。）

が決裂したときには6か月の期間を過ぎていたので、Xは、Yの修繕義務の不履行を根拠に賃貸借契約を解除し、明渡しを求めた。貴族院は、Xは、交渉を継続することにより、修繕義務の履行を求めないとの黙示の約束をし、Yに信じさせたので、その不履行を理由とする解除の主張はエクイティに反する、Xは交渉決裂後に、修繕義務を履行するための合理的期間をYに与えるべきだったと判示した。

⑰ *Central London Property Trust Ltd v High Trees House Ltd* [1947] KB 130：1937年、Xは、賃貸用建物一棟を年2500ポンド、期間99年でYにリースした。Yは転貸事業を行ったが、1940年、戦時下のため貸室の大半が空き家になったので、Xは賃料を1250ポンドに下げることに合意した。1945年、再び貸室が満室となったので、Xは同年下半期及び翌年以降の賃料を元に戻すよう求めた。裁判所は、Xは戦争終了までの賃料を減額していたに過ぎないと認定し、その請求を認めた。デニング裁判官は傍論（*obiter dicta*）として、仮にXが賃料減額合意の約因不存在を主張し、1940年からの差額分賃料を請求していたとしたら、その主張は、⑯判決が示した約束的禁反言により許されなかったであろうと判示した。

⑱ *Collier v P & MJ Wright (Holding) Ltd* [2007] EWCA Civ 1329, [2008] 1 WLR 643：パートナーシップの構成員3名が連帯債務を負担したが、内2名は行方知れずとなった。Xは、残る1名Yと、債務の3分の1を支払えば残額を免除する旨を約束し、その支払を受けた。裁判所は、⑰事件のデニング裁判官の傍論は既に判例法であると述べ、（ⅰ）債務者が負債の一部支払による残額免除を申し込み、（ⅱ）債権者が任意にこれを承諾し、（ⅲ）債務者がこれを信頼して一部支払をした場合、債権者は約束的禁反言の法理により残額を請求できないと判示した。

8．約束的禁反言の要件

約束的禁反言が認められるのは、以下の3要件を充たす場合に限る。

（1）契約当事者の一方が相手方に対して、契約どおりの権利（strict legal rights）を行使しない旨の明白かつ明瞭な約束（a clear and unequivocal promise）をしていること（⑲）。

⑲ *Woodhouse AC Israel Cocoa Ltd SA v Nigerian Produce Marketing Co Ltd* [1972] AC 741（HL）：XY間のカカオ売買契約は、ナイジェリア・ポンドによる代金支払を定

めていた。買主Ｘは、英国ポンドでの支払を打診したところ、売主Ｙは、「英国ポンドで支払ってもよい」と返答した。当時、両通貨は同価値だったが、その後、英国ポンドの価値は、£1＝0.85ナイジェリア・ポンドに下落した。Ｙは、ナイジェリア・ポンド建の金額との差額分を請求した。Ｘは約束的禁反言を主張したが、裁判所は、Ｙの返答は、禁反言の根拠となるほど明確ではなかったとして、Ｘの言い分を斥けた。

(2) そのような約束を受けた相手方当事者（promisee）がこの約束を信頼して何らかの重要な行動（conduct on reliance）をとったこと。相手方が信頼に基づく行動によって何らかの不利益（detriment）を被ったことまでを立証する必要はない（⑳）が、約束者（promisor）が直ぐに撤回した場合等には信頼に基づく重要な行動があるとは認められないことがある（㉑）。

⑳ *W J Alan & Co v El Nasr Export & Import Co*［1972］2 QB 189（CA）：コーヒー豆の売買契約は、代金をケニア・シリング建で記載していた。買主Ｙは前払金を英国ポンドで支払ったところ、Ｘはこれを受領した。しかし、出荷中に英国通貨が下落したので、Ｙはケニア・シリングとの差額分を請求した。裁判所は、Ｙは英国ポンド建の支払を受領したことにより、ケニア通貨で支払を受ける権利を放棄し、又は契約の変更に合意したので、Ｘがこれを信じて行動した以上、一度放棄した権利を主張することができないとし、更に、この理は、信頼して行動した者がその結果不利益を受けることになるかどうかに関わらないと判示した。

㉑ *Société Italo-Belge Pour le Commerce et L'Industrie SA v Palm and Vegetable Oils (Malaysia) Sdn Bhd, The Post Chaser*［1982］1 All ER 19：ＹはＸにヤシ油を販売する契約をし、ＸはこれをＺに直ちに転売する契約を締結した。Ｙは、契約に違反し、Ｘに貨物を乗せた船の出港日を出港の１か月後まで伝えなかった。Ｘは契約を解除せずに、Ｙに対し、船荷証券その他貨物の受取りに必要な船積書類をＺに交付するように指示した。Ｙは指示どおりにＺに船積書類を送付したが、２日後、Ｚはその受取りを拒絶した。Ｘは貨物の売却先を失ったことによる損害の賠償をＹに求めた。裁判所は、Ｘは船積書類の交付を指示したことにより契約違反の責任追及権を放棄したが、この放棄に約因がないし、また、権利放棄からその撤回まで短期間なので撤回が衡平の原則に反する（inequitable）とも言えないとし、約束的禁反言も否定した。

(3) エクイティに基づく制度における本質的な要件として、約束者が約束を破ったことが公平に反する（inequitable）こと。相手方（promisee）が威嚇や強

迫的な手段を用いて約束者に権利の放棄や不行使の約束を強要した場合（㉒）や約束した後にその前提を覆すような重大な事情の変更があった場合[9]には、この要件が充たされないことになる。ただし、この要件の適否の判断に当たっては、個々の裁判官による裁量の余地が大きい。

　㉒　*D & C Builders Ltd v Rees*［1966］2 QB 617（CA）：X（中小会社）は、Yから業務を480ポンドで請け負ったが、再三の請求にかかわらず、Yは代金を支払わなかった。半年後、Yの妻Zは、Xが資金難で経済的に困っていることを知りながら、Yを代理し、残額を免除するなら300ポンド支払うと提案した。Xは提案に応じたが、後日残額を請求した。Yは約束的禁反言を主張したが、裁判所は、約束を強要した者が当該約束の拘束力を主張するのは公平に反すると述べ、Yの主張を斥けた。

9．約束的禁反言の限界

　上記8の3要件に加え、約束的禁反言の主張は、以下のような制限を受けることがある。

(1)　一時停止効の原則（effect normally suspensory）

　債権者からの義務履行請求に対する約束的禁反言の主張は、原則として、義務の履行を停止する働きをするだけであり、義務を完全に消滅させるものではないと解されている（上記⑯）。したがって、義務の免除や猶予を約束した当事者（promisor）は、相手方（promisee）に権利行使の通知をした後に合理的な期間を経過したとき、原則として、元の契約上の地位を回復し、それ以降に発生する債権に関しては権利を行使することができる（㉓）。

　ただし、相手方当事者が約束をしたとき以前の状態に戻すことができない場合や権利の復活を認めては公平に反する場合は、通知をしても元の契約上の地位を回復することができない（㉔）。

　㉓　*Tool Metal Manufacturing v Tungsten Electric*［1955］2 All ER 657（HL）：1938年、

---

9)　*William v Stern*（1879）5 QBD 40.（「家具は差し押えない」と約束した後、他の債権者が差し押えようとしている事実を知った場合。）

第5章　契約の成立(2)

　XはYに対し、Xが特許を有する特殊合金の製造販売実施権を許諾した。戦時期間中、Xは実施料の請求を中止することに合意したが、1945年、請求を再開すると述べ、同年1月分からの実施料を求めた。しかし、裁判所は、請求再開にはYに対する十分な事前通知が必要であるとし、Xの請求を認めなかった。1950年、Xは再び訴訟を提起し、1947年1月分からの実施料を求めた。裁判所は、Xは前訴訟の提起により十分な事前通知を行ったとし、Xの請求を認めた。

㉔　*W J Alan & Co v El Nasr Export & Import Co*［1972］2 QB 189（CA）：裁判官（デニング卿）は、「債務の免除・停止に合意した債権者は、事前通知や行動により合意を撤回して当初の権利を行使できるが、撤回が遅すぎた場合や正義に反する場合は、撤回は許されない。」と判示した。

(2) 請求の根拠にはならない（a shield, not a sword）

　約束的禁反言は、原則として、相手方による権利行使から防御するため、すなわち請求に対する抗弁（defense）としてのみ主張でき、これを根拠として約因を伴わない約束の履行を請求することはできない（㉕）。なお、オーストラリア[10]やアメリカ[11]においては、一定の制約の下で約束的禁反言を請求原因（cause of action）とする請求が認められている。

㉕　*Combe v Combe*［1951］2 KB 215（CA）：X（夫）は、Y（妻）との離婚手続において、Yに年間100ポンドを支払うと約束した。Yはこの約束を信じ、執行力ある証書の作成を裁判所に申し立てなかった。Xが支払を怠ったとき、YはXに約束の履行を求めた。裁判所は、約束的禁反言の法理は請求原因としては働かない（the doctrine should not create new causes of action）と述べ、Xの約束に約因がないことからYの請求を認めなかった。

---

10)　*Waltons Stores (Interstate) Ltd v Maher*（1988）CLR 387（High Court of Australia）．
11)　American Restatement (2d) Contracts（1979）s90(1)．

第6章　契約の成立(3)
——契約意思（intention）、明確性（certainty）、完全性（completeness）、要式性（formality）

1．法的拘束力発生の意思（Intention to Create Legal Relations）

当事者が一定の義務を負担する旨の合意（agreement）をした場合であっても、その者に合意どおりの法的拘束を受ける意思（intention to create legal relations）がない場合、当該合意は法的に有効（enforceable）な契約とはならない。そのような意思の有無を判断する上では、まず当該合意がどのような状況で行われたかを確定する必要がある。特に、家族間の合意であるか、それとも取引上の合意であるかによって判断基準が異なっている。

(1) 家庭内の契約（domestic agreement）

家庭内の契約は原則として法的拘束力がないとされている。ただし、別居夫婦間の離婚条件の合意等はその例外である[1]。

(2) 商事上の契約（commercial agreement）

取引に関する合意は、通常法的拘束力を受ける意思があるものと解される。ただし、合意に関する書面の中に、「binding in honour only」、「subject to contract」、「in principle only」等の文言が入っている場合は、原則として法的拘束力を生じさせない意思があるものと解釈される（①、②）。

① *Rose and Frank Co v Crompton (JR) & Brothers Ltd* [1925] AC 445：Ｘは、Ｙの製品をアメリカで販売する総販売店に指名されていた。ＸＹ間の契約には「この契約は正式な又は法的な契約書ではなく、米英いずれの裁判所の管轄にも服さず、両当事者が道義上誓約した当事者間の目的と意図を表示し記録したものに過ぎない」との条項が含まれ

---

1) *Merritt v Merritt* [1970] 2 All ER 760（CA）.

ていた。YはXからの製品注文を受けた後に、事前通知なく契約を一方的に終了し、Xへの製品供給を拒んだため、XはYを訴えた。裁判所は、上記条項に基づき契約は将来に亘って法的拘束力がないとしたが、Xが注文しYが承諾した物品売買契約は有効に成立していると判示し、その限度でXの請求を認めた。

② *Jones v Vernon's Pools* ［1938］2 All ER 626：Xは、Yにサッカーくじの当たり券を送ったのに、Yが受取を否定し支払わないとして訴えた。Yは、券の裏面における「本書における合意は道義上の拘束力だけ（binding in honour only）で法的拘束力はない。」との記述を主張して争った。裁判所は、この条項に基づきXの請求を棄却した。

取引上、契約の一方当事者の信用を補完する目的で、当該当事者の親会社等が相手方に対し、「当社は、子会社が契約を履行（又は契約上の債務を弁済）できる状態に保つ方針である。」との趣旨を記載した書簡を発行することがある。この書簡はコンフォート・レター（comfort letter）と呼ばれ、商業上は、保証状（letter of guarantee）に類似した機能を果たすが、原則として法的拘束力を生じさせる趣旨ではないと解されている（③）。親会社が子会社の債務を保証せず、コンフォート・レターで済ませる理由は様々だが、親会社の会計書類への記入や信用評価への影響を考慮している場合が多い。

③ *Kleinwort Benson Ltd v Malaysia Mining Corporation, Berhad* ［1989］1 All ER 785：XはYの子会社Zに1000万ポンドを融資した。YはZの債務を保証する代わりに、「当社は、Zの財務状態を、常にXからの借入金を返済できる状態にする意向である」旨のコンフォート・レターを発行した。控訴院は、同書簡はYの方針を記載したに過ぎないので、保証（guarantee）や保証条項（warrantee）とは異なり、Yは道義上の義務しか負わないと判示した。

2．明確性（Certainty）、完全性（Completeness）

(1) 契約の必須条項が不明確又は不完全な場合

契約は、取引上の常識（commercial common sense）に照らしてこれを実行するために必要不可欠な条項（essential terms）を全て含んでいなければならない。たとえば、典型的な建築請負契約において、契約が実行可能となるためには、

作業の範囲、完成時期、請負代金のような事項が確定していることが必要である。ただし、契約の必須条項が何であるかについて、あらゆる場合に共通する決まりがあるわけではない。この問題は、個々の事件における両当事者の言動及び意図を総合的に斟酌して、何が当該契約にとって必須の条件であったかを判断して決めなければならない。

　契約の必須条項に関する合意の内容が不明確である場合は、原則として法的拘束力を生じない（④）。

> ④　*Scammell & Nephew v Ouston*［1941］AC 251（HL）：Ｙは、車の購入を販売店Ｘと交渉し、代金の一部はＹ現所有のトラックのＸによる買取価格で支払い、残金は金融会社から購入賃貸方式（hire-purchase arrangement、金融会社が販売店から車を購入し、買主に賃貸する方式）で融資を受けることが合意された。金融会社との契約を準備中、ＸはＹのトラックの買取りを拒絶したので、ＹはＸの契約違反を主張し、損害賠償を求めた。裁判所は、購入賃貸条件が合意されていない以上、契約内容は不明瞭であり、有効とはいえないと判示し、Ｙの請求を棄却した。

　ただし、不明確な合意であっても、慣習（custom）や取引慣行（trade usage）に基づき、契約内容を明確化できる場合もある。また、当事者の一方が不明確な事項を明確化する義務（duty on one party to resolve uncertainty）を負うことが合意されている場合や不明確な事項について第三者に対して判定、決定の委託（reference to third party）をするための手続が合意（criteria or machinery specified）されている場合は、契約締結後に契約内容を明確化する手続が確保されているので、不明確な条項を含む契約であっても有効である（⑤）。

> ⑤　*Foley v Classique Coaches Ltd*［1934］2 KB 1：Ｘ（ガソリンスタンド）は、その所有する土地の一部をバス会社Ｙに賃貸し、Ｙは、その条件として、Ｙが使用するガソリンを、ＸＹ間で合意する価格で、全てＸから購入することを約束した。契約には、契約に関する全ての紛争は、通常の方法による仲裁で解決する旨の規定もあった。3年後、Ｙは他の安いガソリンに切り替えるため、Ｘからの購入を拒絶し、「ＸＹ間で合意する価格で」購入するとの合意は明確性を欠き、無効であると主張した。裁判所は、仲裁による価格決定方法を合意した以上、不明確ではないと判示し、Ｙの契約違反を認めた。

イギリス法上、将来契約するために交渉することの合意（agreement to negotiate、agreement to agree）は、原則として法的拘束力を有しない[2]。ただし、交渉の対象とすべき事項が明確に限定されている場合は、その範囲内で誠実に交渉すべき義務が発生する（⑥）。

> ⑥　*Petromec Inc v Petroleo Brasileiro SA Petrobas (No. 3)*［2005］EWCA Civ 891：シティの弁護士が作成した複雑な契約書（a complex contract）のうちの1つの条項は、追加費用が生じたときは、その金額について当事者間で誠実に協議すべき旨を定めていた。控訴院は、特定の事項に関する誠実交渉義務が明確に規定されている場合、伝統的な判例法に従って法的拘束力を否定するのは困難であると判示した。

　契約交渉中の当事者の一方が、相手方に対し交渉中の取引と競合又は矛盾する事項について第三者とは契約交渉しない旨（agreement not to negotiate with third parties）を約束することがある。そのような合意のことをロックアウト契約（lock-out agreement）という。裁判所は、交渉禁止期間について合意があるロックアウト契約は法的拘束力を有するが、期間の定めがない場合は無効であると判示している（⑦）。

> ⑦　*Walford v Miles*［1992］2 WLR 174：Yの事業を200万ポンドでXに売却する契約を交渉中、Yは、「第三者とは契約交渉を行わず、またその他の選択肢を検討したり、有利な条件の申込を承諾したりせず、Xと独占的に交渉する」旨を合意した。しかし、YはZと並行して交渉を続け、事業をZに売却してしまった。Xは契約違反でYを訴えたが、控訴院は、Yの合意は「交渉することの合意（agreement to negotiate）」であり、法的拘束力がないとして請求を棄却した。Xの上訴に対し、貴族院は、ロックアウト契約は、期間が明記され、かつ約因がある場合は法的拘束力を生じ得るが、本件の合意は期間の定めがないと判示し、これを棄却した。

(2) 必須条項以外の条項

　契約に無意味な条項や意味不明の条項があったとしても、その他の条項により拘束力ある契約が完成している場合、裁判所は、無意味な条項だけを除外（meaningless term ignored）し、契約のその他の条項の法的拘束力には影響しない（⑧）。

---

2)　*Courtney & Fairbairn Ltd v Tolaini Brothers (Hotels) Ltd*［1975］1 WLR 297（CA）.

⑧ *Nicolene Ltd v Simmonds*［1953］1 All ER 822（CA）：XはYに対し、売買契約違反の責任を追及した。契約には、承諾は、「承諾に関する通常の条件を適用する」との条項があった。Yは、「承諾に関する通常の条件」は存在せず意味不明なので、契約は成立していないと主張した。裁判所は、無意味な条項がある契約は当該条項を除外した契約として成立すると判示し、Yの主張を斥けた。

いわゆる努力義務条項（obligation to use reasonable endeavours）は、無意味又は不明確であるとして争われることがあるが、それ自体としては執行不能な程に不明確な合意とはいえない。当該努力義務の目的となっている事項を達成するために何らの行為をも行わない等、明白な努力義務の不履行がある場合は義務違反（breach of contract）となる（⑨）。

⑨ *Lambert v HTV Cymru (Wales) Ltd*［1998］FSR 874：XはYに対し、アニメキャラクターの独占的商品化権を譲渡した。契約において、Yは、Yが当該権利を第三者に譲渡する場合、将来の書籍出版に関し、譲受人との優先交渉権をXが取得できるようにあらゆる合理的な努力をする旨を約束した。Yは、当該権利を映画制作会社等に譲渡したが、Xに出版に関する優先交渉権を付与する交渉は一切しなかった。Xは、Yの契約違反を訴えた。裁判所は、YがXのために「あらゆる合理的な努力」をしなかったことは明白なので、Yの義務違反は十分に明確であると判示し、Xの請求を認めた。

3．レター・オブ・インテント（Letter of Intent）

重要な取引に関する契約交渉（negotiation）中の当事者間で、交渉開始時又は交渉がある一定の段階に達したとき、正式な契約とは異なる何らかの書面を交わすことがある。これは、一定の取引分野においては、契約交渉段階において一応の合意に達した契約条件や取引条件を書面化して確認しておくことが実務上必要とされているからである。また、契約書作成手続に入る前に、契約の履行の一部とも言うべき一定の準備作業や調査作業を行う必要がある場合にも、そのような作業の根拠やこの段階における当事者の関係を示すために、何らかの書面の締結が要請される。実務上、このように契約締結前における当事者間の合意や確認事項を記載した書面（pre-contractual document）には、レター・オブ・インテント（letter of intent）、レター・オブ・コミットメント（letter of commitment）、ヘッズ・オブ・アグリーメント（heads of agreement）、メモランダム・オブ・アンダースタンディング（memorandum of understanding）等の表題が付けられている。

　レター・オブ・インテント等の内容は、当事者間の合意により自由に定められるものであり、実際上も状況に応じて様々であるが、標準的なレター・オブ・インテントは、両当事者が将来の一定の時期に契約を締結する意思を有していること、そのための交渉及び情報交換を行うこと、一定の条件に関し合意済みであること、契約締結前に準備行為や一部履行に着手すること等を確認する旨が記載される。

　レター・オブ・インテントその他契約締結前書面の法的効果に関しては、当該書面がこれを締結した状況下においてどのように解釈されるかという問題と当該書面自体の法的性質の分析に関する問題の両面がある。前者は、正式に契約を締結していないにかかわらず、契約締結前書面を交わしたことによって当事者間で交渉している取引に関する最終的な契約（正式契約）が成立したものと解される場合があるか否かの問題として、後者は、当該書面によって正式契約とは異なる内容の付帯的契約が成立したか否かの問題として、それぞれ議論される。以下、それぞれの問題を分けて説明する。

(1)　**正式契約（final contract）の成否**

　レター・オブ・インテントというタイトルの通常の意味には、当該レターが契約としての法的拘束力を有する合意を形成しないものであるという意味が含まれている。実際上、そのような拘束力を生じさせないことが、agreement ではなく letter of intent という形式の書面を締結することの主要な目的であることが少なくない（⑩）。

　⑩　*British Steel v Cleveland Bridge* ［1984］1 All ER 504：Yは、Xに鉄鋼部品の製造を委託するための契約交渉中に、X宛のレター・オブ・インテントを送付した。同書には、YがXに当該製品を注文する意向であること、及び正式契約書の調印を待たず、直ちに作業開始を要求する旨が記載されていた。Xはこの書簡に従って製品を製造納入したが、その後交渉は決裂し契約締結に至らなかった。この間、Xは、ほとんどの製品をYに納

第6章　契約の成立(3)

入したが、最後の納入分は納期に遅れたため、Yは、この納期遅れはXの契約違反であると主張し、代金支払を拒み、損害賠償を請求した。裁判所は、両当事者間に正式契約が締結されていないので、Yはレター・オブ・インテントに基づく納期の遅滞を理由に契約違反の責任を追及できないと判示した。ただし、YはX製品の納入による利益を受けているので、これをXに償還せずに利益を保持するのは不公平であるとし、Yに対し、納入品の合理的な価値に相当する金額をXに支払うよう命じた。

　ただし、レター・オブ・インテントに記載された文言の解釈及び当該書面作成に至った状況によっては、その作成、交換の結果、両当事者間における法的拘束力ある合意が形成されることもある（⑪）。

⑪　*Wilson Smithett v Bangladesh Sugar* [1986] Lloyd's LR 1986 Vol.1 378：Xは、Yとの間で砂糖の購入に関する契約を交渉した後、合意済みの全ての契約条件を記載した購入申込書をYに交付した。この段階で、Yが同書面に同意すれば直ちに契約が成立する状態だった。YはX宛に、申込どおりの条件で砂糖を売却する旨及び担保としての預託金又は履行保証状を要求する旨を記載したレター・オブ・インテントを発行した。その後、YはXへの販売を拒絶した。裁判所は、Yのレター・オブ・インテントはXの申込に対する承諾に当たり、担保の要求は契約の内容に含まれないと判示した。

　裁判所は、レター・オブ・インテントその他の契約締結前書面を作成したときに正式契約（formal contract）が成立したか否かの判断を、当該書面の記載だけではなく、（ⅰ）当該書面の目的、（ⅱ）契約交渉の内容及び経過、（ⅲ）当該書面において確定していなかった契約条件があったか否か、（ⅳ）当事者が当該書面に基づく義務や引受行為の一部を履行したか否か、（ⅴ）関連する業界における取引慣行その他の事項を考慮して行っている。レター・オブ・インテントに、契約成立は正式な契約書の締結を条件とする旨（subject to formal contract）を明記した場合でも、その後の交渉において主要な条項を口頭で合意した場合は、その条件は放棄されたとして契約成立が認定されることがある（⑫）。

⑫　*RTS Flexible Systems Ltd v Molkerei Alois Muller Gmbh & Company KG (UK Production)* [2010] UKSC 14, [2010] 1 WLR 753：XとYは、機器の供給及びこれに伴う作業に関して契約交渉し、Xはレター・オブ・インテントに基づいて作業を開始し

た。当該レターにおいて、両当事者は、正式な契約書を調印しない限り契約は成立しないことを確認していた。しかし、価格を含む重要事項が全て合意された後も契約書は調印されなかった。裁判所は、両当事者間の交信及び行動全体を見ればすでに契約は成立していると判示し、正式契約書を作成しない限り契約が成立しない旨のレターによる合意は、その後の行動により放棄されていると述べた。

(2) 付帯的契約（collateral contract/ancillary contract）の成否

レター・オブ・インテント等に関しては、各事件における具体的な事実関係の下で、これを交わしたことにより、正式契約とは異なる内容の付帯的契約（ancillary contract）が成立したものとし、当該付帯的契約に基づく法的責任が認められる場合もある（⑬）。ただし、付帯的契約も契約である以上、客観基準に基づいてそのような内容の合意（agreement）に達していることが認められ、かつ約因（consideration）及び契約意思（intention to create legal relations）が備わっていなければ、法的拘束力を生ずることはない。

なお、仮に付帯的契約の成立が認められなかったとしても、一方当事者が相手方の依頼に基づいて相手方のために作業を行った場合は、原状回復（restitution）を根拠として、依頼に基づいて行った作業の費用の支払を請求できることがある（上記⑩、第13章6）。

> ⑬ *Turiff v Regalia* [1971] 9 BLR 20（QBD）：Yは、建設業者Xと新しい工場の設計及び建築に関して契約交渉中、完成時期を遅らせないために作業に着手してほしいと申し入れた。Xは、申し出を受けるための条件とし、Yにレター・オブ・インテントの発行を求めた。Yは「当社はXに工場建設を発注する意向である。全ては受け入れ可能な契約による合意を条件とする。」と記した書簡を送付した。Xがこれに基づいて3500ポンドをかけて作業の一部を行ったとき、Yは他の会社に作業を発注することに決定した。裁判所は、Yは、契約締結前に作業に着手する旨の（Yの要請による）Xの申込に対し、Yはレターにより承諾したことにより付帯的契約が成立したと認定し、同契約に基づきYにXに対する費用の支払を命じた。

4．条件付合意（Conditional Agreement）

イギリス法上、「condition」という語には、（ⅰ）全ての契約条件（terms and

conditions)、（ⅱ）契約解除の原因となる重要な契約条項（契約条件条項）、（ⅲ）契約の効力発生又は契約上の当事者の義務の発生や消滅の前提となっている事象の発生や行為等の意味がある。ここでは、（ⅲ）の意味である。（ⅲ）の「condition」には、当事者の支配を離れた偶発的事実が条件となっている偶発的条件（contingent condition）と当事者による義務の履行自体を条件とする約束的条件（promissory condition）の2種類があり得る。たとえば、「明日雨が降ったら仕事をする」という場合の「明日雨が降ること」は前者で、「明日中に仕事が終わったら報酬を支払う」という場合の「明日中に仕事を終えること」は後者である。条件付合意（conditional agreement）の条件（condition）は、偶発的条件を指す。

　偶発的条件には、（ⅰ）当該事実や行為が生じない限り契約が成立せず、又は契約上の義務が生じないという効果が生ずる停止条件（condition precedent）及び（ⅱ）条件の発生によって契約上の義務が消滅することになる解除条件（condition subsequent）の2種類がある。条件付合意は、一定の偶発的条件が発生することが契約成立の条件となっている契約のことである。

　偶発的条件自体は契約上の義務ではないが、条件付で義務負担の合意をした場合、これによって、以下のような付随的な義務が発生する。

（1）　条件成就妨害の禁止（duty not to prevent occurrence）：義務履行の停止条件を付して義務の負担を約束した者は、原則として、条件成就を意図的に妨害してはならない[3]。

（2）　合理的努力義務（duty to make reasonable efforts）：停止条件の内容によっては、当事者は、黙示の合意による義務（implied term）として、条件成就のために合理的な努力を払うべき義務（duty to make reasonable efforts）を負うことがある（⑭）。

⑭　*Hargreaves Transport Ltd v Lynch*〔1969〕1 WLR 215：Xは、Yに土地を売却する条

---

3)　*Blake & Co v Sohn*〔1969〕1 WLR 1412、*Thompson v ASDA-MFI Group plc*〔1988〕Ch 241.

件とし、Yは、当該土地を交通機関の発着場とする計画について公的許可を得るものとする旨が合意されたが、許可を得られなかった。裁判所は、Yは許可取得のため合理的な努力をする義務を負っていたが、努力が実らなかったとしても責任を負わないと判示した。

(3) 条件成就前の撤回禁止（prevention of withdrawal before occurrence）：停止条件の達成が相手方の行為にかかる場合は、当該条件付の契約は一方的契約（unilateral contract）となるので、義務履行の停止条件（condition precedent to performance）を付して負担を約束した義務を条件成就前に撤回すること（withdrawal before occurrence）は許されない（⑮）。

⑮ *Smith v Butler* [1900] 1 QB 694：Yは、Xの土地を担保とされているXの借入金をYがXに代わって引き受けることを条件に、Xの土地を購入する旨を合意した。裁判所は、Yは、Xが借入金債務の更改のための手続を貸主と交渉するまでは、契約を一方的に解消できないと判示した。

5．要式性（Formal Requirement）

契約は、原則として口頭（orally 又は by parol）の合意だけで成立するが、以下の契約に限っては、書面によることが必要とされている。

(1) 捺印証書（deed）によるべき契約（contract to be made by deed）
期間3年超の不動産賃貸借契約（lease of more than 3 years term）[4]。

(2) 書面によるべき契約（contract to be made in writing）
　（ⅰ）　有価証券（negotiable instruments）[5]
　（ⅱ）　2万5000ポンド以下の消費者金融契約（consumer credit agreement）[6]
　（ⅲ）　土地に関する権利の売買その他の処分に関する契約（contract for dispo-

---

4) Law of Property Act 1925 s52, s54.
5) Bills of Exchange Act 1882 ss3(1), 17(2)、Bills of Sale Act (1878) Amendment Act 1882.
6) Consumer Credit Act 1974 s61.

sition of interest in land)[7]
　(ⅳ)　海事保険契約（contract of marine insurance）[8]

(3)　書面による証明を要する契約(contract to be evidenced in writing)

　保証（guarantee）[9]：保証契約（contract of guarantee）とは、他人の債務不履行に対して責任を負うことを約束する契約のことである。Eメールによる保証の約束は、本文末尾に本人の意思による記名がある場合に限り、書面によるものと認められる（⑯）。

　保証契約は、主たる債務者の義務の存在を前提として、その不履行の場合の責任を約束する点において、他人に生じた損害を単純に塡補する旨の合意である損失補償契約（indemnity contract）と区別される。損失補償契約に関しては書面による証明の要件は存在しない。

⑯　*J Pereira Fernandes SA v Mehta* [2006] EWHC 813 (Ch)，[2006] 1 WLR 1543：XはZ社に物品を販売したが、Z社は代金支払を怠った。Z社の取締役Yは、Xに対しZ社の売買代金支払債務を保証する旨のEメールを発信したが、当該メールにはYの記名も署名もなかった。後日、Yは、当該Eメールは書面による証拠がない保証の約束なので、詐欺防止法（Statute of Frauds 1677）により不成立であると主張した。裁判所は、送信者自身がメールに記名した場合は同法が定める署名に当たるが、プロバイダーが記入したメール文末の送信者名の記載だけでは足りないと判示し、Yの主張を認めた。

6．捺印証書（Deed）

　イギリス法上、合意が契約としての法的拘束力を有するためには、原則として約因がなければならない。ただし、当該合意が捺印証書（deed）により作成された場合は、約因がなくても法的拘束力を生ずる。

　捺印証書とは、第三者を証人として書面により行った約束（an attested promise in writing）であり、作成した者が署名、押印、引渡し（signed, sealed and delivered）

---

7)　Law of Property (Miscellaneous Provisions) Act 1989 s2(1).
8)　Marine Insurance Act 1906 s22.
9)　Statute of Frauds 1677 s4.

をすることによって成立する。捺印証書により作成されたあらゆる約束（promises）は法的拘束力を有している。

捺印証書は以下の要件を全て充たす書面でなければならない[10]。

(1) 捺印証書（deed）であることが当該書面上に明記されていること（express statement as 'deed'）。

(2) 作成者が第三者の面前で署名し、かつ当該第三者にその証人となってもらうこと（attested 又は witnessed by a third party）。なお、作成者以外の者が作成者の代理人として署名する場合は、2名以上の証人の面前で署名しなければならない。

(3) 押印（sealing）すること。
ただし、作成者が個人（individual）である場合は押印不要である。

作成者が法人の場合は、原則として、登録された会社印（common seal）の押印が必要となる。ただし、作成者がイギリスの1985年会社法又は2006年会社法[11]に基づいて設立された会社である場合は押印不要となり、その代わりに会社法上の契約作成要件を充たしていなければならない。すなわち、取締役（directors）2名以上もしくは取締役1名と会社書記官（secretary、会社法上の会社役員）が署名し、かつ会社のために作成した書面であることを契約書面上に明記することが必要である。

作成者が外国法人の場合、当該外国法人の設立準拠法に基づいて有効とされている方法で作成された書面は、会社印の押印が不要である。日本の会社の場合は、日本法上会社印の制度がないので、登録された代表者印による記名押印、又は登録された代表者のサインによる署名が、押印に代わる捺印証書の成立要件である。

(4) 作成者による引渡しがなされること（delivered）。作成者は、引渡しのた

---

10) Law of Property (Miscellaneous Provisions) Act 198 s1(2), (3).
11) Companies Act 1985 or 2006.

めに、契約の相手方や第三者に契約書を手渡すことまでは要しないが、当該契約書が法的拘束力のあるものとして完成したことを明らかにするための何らかの言動をしなければならない[12]。

(5) なお、条件付捺印証書（conditional deed）の場合は、当該条件の成就が要件となる。たとえば、不動産の売買契約において、売主は、代金が支払われるまでは契約を発効させない意図で契約証書を条件付で第三者に預け入れる（escrows）のが通常であるが、この場合は、代金支払が要件となる[13]。

---

12) *Xenos v Wickham* (1867) LR 2 HL 296.
13) *Alan Estates Ltd v W G Stores Ltd* [1982] Ch 511.

第7章　契約条項（1）
——契約条項（term）の種類

1．契約条項（Term）とは

「term」の語は、イギリス法上、（ⅰ）契約期間、（ⅱ）定期土地利用権（term of years）又は（ⅲ）契約条項、すなわち、当事者の義務や負担の内容やその制限を定めている契約中の合意事項という意味で用いられる。ここでは、（ⅲ）の意味である。

契約は、口頭の契約であれ書面による契約であれ、法的拘束力を有する以上必ず契約条項を規定している。契約条項には、明示条項（express term）と黙示条項（implied term）の2種類があり、通常の契約にはこの双方が含まれている。明示条項は、契約上明記又は明示的に言及されており、当事者間で合意されていることが明らかにわかる契約条項のことである。黙示条項とは、契約上明らかに示されてはいないが、当事者の黙示の意思、取引慣行又は法律により、契約に含まれているとみなされる条項のことである。

2．契約条項（Term）と表示（Representation）の区別

契約交渉中に当事者の一方が他方に対して、ある特定の事実や事項（statement）を告げた場合、そのことが契約条項として契約の一部となっているのか（すなわち、当事者は告げたとおりの事実や事項が間違っていた場合に契約違反の責任を問われるのか）、それとも単なる事実の表示（mere representation）に過ぎないのかが争われることがある。この区別の基準は以下のとおりである。

(1)　売主が、買主による契約品購入の決定に重大な影響を及ぼす事実を告げた場合、その事実は単なる表示ではなく契約条項となる（①、②）。ただし、

買主が、当該事実には依拠せず、その真否にかかわらず購入したであろう場合は、契約条項にはならない（③）。

① *Bannerman v White*（1861）10 CBNS 844：ホップの買主Xは、売主Yに、栽培に硫黄を使用したかどうかを尋ね、「使用したのなら、価格を聞くに及ばない。」と伝えた。Yは使っていないと答えたが、事実に反していた。裁判所は、「硫黄の不使用」は契約条項であるとし、Yの契約違反を認定した。

② *Couchman v Hill* [1947] KB 554（CA）：Xは、オークションカタログに「この雌牛は受胎していない」と記してある雌牛を落札した。カタログには、記載事項は保証の約束（warranty）ではないとの注意書きがあったが、Xは、受胎前の雌牛が必要だったので、売主Y及び競売人Zにもこの点を確認した上で購入した。しかし、雌牛は流産により死亡した。裁判所は、カタログの記述を凌駕する口頭による明確な保証があったと認定し、Yの契約違反の責任を認めた。

③ *Oscar Chess Ltd v Williams* [1957] 1 WLR 370：Yは、自動車販売店Xに対し、1948年製の車としてYの車を売却したが、実際は1939年製の車だった。裁判所は、仮にXが正しい製造年を知っていたとしても、車を（価格はもっと安かったにしろ）購入していたはずであると述べ、1948年製であることは契約条項ではないと判示した。この判断に際し、裁判所は、Yは自動車登録簿が偽造されていたことを知らずに登録簿どおりの製造年をYに伝えたこと、及びXは業者として登録簿の真偽を自分で確認できたことを特に重視した。

(2) 契約の目的物に関して、専門知識や特殊技能（special knowledge or skill）を有している当事者が相手方に告げた事実は、原則として契約条項と解される（④）。

④ *Dick Bentley Productions Ltd v Harold Smith (Motors) Ltd* [1965] 2 All ER 65（CA）：Y（販売店）は、Xにベントレー車を売却する際に、エンジン交換後の走行距離は2万マイルに過ぎないと表示したが、実際の走行距離は10万マイルに近かった。裁判所は、Yは業者としてXよりも真実を確認しやすい立場だったことを理由に、Yの契約違反を認めた。

(3) 契約の対象事項に関して専門知識を有し、相手方が告げた事実の真偽を

容易に確認できる立場にいる当事者に対して告げられた事実や事項は、原則として契約条項にはならない（上記③、⑤）。

⑤ *Drake v Thos Agnew & Sons Ltd* [2002] EWHC 294：美術商Zは、買主Xを代理し、「ヴァン・ダイク作」と表示された絵を画廊Yから購入した。この絵は、Yがオークションで落札した品で、オークション目録は、「アフター・ヴァン・ダイク」（すなわち、本人以外の作）と表示していた。その真偽について専門家の意見は分かれていたが、Yは真作と信じていた。Yは、売買に際し、質問があれば何でも答えるとZに告げたが、Zは特に調査も質問もしなかった。裁判所は、Yの「ヴァン・ダイク作」との表示がYの意見に過ぎずその真偽をZ自身で確認すべきことはZも承知していたと認定し、「真作であること」は契約条項ではないと判示した。

3．契約条項の分類（Classification of Terms）

イギリス法上、契約条項には以下の3種類がある。
（ⅰ） 契約条件条項（condition）：契約の根幹を成している重要な条項。
（ⅱ） 付随的条項又は保証条項（warranty）：（ⅰ）ほど重要ではない、付随的な条項。
（ⅲ） 無名条項（innominate term）又は中間条項（intermediate term）：契約が成立した時点では、（ⅰ）、（ⅱ）のどちらにも分類できない、両者の混合というべき条項。

個々の契約条項がこれらのうちのどれであるかは、契約締結の時から決定している場合もあるが、実務上は、契約条項違反（breach of term）等に関する紛争が生じた後に、裁判所がその契約条項が重要かつ本質的であるか否かを判断して決定することが多い。

(1) 契約条件条項（condition）

契約条件条項は、契約の根幹に関わる重要な条項である。契約条件条項違反により損害を被った契約当事者は、違反した当事者に対し、契約を解除（rescission）してこれに基づく全ての義務を終了させることができる。契約解除により、当事者双方の契約上の義務が消滅するが、損害を受けた当事者は、（ⅰ）

契約が履行されていたとしたら得られたであろう利益の損害、又は（ⅱ）契約が存続すると信じたことによる費用の賠償を受けることができる。契約を解除せずに契約の存続を確認（affirmation）し、損害賠償（damages）のみを請求してもかまわない。

　なお、「condition」の語は、（ⅰ）保証条項や無名条項を含む全ての契約条項、（ⅱ）契約の成立や契約上の権利義務の発生や消滅を偶発的な出来事や行為に拠らしめている場合の当該事実や行為（第6章4）という意味でも用いられる。

(2)　付随的条項（warranty）

　付随的条項（warranty）は、契約の条項（term）のうち、その不履行が契約の根幹に影響を与えない程度の付随的な事項を定める条項のことである。付随的条項は、義務者が一定の作為や不作為の履行を約束する条項に加え、一定の事実の存否や状態を義務者が保証（warrant）をする条項、すなわち、保証条項（warranty clause）であることも多い。保証条項の場合、実際の事実や状態が保証したとおりではないことが契約違反（breach）となる。

　付随的条項違反があったとしても契約当事者の契約上の義務が消滅することはないが、その結果損害を被った当事者は、違反当事者に対して損害賠償を求めることができる。

　なお、「warranty」の語は、付随的条項又は保証条項の意味の他、（ⅰ）製品のメーカー等の最終消費者に対する商品の瑕疵について修理や取替えの約束、（ⅱ）保険契約において被保険者が行う一定の事実に関する真実性の表明、（ⅲ）いわゆる担保又は保証、（ⅳ）裁判所の令状等の意味にも用いられる。

(3)　契約条件条項と付随的条項の区別

　一般的に言われている基準として、契約条項が契約の目的に関わり、その重要な要素といえる場合は契約条件条項とされ、比較的重要度の低い場合は付随的条項と解される[1]。ただし、裁判所は、契約条項そのものが重要かどうかを決定するよりも、当該条項違反の程度や結果を考慮した上で契約解除という救

---

　1)　*Behn v Burness*（1863）3 B&S 751、*Couchman v Hill* [1947] KB 554（CA）.

済手段を与えるべきかどうかを先に判断し、契約解除が適当な場合には契約条件条項違反、そうでない場合は付随的条項違反と認定することが多い（⑥、⑦、⑧）。

⑥ *Poussard v Spiers*（1876）1 QBD 410：Xは、1874年11月28日から3か月の新作オペラ公演の主役を引き受けたが、11月23日に病気になりリハーサルに参加できなかった。同月25日、興行主Yは、Zに、Xが初日に間に合わなかった場合は代役を務めるよう依頼した。Xは12月4日に回復し、主役への復帰を申し出たが、Yはこれを拒絶し、契約解除を申し渡した。裁判所は、Xがリハーサルに参加せず初日を演じなかった行為は、Xの重大な義務違反であると判示し、Yによる契約解除を認めた。

⑦ *Bettini v Gye*（1876）1 QBD 183：興行主Yは、イタリア人歌手Xに対し、1875年3月30日から7月13日まで、英国及びアイルランドの劇場でのオペラにおけるプリモ・テノールを依頼した。契約上、Xは開演6日前までにリハーサルに参加する義務を負っていたが、急病のため参加できず、2日前にいきなり現れたため、Yは契約解除を言い渡した。裁判所は、15週に亘る公演のためのリハーサル数回の欠席は付随的義務違反に過ぎないとし、Yによる契約解除を認めなかった。

⑧ *Aerial Advertising Co v Batchelors Peas Ltd (Manchester)* [1938] 2 All ER 788：X（広告代理店）は、Yの製品の宣伝広告のため、「バチェラーズの豆を食べなさい」と書いた垂れ幕を飛行機に付けて様々な町を飛ぶキャンペーンを実施した。飛行ルートは毎日Yに確認する約束だったが、1937年11月11日、Xのパイロットはたまたま確認を怠り、自己の判断でサルフォードの町の上空を飛んだ。多くの市民が広場に集まり、戦没者記念日の黙禱をしている最中だった。Yには抗議の手紙が殺到し、売上が落ちたため、YはXとの契約を解除し、損害賠償を求めた。裁判所は、Yが契約の拘束を受け続けるのは商業上の合理性に反するとして、契約解除を認めた。

(4) 無名条項（innominate term）

契約の根幹に関わる重大な義務と付随的な義務を同時に定める契約条項の典型例は、傭船契約（charterparty）における耐航性条項（seaworthiness clause）である。傭船契約は、一定の期間又は航海に限って船の全部又は一部を借り切る契約であり、貸主は、貸出中に船が安全に航行できること（耐航性）を約束する。この条項は、船の運航を不可能とするエンジンの欠陥から、数日出航を遅らせ

る程度の備品不足に至るまでのあらゆる耐航性に関する義務違反に適用があるので、その性質上、契約条件条項と付随的条項の両方を含んでいる（⑨）。そのような条項は、契約条件条項（condition）と付随的条項（warranty）の中間という意味で中間条項（intermediate term）、又はどちらとも決められないという意味で無名条項（innominate term）と呼ばれる。ある条項が無名条項である場合、裁判所は、その条項違反の程度や結果の重大性に基づき契約解除（rescission）まで認めるか、それとも付随的条項違反と同じ効果（すなわち、損害賠償のみ）しか認めないかを判断する（⑩）。

⑨ *Hong Kong Fir Shipping Co Ltd v Kawasaki Kisen Kaisha Ltd* [1962] 2 QB 26 (CA)：Yは、Xから、Xの船を24か月チャーターした。傭船契約には、「通常の貨物運送に適した状態であること」を約束する条項（耐航性条項）が入っていた。しかし、船は老朽化していたうえ乗船していた主任技術士が役に立たず、20週間は運送に使えなかった。裁判所は、Xによる契約違反は契約目的を完全に損なうほど重大ではないと判示し、Yによる契約解除を認めなかった。

⑩ *Cehave NV v Bremer Handelsgesellschaft GmbH, The Hansa Nord* [1976] QB 44 (CA)：YはXに対し、柑橘類の果肉を「良好な条件で引き渡す」との条項の下で売却した。貨物がロッテルダム港に着いたとき、3293トンの果肉のうち1260トンは傷んでいた。Xは、ちょうど果肉の市場価格が暴落していたので、契約違反を理由に全果肉の受取りを拒んだ。裁判所は、「良好な条件で引き渡す」旨の条項は、契約条件条項（condition）ではなく、無名条項（innominate term）であるとし、目的物の一部の不良は金銭的な賠償で対応できるので、深刻又は重大な違反でない限り、貨物全体を拒絶することはできないと判示した。

(5) **当事者による契約条項の区別**（classification by the parties）

契約当事者間で特定の条項を契約条件条項とするか付随的条項とするかについて合意した場合、裁判所は、原則としてこの合意どおりに判断する（⑪）。ただし、違反の程度及び結果が軽微な場合、裁判所はある条項を「condition」とする旨の定めや条項違反を解除事由と定める合意があるにかかわらず、当該条項違反による契約の解除を認めないこともある（⑫、⑬）。

第7章　契約条項(1)

⑪　*Lambard North Central plc v Butterworth* [1987] QB 527（CA）：XはYにコンピューターをリースした。契約には、期限内におけるリース料の支払は契約における必須事項（essence）であり、遅滞があったとき、Xは契約解除権を有すると定められていた。Yは3回目、4回目及び5回目の賃料を期限に遅れて支払った。6回目も遅れた際、Xは契約解除を申し入れた。裁判所は、期限内の賃料支払は契約条件条項（condition）であるから、Yがこれに違反した場合は、その結果が重大かどうかにかかわらずXは契約を解除できると判示した。

⑫　*L Schuler AG v Wickman Machine Tool Sales Ltd* [1974] AC 235（HL）：Yは、X（ドイツ会社）が販売する機器（厚板圧縮機）のイギリスにおける総販売店だった。販売店契約は、Yが特定の重要顧客を毎週販促のために訪問することを「condition」とする旨が定められていたが、Yはこれを怠った。裁判所は、「condition」とする旨の定めは、たった一度の違反で直ちに相手方が契約を解除する権利を取得できる条項としての契約条件条項（condition）の意味ではないと判示した。

⑬　*Rice (T/A The Garden Guardian) v Great Yarmouth Borough Council* [2003] TCLR 1, (2001) 3 LGLR 4（CA）：Y（市）は、レジャー施設の管理保守業務をXに委託した。Yの標準契約書は、「Xは、Yが完全に満足できる水準のサービスを提供する義務を負う」旨（第6条）、及び「Xが契約のいずれかの条項に違反した場合、Yは直ちに契約解除できる」旨（第23条）を定めていた。Yは、Xによる夏用座布団の準備及びサッカー場の整備がシーズン開始日に間に合わなかったことから、第6条違反を理由に第23条による契約解除を申し入れた。控訴院は、第6条は無名条項の典型であるとし、第23条により契約を解除できるのは、解除を正当化できるほどに重大な契約違反があった場合に限られると判示し、Yによる解除を認めなかった。

4．黙示条項（Implied Term）

契約条項は、当事者間に明示的な合意がない場合でも、慣習（custom）、当事者間の意思（intention of the parties）、法律（court、statute）等により発生し、契約の一部となることがある。これを黙示条項（implied terms）といい、その発生原因に基づいて以下のような種類に分けられている。

(1)　**慣習による黙示条項（term implied by custom）**

特定の産業団体が設定した標準契約条項（standard terms）が当該業界内の取

71

引において普及している場合等である。慣習又は取引慣行に基づく黙示条項は、当事者間の別段の合意により排除できる。

(2) **裁判所の認定による黙示条項**（term implied by the courts in fact）
　以下のような基準に基づいて裁判所が定める条項であり、当事者間の明示的な合意に矛盾しないときのみ適用される。
　（ⅰ）取引実効性基準（the Business Efficacy Test）：当事者間で意図された取引を実行する上で不可欠であると客観的に判断される事項は黙示条項である（⑭）。そのような条項があった方が合理的であるというだけでは足りない（⑮）。

⑭　*The Moorcock* (1889) 14 PD 64：Yは、Xの船の荷揚作業のため、テムズ河畔にあるY所有の船着場の使用を認める契約を締結した。しかし、船着場付近の河床の状態が悪かったため、Xの船は停泊中に座礁し、損害を被った。Xからの損害賠償請求に対し、Yは、埠頭が安全な状態であることは約束していないと主張して争った。控訴院は、河床の状態が安全であることは船着場使用の本質的要件なので、Yは、合理的な注意をもって安全性を確認することを黙示的に約束していたと判示し、Yの責任を認めた。

⑮　*Mediterranean Salvage and Towage Ltd v Seamar Trading and Commerce Inc, The Reborn* [2009] EWCA Civ 531：傭船者Yは、船主Xからチャーターした船にレバノン港で荷積みをするため、傭船契約の条項に従って、港内の停泊位置を指定した。積み荷作業中に船は浸水し、船体は損傷を受けた。船主XはYに対し、Yが安全な停泊地を指定しなかったのは、傭船契約における黙示条項（安全な停泊地を選ぶ義務）に違反していると主張し、損害賠償を求めた。控訴院は、黙示条項を認定できるのは、それが契約を実行するために不可欠な義務であることを要すると判示し、Xの主張を斥けた。

　（ⅱ）「お節介な傍観者」基準（the Officious Bystander Test）：当事者間の契約交渉にお節介な見物人（officious bystander）が立ち会っていたとしたら、当然に指摘していたであろう事項、すなわち中立的な第三者の目から見て、当事者間で明示の合意がなかったとしても当然に契約の term に含まれているはずであると判断される事項は term に含まれる[2]。

（ⅲ）明文化基準：契約に特定の黙示条項が含まれているか否かを、そのような条項が契約に明記（spell out）されていたとしたら、契約全体の意味を合理的に理解できるかどうかを基準に判定する方法である（⑯）。ただし、この基準は、あくまで契約上必要な条項かどうかを認定するための手段に過ぎない（上記⑮）。

⑯ *Attorney General of Belize v Belize Telecom Ltd* [2009] 1 WLR 1988（PC）：Y社の定款は、特定の種類株主は取締役2名の選任解任権を有する旨を定めていた。当該種類株主は2名の取締役を選任した後に株式を失い、種類株主は一人もいなくなった。そこで、同社定款は、種類株主がいなくなった場合に2名の取締役は辞任すべき旨の黙示条項を含むかどうかが争われた。裁判所（PC）は、そのような条項を明記した場合、当該定款は合理的に理解することができるかどうかという基準を用い、2名の取締役は辞任すべき旨を判示した。

(3) 判例法による黙示条項（term implied by the courts in law）

特定の種類の契約において、当事者間の合理的な意思に合致するか否かにかかわらず、裁判所が公共政策（public policy）に基づき黙示条項を設定することがある。この黙示条項は、当事者間の明示的な合意によって排除することができない（⑰、⑱）。

⑰ *Liverpool City Council v Irwin* [1977] AC 239（HL）：X（市）とYとの間の高層住宅賃貸借契約は、賃借人Yの義務だけを定め、Xの義務に関する条項はなかった。Yは、Xがエレベーター、階段の照明、ダストシュート等の修繕をしないことを理由に家賃の支払を拒んだため、契約上、Xがこれらの修繕義務を負っているかが争われた。貴族院は、契約の性質上、Xは共用部分について合理的な保守・修繕義務を負っていると述べた。ただし、Xは義務を尽くしていると認定し、Yの主張は認めなかった。

⑱ *Malik v BCCI* [1997] 3 WLR 95（HL）：Y銀行（BCCI）は、経営破綻後、多年に亘る詐欺的取引が発覚し、金融当局より責任追及を受けた。Yの元従業員Xは、同業他社に再就職できないのは、Xに汚名をかぶせたYの責任であると主張し、契約違反による

---

2) *Shirlaw v Southern Foundries (1926) Ltd* [1939] 2 KB 206（CA）は、この基準を用い、会社と役員の間における期間を定めたマネジメント契約は、「会社は定款変更により役員の任期を短縮できない」旨の黙示条項を含むと判示した。

損害賠償を求めた。貴族院は、雇用契約上、雇い主は従業員に対し、両者間の信頼関係を損なう行為を行わない旨の黙示の義務を負っているとし、Xが不正な詐欺的取引をしたのはこの義務違反であると判示した。

(4) 制定法に基づく黙示条項（statutory implied term）

物品売買（sale of goods）、分割払式物品売買（hire purchase）、物品の賃貸借（hire of goods）、有償保管（custody）、及び修繕・運送等の役務提供（hire of work）に関する契約に関しては、特別の制定法[3]によって一定の黙示条項が定められている。これらの黙示条項は、当事者間の合意によって排除できる場合とできない場合とがある[4]。

5. 1979年物品売買法（Sale of Goods Act 1979）

制定法（statute）に基づく黙示条項として最も重要なものは1979年物品売買法が売買契約に関して規定する条項である。

(1) 同法は、以下の黙示の契約条件条項（conditions）を定めている。
（ⅰ） 売主が対象商品を販売する権限（the right to sell）を有していること（12条）。
（ⅱ） 対象商品が売主による商品表示に一致（conform to their description）していること（13条1項）。
（ⅲ） 対象商品が完全な品質（satisfactory quality）を有していること（14条2項）：完全な品質かどうかは、物品の説明、値段その他の事情に鑑みて、合理的一般人が、(a) 同種製品の通常の目的との適合性、(b) 外形及び仕上がり、(c) 軽微な欠陥の存否、(d) 安全性、(e) 耐久性その他の事項について、満足できる商品とみなすかどうかを基準に判断する（14条2A項、2B項）。

---

3) Sale of Goods Act 1979（本章5）、Supply of Goods (Implied Terms) Act 1973及びSupply of Goods and Services Act 1982（第19章）。
4) Unfair Contract Terms Act 1977 s6.

（ⅳ）　対象商品が、買主が売主に知らせた使用目的に合理的に適合（reasonably fit for the purpose make known to the seller）していること（14条3項）。

(2)　同法は更に、以下の黙示の付随的条項（warranties）を定めている。
（ⅰ）　対象商品に、買主が告知したもの以外の第三者の権利が設定され、又は付着していないこと（12条2項(a)、12条4項）。
（ⅱ）　購入した対象商品の買主による占有が妨害されない（quiet possession）こと（12条2項(b)、12条5項）。
ただし、当事者間で上記（ⅰ）、（ⅱ）の条項を契約条件条項とする旨の明示の合意をすれば、原則としてその合意が優先する。

(3)　同法は、コモンロー上の諸原則に一定限度で修正を加えている。たとえば、事業者間の売買取引における売主による契約条件条項違反に関しては、当該違反が、これを根拠とする買主の契約解除権を認めては不合理な程度に小さい場合（where the breach of condition is slight such that it would be unreasonable for the purchaser to rescind）、当該違反は、付随的条項違反として取り扱うべきものとしている（15A条1項）。すなわち、契約条件条項（condition）違反があるにかかわらず、損害賠償請求だけしかできないことになる。また、消費者契約（consumer agreement）に関して、消費者である買主は、損害賠償、契約解除に加えて、商品の修理や取替えを要求する権利（option to repair or replace the goods）も与えられている（48A条1項）。

第8章　契約条項(2)
―― 契約解釈（interpretation of contract）

1．契約解釈上の基本原則

　契約当事者の一方が裁判所に対して相手方の契約違反による救済を求めたとき、裁判所はまず、違反があると主張している契約条項がどのような義務を定めているのかを判断するために契約解釈を行わなければならない。契約解釈とは、契約条項に用いられているある1つの語句や表現が複数の意味を有する場合に、そのうちの1つを選択して契約条項の意味内容を確定する作業のことである。伝統的に、イギリスの裁判所は、契約条項の意味内容を確定するに当たって、そのような合意をする際に両当事者が用いた言動のみに基づいて、合理的な一般人（reasonable person）ならばどのような意図でそのような言動をするであろうかを客観的に判断し、当事者が実際にどのような意図を持っていたか等の当事者の内心に関わる事情は考慮の対象にしない手法を採っている。これを客観的手法（objective approach）という[1]。

　裁判所は、この手法を用いて書面による契約（written agreement）を解釈する際、以下の解釈準則（rules of interpretation）を適用している[2]。

(1) 文理解釈（literal approach）の原則

　契約書を交わした両当事者の意思は、原則として、契約書の文言そのものから解釈しなければならない（Intention must be normally ascertained from documents itself.）。そして、契約書の文言は、平易かつ単純に字義どおりの意味（plain and literal meaning）に理解されなければならない[3]。これは契約の解釈に関する

---

1) *Smith v Hughes* (1871) LR 6 QB 597 (CA).
2) *Investors Compensation Scheme v West Bromwich Building Society (No.1)* [1998] 1 WLR 896 (HL).

最も基本的な原則であり、文理準則（literal rule）と呼ばれている。この解釈方法を採るに当たっては、個々の条項の字句だけに拘泥せず、契約書全体から（from the whole of the agreement）両当事者の合理的な意思を推定すべきものとされている[4]。これを近辺用語類推原則（the *noscitur a sociis* principle）という。

上記の文理解釈の帰結として、契約書の文言が明確な場合、契約交渉中における当事者の言動その他契約締結前の事情によって契約文言の通常の意味と異なる解釈をすることは、原則として許されない（Negotiations prior to contract inadmissible.）。

裁判所は、文理解釈の原則に従った契約解釈のため、以下のような解釈原則をしばしば用いている。これらは、両当事者の意思が上記準則だけでは明確にできない場合に適用すべき副次的なルールである。

（ⅰ）　the *expressio unius est exclusio alterius* principle（規定外排除原則）：契約文中の語句や条項が一定の事項についてのみ言及しているときは、その他の類似する事項を排除する意図と解される。たとえば、工場と家屋の売買において、契約書が「家屋内の家具も売買の対象とする」旨を記載していた場合、工場内の設備は売買の対象から除く意図と解される[5]。

（ⅱ）　the *ejusdem generis* principle（同類解釈原則）：いくつかの事項に言及した後に「and others」と記載されているとき、この「others」に含まれる事項は、既に言及されている事項により限定を受ける。たとえば、傭船契約（charterparty）において「war, disturbance, or any other cause」による事故の場合は責任を負わない旨の条項があった場合、「any other cause」は「war, disturbance」と同種の原因による事故に限られるので、流氷（ice）による事故の場合は免責されない[6]。

（ⅲ）　the *contra proferentem* rule（「起草者の不利に」の原則）：あいまいな規定は、当該条項により利益を受けることとなる者の不利益（against the party putting forward）に解釈すべしという原則である。責任排除条項（exclu-

---

3)　*Robertson v French* (1803) 4 East 130.
4)　*Ford v Beech* (1848) 11 QB 852.
5)　*Hare v Horton* (1883) 5 B & Ad 715.
6)　*Tillmanns v S.S. Knutsford* [1908] 2 KB 385.

sion clause）の解釈に関してよく用いられるが（第9章3）、それ以外の条項の解釈にも適用されることがある。

(2) 例外1：目的的解釈（purposive approach）

契約書の文言が不明確な場合には、契約交渉（negotiations）中の事実関係[7]、取引実務（market practice）、業界の取引慣行（custom or trade usage in the industry）その他の外部的証拠（external evidence）を用い、契約の合理的な目的に従って当事者意思を解釈し、合意の内容を確定することができる（Ambiguities may be resolved by external evidence.）。

なお、2つ以上の意味に解される余地がある条項は、合理的一般人が取引上の常識（commercial common sense）に適っていると判断する方の意味に解釈される（①）。

> ① *Rainy Sky SA v Kookmin Bank* [2011] UKSC 50, [2011] 1 WLR 2900 (SC)：Xは造船会社（Z）に対し、船6隻を注文した。発注に際し、Xは、Zの支払不能その他の事由が生じた場合におけるZのXに対する前払代金返還義務について、銀行保証状（bond）を求めた。Zの依頼により銀行YがXに発行した保証状は、造船契約に基づいてZが負担する全債務の支払を約束していたが、Zが支払不能となった場合の前払金返還義務を保証するとは明記していなかった。Zが倒産した際、Yは、保証状に記載のない義務は負わないと主張して争ったが、最高裁はこれを認めず、契約文言について複数の解釈が可能な場合、裁判所は、取引上の常識に合致する方の意味を選ぶことができると判示した。

(3) 例外2：取引上の常識（commercial common sense）に反する場合

上記(1)で述べた文理解釈の原則は、「合理的一般人が正式な書面により契約を締結する以上、契約書に誤記などしないはずである」との一般常識を前提としている。したがって、契約書を文言どおりに解釈すると明らかに取引上の常識（commercial common sense）に反する結果となる場合は、この前提が疑わしいので、文言には拘泥せず、あらゆる外部的事情から当事者の合理的な意思を解釈することができる（②）。

---

[7] *Prenn v Simmonds* [1971] 1 WLR 1381.

② *Chartbrook Ltd v Persimmon Homes Ltd* [2009] UKHL 38, [2009] 1 AC 1101：不動産開発業者Yは、Xとの間の開発契約に基づき、Xの土地に住宅を建売し、Xに土地価格と追加住宅価格（ARP）を支払う義務を負っていた。契約書はARPを"23.4% of the sale price in excess of the land price less the sales costs, etc. incurred in the sale"と定めていた。Xは、ARPは、販売価格が土地価格を超過した部分の額から販売費用を差し引いた金額の23.4％に当たる448万4862ポンドであると主張したが、Yは、販売価格が土地価格を超過した部分の額の23.4％から販売費用を差し引いた金額（89万7051ポンド）であると主張した。裁判所は、契約文言が明らかに間違っているときは、合理的な人間が理解するところに従って解釈することができるとし、確かに文法上の意味はXの主張が正しいが、その解釈は契約全体の内容に照らし取引上合理的とはいえないと判示した。

2．口頭証拠排除の原則（Parol Evidence Rule）

　口頭証拠排除の原則は、不明確な主張を排斥して裁判手続の長期化を避けることを目的とする証拠法上の原則の1つであるが、事実上、上記1の書面による契約に適用される文理準則を補完する働きをしている。この原則によれば、書面による契約の当事者は、契約書に記載されていない事項が契約に含まれること、契約書に記載された事項が変更されていること、契約書が間違っていること等を立証するために契約書以外の証拠（extrinsic evidence）を提出することが禁じられる。

　この原則に基づき、書面による契約があるときは、全ての契約条項が書面化されているとの推定が働く。ただし、契約の意味を明らかにする証拠、契約が見せかけに過ぎないこと（a mere sham）の証拠、契約の変更の証拠、禁反言の根拠事実の証拠等を示してこの推定を争うことは許されている。すなわち、以下に列挙するような事情を主張立証するために、契約書以外の事項を用いることは可能である。

(1) **書面による契約が不完全であること**

　書面契約の完全性の推定に対する反証のためであれば、外部証拠を提出することができる。契約の一部が口頭で成立しているとして争う場合等である（③）。

③　*J Evans & Son (Portsmouth) Ltd v Andrea Merzario Ltd*〔1976〕1 WLR 1078（CA）：輸入業者Xは、Yに貨物（機械類）のイギリスへの運送を依頼した。運送契約書は、Yは運送方法を自由に選択できると定めていた。契約締結後、YはXに対し、コンテナによる貨物の輸送を提案し、コンテナを甲板には置かないことを約束したので、Xはこれに口頭で合意した。しかし、Yは貨物を甲板に置いたため、船外に落ちてしまった。Xは、Yによる契約違反の責任を追及した。裁判所は、貨物を甲板に置かない旨の口頭の約束は明示の契約条項であると認定し、一部が書面で一部が口頭の契約の場合、口頭証拠は排除されないと判示した。

(2)　**黙示条項（implied term）の存在**

契約中に明記されていない事項について、黙示条項の存否、内容は、外部証拠により証明できる[8]。書面化された契約と矛盾しない追加的合意を証するために慣習や取引慣行（custom or trade usage）の存在を立証することも許される。

(3)　**契約の履行を停止するための証拠、契約の有効性を争う証拠**

条件付契約における停止条件や解除条件が成就した事実、約因の有無、契約締結意思の存否、不実表示（第10章1）、錯誤（第11章1）等の立証は、外部証拠により行うことができる。

(4)　**契約書の補正（rectification）**

当事者間の口頭合意を書面化した場合等において、契約書に不正確な記述がある場合、これを補正（rectify）するための証拠として、口頭合意の内容を証明できる（第11章1(4)）。

(5)　**目的物の特定**

当事者間の契約書が契約の目的物を明確に示していない場合は、契約書以外の事項は、目的物を特定するための証拠となり得る。土地売買における土地の所在地を証明する場合等である。

---

8)　*Gillespie Bros & Co v Cheney Eggar & Co*〔1896〕2 QB 59.

(6) 付帯的契約（collateral contract）

　書面化された契約の変更、追加ではなく、独立した別個の口頭契約が存在することの証明は許される。たとえば、被告がその所有する建物の修繕を約束し、原告が修繕後に建物をリースする約束を口頭でしていたが、後日リース契約だけが書面化された場合、原告は口頭契約を根拠に被告に修繕を請求できる[9]。付帯的契約の内容が書面化された契約の条項と抵触する場合であっても構わない（④）。

> ④　*City and Westminster Properties (1934) Ltd v Mudd* [1959] Ch 129：Yは、Xから店舗を賃借し、店舗内の事務室に居住していた。Xの代理人Zは、XY間の店舗賃貸借契約の更新を申し入れた。更新契約書には、店舗内に寝泊まりすることを禁ずる旨の条項が入っていたが、Zは、同書にYが署名すれば、Yが居住し続けることについてXは異議を述べないと約束したので、Yはこれに署名した。後日、Xは、Yが居住していることを理由に明渡しを求めた。裁判所は、X代理人ZとYの間の口頭による契約（契約書に署名すれば異議を述べないとの合意）に基づくYの権利を認めた。

3．完全合意条項（Entire Agreement Clause）

　国際取引に関する多くの標準契約書式には、当該書面には当事者間の合意の全てが記載されていることを確認する旨の条項が含まれている。これは完全合意条項（entire agreement clause、sole agreement clause）と呼ばれ、当該契約に関する問題に口頭証拠排除の原則（parol evidence rule）が適用されることを明確にすること、及び上記2に示した同原則の例外の一部（2の(2)、(4)、(6)等）を排除することを主たる目的とするものである（⑤）。国際取引に関する契約は必ずイギリス法に準拠するとは限らないので、契約文言に反する解釈をされないようにする上で重要な規定である。

> ⑤　*Inntrepreneur Pub Co v East Crown Ltd* [2000] 2 Lloyd's Rep 611：Yは、Xからパブ用建物を賃借する条件として、Yが扱うビールについてXに独占的供給権を付与することに合意した。その後、Yは、一定の場合に独占的購入義務は終了する旨の口頭による

---

9) *Mann v Nunn* (1874) 30 LT 526.

付帯的合意があった旨を主張した。裁判所は、そのような合意の存在を認めなかったが、傍論として、仮に合意があったとしても、賃貸借契約には完全合意条項（entire agreement clause）が規定されているので、書面による合意でない限り法的拘束力を生じないと判示した。

典型的な完全合意条項の例は、以下のとおりである。

This Agreement constitutes the entire agreement and understanding between the parties hereto with respect to the subject matter hereof and merges and supersedes all prior discussions, agreements, contracts or understandings, expressed or implied, between the parties hereto, and neither party shall be bound by any condition, warranty or representation other than as expressly provided for herein.
（本契約は、本契約の目的事項に関する当事者間の完全な合意と了解を規定し、それ以前における当事者間の明示か黙示かを問わない全ての協議、合意、契約又は了解事項を廃棄し、これらにとって代わるものである。本契約書に明記するものを除き、いかなる条項、保証又は表示も当事者を拘束しないものとする。）

第9章　契約条項(3)
―責任排除条項（exclusion clause）

1. 責任排除条項（Exclusion Clause）とは

　商取引に関する契約（business contract）には、通常、当事者の義務や責任を何らかの方法で排除又は制限することを内容とする明示条項（express term）が規定され、責任排除条項（exclusion clause）、責任制限条項（limitation clause）等と呼ばれている。ここでは、総括して責任排除条項（exclusion clause）と呼ぶ。責任排除条項による責任制限の方法には、損害賠償額の限定、救済措置の限定、請求期限、証拠制限、黙示条項の排除、契約上の義務の限定等の種類がある。

　イギリスの裁判所は、契約成立要件を充足した契約の条項には当事者間で合意したとおりの法律効果を認めることを原則としている。しかし、責任排除条項に関しては、一方当事者が取引上優越した立場を利用して強要したり、相手方の無知に乗じて契約書に盛り込んだりすることが少なくないので、その適用範囲を限定するため、様々な手段が講じられている。現在のイギリス法上、契約当事者が責任排除条項に依拠して契約違反の責任を免れるには、（ⅰ）当該条項が契約の内容になっていること（incorporated into contract）、（ⅱ）当該条項の解釈上、適用される場合であることが明確なこと、（ⅲ）1977年不公正契約条項法（Unfair Contract Terms Act 1977）の適用がないこと、又は適用がある場合はその要件を充たしていること、（ⅳ）1999年消費者契約不当条項規則（Unfair Terms in Consumer Contracts Regulations 1999）の適用がないこと、又は適用がある場合はその要件を充たしていることという4つのハードルを越えなければならない。

2．契約の内容となること（Incorporation into the Contract）

　イギリス契約法上、両当事者が契約締結時に通知（notice）を受けていない条項は、契約の一部とはならない。ただし、ここでいう通知は、契約の相手方にその条項を現実に知らせている（actual knowledge）という意味ではなく、合理的に知り得る状態にすること、すなわち、擬制通知（constructive notice）で足りる。

　擬制通知の有無の判断基準は、相手方が当該条項を記載した書面に署名した場合とそうでない場合とで異なる。

(1) 署名した場合

　契約条項を記載した書面に署名をした者は、原則として、当該書面に記載された全ての条項の拘束を受ける（①）。ただし、責任排除条項の効果について相手方に事実と異なる説明（misrepresentation）をして、これを記載した書面に署名させた者は、当該条項に依拠することができない（②）。

> ①　*L'Estrange v F Graucob Ltd*［1934］2 KB 394（CA）：Xは、Yから購入した自販機が欠陥品であるとしてYを訴えた。Xが署名した売買契約書に責任排除条項が入っていたが、Xは、印刷文字が小さいので読まなかったと主張した。裁判所は、契約書に署名した者は、内容を知らなかったとしても契約条項の拘束を受けると判示した。

> ②　*Curtis v Chemical Cleaning and Dyeing Co*［1951］1 All ER 631：Xは、Y洗濯店にウェディングドレスを預けた。店員が責任排除条項を記した書面に署名を求めたので、Xはその内容を聞いた。店員は、ドレスに付けられたスパンコールの損傷についてYが責任を負わないための書面と説明した。しかし、実際はYのドレスの損傷に関する全責任を免除する規定だった。Xは、返却されたドレスにシミがあったため、Yを訴えた。裁判所は、不実の説明をしたYは、責任排除条項に依拠できないと判示した。

(2) 署名していない場合

　通常人の日常生活においては、小売店での商品売買、公共交通機関の利用、ホテル宿泊その他書面によらない契約を締結することがほとんどであるし、商

取引においても契約書を用いないことがある。そのような契約の場合、契約条項は、契約締結時において、合理的な人間であれば誰でもその存在を知るであろう状態にされていた場合に通知があったものと擬制され、契約の内容となる（③）。この場合、相手方が当該契約条項を現実に知らなかったことや相手方固有の事情（非識字者等）で知り得なかったことは考慮されない（④）。

③ *Parker v South Eastern Railway Co*（1877）2 CPD 416：Y鉄道の荷物預り所に預けていたXのカバンが盗まれた。預り券の裏には、Yは10ポンドを超える預り品については責任を負わないと記され、同様の通知は預り所の壁にも貼られていた。裁判所は、責任排除条項は十分な通知があるとし、これに基づいてYの責任を制限した。

④ *Thompson v London, Midland & Scottish Railway Co* [1930] 1 KB 41：Xは、姪のZに、Y鉄道の乗車券を買いに行かせた。2シリング7ダイムの乗車券には「乗車条件はY鉄道時刻表記載の条件に従う」と記されていた。時刻表は、乗車券の5倍に近い値段で、552頁に責任排除条項が入っていた。裁判所は、たとえ文字が読めず、時刻表を読む可能性がなかったとしても、責任排除条項の拘束を受けると判示した。

ただし、通知の方法が不適当な場合（inadequate notice）、すなわち合理的な人間ならば知るであろう方法で通知されていない場合は、当該条項を実際に読まない限り、その拘束を受けない（⑤）。また、契約締結後に契約条項の通知をしても（late notice）、相手方はその拘束を受けない（⑥、⑦）。

⑤ *Chapelton v Barry UDC* [1940] 1 KB 532（CA）：Xは、Yからビーチ・チェアを2ダイムで借りた。その領収書の裏面には、Xが損害を受けてもYは責任を負わない旨が記されていた。Xは、借りた椅子が壊れていたために転んで怪我をした。裁判所は、単なる領収書に定めた責任排除条項に気づくことを期待するのは合理的ではないと述べ、Yの責任免除の主張を認めなかった。

⑥ *Olley v Marlborough Court Ltd* [1949] 1 KB 532：XはYホテルの受付でチェックインをして部屋に入ったところ、壁に、室内での紛失、盗難に関してYは一切の責任を負わないとの貼り紙があった。Xの毛皮コートが盗まれたとき、裁判所は、Xは、責任排除条項を見る前に宿泊契約を締結したので、その拘束を受けないと判示した。

⑦ *Thornton v Shoe Lane Parking Ltd* [1971] 2 QB 163（CA）：Xは、自販機のチケットを受け取ってY駐車場に入庫した。チケットには、駐車契約は駐車場内に掲示された条件に従うと記され、駐車場内に、場内での人身事故についてYは責任を負わない旨の掲示があった。Xが事故で怪我をした際、裁判所は、Xが駐車場に入庫時に契約が成立したので、責任排除条項の通知は遅すぎると判示し、Yの責任免除を認めなかった。

(3) **継続取引関係がある場合の通知**（notice by course of dealing）
　同種の事業を営む当事者間で取引が継続している場合は、そのうちのある1つの取引に関してたまたま契約書を交わしていなかったとしても、当該取引に関する契約には、それまでの取引で交わしてきた契約に含まれていたものと同一の責任排除条項が含まれているものと解される（⑧）。他方、一方当事者の業種が当該取引の対象事業と異なる場合は、当該事業に関する標準契約書式に通常含まれる条項であったとしても、その存在を現実に知っていた場合を除き、拘束を受けない（⑨）。

⑧ *British Crane Hire Corp Ltd v Ipswich Plant Hire Ltd* [1975] QB 303（CA）：XとYはいずれも土木工事用機器の賃貸業者で、互いに頻繁にクレーンの貸借を行っていた。クレーン賃貸借契約は、標準条項として、賃借中のクレーンに関する全損害は借主が負担する旨を定めていた。XがYから借りたクレーンは、契約書に署名する前に泥沼に落ちた。裁判所は、同種の取引業者であるXは、契約締結前であっても、通常の取引条件を知っていたはずであると述べ、Xの損害賠償責任を認めた。

⑨ *Ofir Scheps v Fine Art Logistic Ltd* [2007] EWHC 541（QB）：XはYに対し、Xがオークションで購入した美術品の搬送及び保管を委託した。Yはこれを保管中に紛失したので、XはYに対し、美術品の価格相当額の損害賠償を請求した。Yの保管契約書式には、損害賠償額の上限を定める条項が入っていたが、Yは同書式の写しをXに交付しなかった。Yは、当該条項の存在は運送保管業における常識であるからXは知っていたはずであると主張した。裁判所は、⑧事件と本件を区別し、Xが当該条項の存在を知っていたことの立証がない以上、条項は契約に含まれないと判示した。

(4) **例外**
　責任排除条項が相手方当事者にとって特別に不利（particularly severe）な場合は、「SPECIAL NOTICE」が必要となる（⑩）。SPECIAL NOTICEとは、赤字、

第9章　契約条項(3)

太字、大文字などを用いて、当該条項の存在を特に際立たせて相手方の注意を引くように配慮して示した通知という意味である[1]。

⑩ *Interfoto Picture Library v Stiletto Visual Programmes* [1989] QB 433（CA）：YはXからフィルムを借りた。フィルムと共に届いた送り状には、返却が遅れた場合は1本につき1日5ポンド支払うべしと記載されていた。Yが2週間遅れで返却した際、Xは3783.5ポンドの遅延損害金を求めた。裁判所は、通常よりも負担の重い特別な条項の適用を主張する者は、当該条項に相手の注意が向くような定め方をする必要があると述べ、本件の通知は不十分であったとして、Xの請求を認めなかった。

3．責任排除条項の適用に関する解釈原則

以下の解釈原則は、イギリスの契約解釈全体に関するものではあるが、裁判所は責任排除条項に適用することが多い。

(1) 「起草者の不利に」の原則（the *contra proferentem* rule）

契約条項の意味が曖昧な場合は、当該条項の作成者又はその条項に基づく主張をする者の不利に解釈すべしとする原則である（⑪、⑫）（第8章1）。(2)以下の諸原則は、この原則から更に派生した解釈原則といえる。

⑪ *Houghton v Trafalgar Insurance Co Ltd* [1954] 1 QB 247（CA）：Yの自動車損害保険約款は、制限積載量を超える積み荷（load）を積んだ走行による損害について、Yは保険金を支払わないと定めていた。Xは、5人乗り自動車に6人乗車した結果生じた事故による損害について保険金を求めた。裁判所は、人は「積み荷」ではないとの理由で、Yの保険金支払義務を認めた。

(2) 過失免責の明記の原則（clear words to exclude negligence）

過失（negligence）は、判例法上の不法行為の1類型である（第15章）。過失によって契約違反をした者は、相手方から、契約責任と併行して、過失責任の追及を受ける可能性がある。この責任を免責するためには、契約書に、「過失の

---

1) *Spurling (J.) Ltd v Bradshaw* [1956] 1 WLR 461（CA）p.125におけるデニング裁判官の傍論。

有無にかかわらず免責する」旨を明記しなければならない（⑫の傍論）。

⑫ *Hollier v Rambler Motors (AMC) Ltd*［1972］2 QB 71（CA）：自動車修理工場に預けられていたXの車は、工場主Yの不注意による火災のため損傷した。修理契約には、工場の火災により車に生じた損害についてYは責任を負わないとの定めがあった。裁判所は、当該条項は十分な通知を欠くので契約条項ではないと述べ、さらに傍論として、仮に契約条項であったとしても、Yの過失による責任まで免除する規定ではないと判示した。

(3) 離路原則 (the deviation (4 corners) rule)

責任排除条項は、契約上合意された範囲内の行為による責任にしか適用されない（⑬）。

⑬ *Thomas National Transport (Melbourne) Pty Ltd and Pay v May and Baker (Australia) Pty Ltd*［1966］2 Lloyd's Rep 347：Xは、運送人Yに対し、医薬品を含む貨物をメルボルンから運送する作業を依頼した。運送契約には、運搬中の貨物の滅失についてYの責任を免除する条項が入っていた。Yは、下請人Zに、貨物を受け取り、メルボルン港のYの倉庫に一時保管する業務を再委託した。しかし、Zがメルボルン港に着いたとき、Yの倉庫は施錠されていたため、Zは自宅の車庫に貨物を保管した。当夜、Zの家は火災に遭い、貨物は焼失した。オーストラリア高等法院は、契約が予定していない違反行為であることを理由に、Yは責任排除条項に依拠できないと判示した。

(4) 根幹義務違反の法理 (the doctrine of fundamental breach)

契約の一方当事者が契約の根幹に関わる義務違反を行った場合（fundamental breach of the contract）、責任排除条項による免責を受けることは原則として許されないとする解釈原理である。1950年代から60年代頃の裁判所は、責任排除条項がもたらす不合理な結果を是正するためにしばしばこの解釈方法を用いた。しかし、契約解釈の問題とする以上は、根幹的義務違反であっても免責する旨を明記した条項には適用できないという限界があった[2]。

---

2) *Suisse Atlantique Société d'Armement Maritime SA v NV Rotterdamsche Kolen Centrale*［1967］1 AC 361（HL）、*Photo Production Ltd v Securicor Transport Ltd*［1980］AC 827（HL）.

4．1977年不公正契約条項法（Unfair Contract Terms Act 1977）

不公正契約条項法（UCTA 1977）の制定は、契約の厳格解釈によって責任排除条項の適用を制限してきた裁判所とそのような解釈の余地のない条項を作成・締結しようとする企業（及びその弁護士）との間の闘争に重大な変革をもたらした。この法律の適用がある契約における責任排除条項の効力は、当該条項について当事者間の合意があった場合でも大幅に制限される。なお、UCTA 1977は、契約責任のみならず不法行為責任にも適用される。

(1) 適用範囲

UCTA 1977は、取引上の責任（business liability）のみに適用される。取引上の責任には、事業者間の契約に基づくものと事業者と消費者間の契約に基づくものの双方が含まれ、事業とは関係ない私人間の契約（private contract）だけが除外される。

なお、国際物品売買契約や当事者の選択によりイギリス法に準拠する契約は、UCTA 1977の適用を受けない（同法26条、27条1項）。

(2) 当然無効条項（clauses automatically void）

UCTA 1977の適用を受ける責任排除条項には、理由や事情のいかんにかかわらず当然に無効となる条項とそのような条項を設けることに合理性が認められる場合は無効とならない条項の2種類が含まれている。

当然に無効な条項（automatically void）とされるのは、以下の内容の責任排除条項である。

(ⅰ)　生命又は身体の侵害に対する責任を免除又は制限する条項（同法2条1項）

(ⅱ)　消費者（consumer）との契約において、1979年物品売買法（Sale of Goods Act 1979）又は1973年物品供給（黙示条項）法（Supply of Goods (Implied Terms) Act 1973）における一定の黙示条項（商品表示との合致、商品の品質、目的への適合性の保証に関する条項）違反に基づく消費者に対する責任を免除又は制限する条項（UCTA 1977 6条2項、7条2項）

（ⅲ） 製造者による保証（guarantee）の規定において、製造又は販売上の消費者に対する過失責任（negligence）を免除又は制限する条項（同法5条）

(3) 合理性を必要とする条項（clauses required to be reasonable）
以下の内容の責任排除条項は、合理性が認められれば有効である。
（ⅰ） 過失（negligence）による生命、身体の侵害以外の損害又は損失に対する責任を制限する条項（同法2条2項）
（ⅱ） 消費者契約以外の物品売買契約等（1979年物品売買法又は1973年物品供給（黙示条項）法の適用がある契約）であって、商品表示との合致、商品の品質及び目的適合性の保証に関する黙示条項（implied term）に基づく責任を制限する条項（UCTA 1977 6条3項、7条2項）
（ⅲ） 契約当事者の一方が消費者である場合、又は当事者の一方が相手方当事者の作成した標準契約条項（standard terms of business）を何らの修正なく受け入れた場合における以下の条項（同法3条1項、2項）
　　(a) 契約違反の責任を免除又は制限する条項
　　(b) 契約上の義務の大幅な修正を一方的にすることができる条項
　　(c) 契約上の義務の全部又は一部の終了に関する条項

(4) 上記(3)の責任排除条項の合理性（reasonableness）
以下のような要素を斟酌して決定する（同法11条2項、3項、別表2及び判例法）。
（ⅰ） 一方当事者の交渉力（bargaining power）の優越性
（ⅱ） 不利な責任排除条項に合意した当事者が、そのような合意をした誘引は何か（代金、供給の困難性など）
（ⅲ） 不利な責任排除条項に合意した当事者は、そのような合意をしなくても他の方法（他の者と同種の契約を締結する方法）で同じ目的を実現することが可能だったか否か
（ⅳ） 不利な責任排除条項に合意した当事者は、当該条項の存在と効果を認識していたか否か（特に、取引慣行や過去における取引上、同様の条項が存在したか）

第9章　契約条項(3)

（ⅴ）　一定の条件が充たされないことを責任免除又は責任制限の要件とする責任排除条項の場合、当該条件は、実務上、実現可能なものであったか否か
（ⅵ）　物品取引に関する契約において、当該商品は顧客の特別注文により製造、加工又は適合されたものだったか
（ⅶ）　責任制限の対象となっている契約違反のリスクについて、いずれの当事者が保険を付すことができたか
（ⅷ）　契約違反の程度、結果、当該免責規定が、実際にどのような結果をもたらしたか

UCTA 1977は、以下の1983年の判決において最初に適用された（⑭）。

⑭　*George Mitchell (Chesterhall) Ltd v Finney Lock Seeds Ltd* [1983] 2 AC ER 803（HL）：農業用タネの販売業者YがX（農家）に対し、冬物キャベツの種として200ポンドで販売したのは、品質の劣る秋物キャベツの種だった。収穫に失敗し大損を被ったXは、Yに対し損害金6万ポンドの賠償を求めた。Yは、売買契約におけるYの責任を売買代金額までに制限する旨の条項を主張し争った。貴族院は、不公正契約条項に関する法律を適用し、（ⅰ）両当事者の交渉力に差があり、かつ責任制限条項の交渉をしなかったこと、（ⅱ）業界における一般的条項ではあるが、販売業者が実際にこれを適用して責任を免れた実例は乏しいこと、（ⅲ）Yは比較的少額で保険に加入できたこと、（ⅳ）Yに過失があったこと等を考慮の上、本件責任排除条項は合理性を欠き無効であると判示した。

その後の裁判所は、責任排除条項の合理性を否定することには比較的慎重である。コンピュータソフトの開発契約における開発者の責任の範囲及び賠償額の上限を定める条項（limitation clause）の有効性が争われた下記⑮判決は、契約当事者の交渉上の地位が対等（equal bargaining power）の場合、原則として、両当事者は当該契約が取引上公平であること（the commercial fairness of the agreement）について最善の判断をしたはずであると述べ、合理性ありと認定した。その後の判例もこの考え方を踏襲している（⑯）。

⑮　*Watford Electronics Ltd v Sanderson CFL Ltd* [2001] 1 All ER （Comm） 696（CA）：Xはパソコンのメールオーダー事業を行っていた。Xは、業務用に、Yの標準

販売条項に従って、Yからソフトシステムを購入した。これには、間接及び結果損害 (indirect and consequential losses) を免除する旨及び損害賠償金はソフトの代金額を上限とする旨の条項が入っていた。Y供給のソフトは、Xにとって破滅的な欠陥があったため、XはYに対し、550万ポンドの遺失利益の賠償を請求した。訴訟では、不公正契約条項に関する法律の適用、すなわち責任排除条項の合理性が争われたが、控訴院は、両当事者は対等の交渉力を有すること、及びXがパソコン販売に用いるXの標準販売条項にも同様の責任排除条項が規定されていることを斟酌し、当該責任排除条項の合理性を認めた。

⑯ *Regus (UK) Ltd v Epcot Solutions Ltd* [2008] EWCA Civ 361, [2009] 1 All ER (Comm) 586：控訴院は、事業者間の売買契約に規定された遺失利益及び結果損失に関する責任を免除する旨の責任排除条項に関し、両当事者が対等の交渉力を有すること、実際に契約交渉を行っていたこと、及び買主自身が事業上用いている標準契約書式にも同様の条項があることを理由に、合理的な条項であると判示した。

5．1999年消費者契約不公正条項規則（Unfair Terms in Consumer Contracts Regulations 1999）

商品売買や役務提供に関する契約における責任排除条項は、UCTA 1977に加えて、1999年消費者契約不公正条項規則（UTCCR 1999）の基準に照らしても適法と判断されなければ、これを適用することができない。UTCCR 1999は、欧州委員会（the European Commission）がEC域内の消費者保護のために1993年に発した消費者契約における不公正条項に関する1993年欧州委員会指令（EC Directive on Unfair Terms in Consumer Contracts 1993）に応じて1994年に制定された法律の改正法である。

この法律に基づき（ⅰ）事業者と消費者との間の物品売買や役務提供に関する契約（消費者契約）における条項であって（ⅱ）当事者間の個別的な交渉を経ていないもの（事業者の標準契約書式の条項等）は、不公正条項（unfair term）とされ（規則4条1項、5条1項）、消費者を拘束することができない（同規則8条）。「不公正条項」とは、契約から生ずる両当事者の権利義務が、著しく不均衡（significant imbalance）に消費者に不利益をもたらす（to the detriment of the consumer）条項であり、かつ信義則に反するもの（contrary to the requirement of good faith) を意味する（同規則 5 条）。契約の中に、当事者間で交渉した条項とそうでない条項とが混在する場合、交渉していない条項についてこの法律の適用がある（同規則 5 条 3 項）。なお、売買代金条項等、契約の中核的条項（core terms）は、この法律の適用を受けない（同規則 6 条 2 項、⑰）。

⑰ *Office of Fair Trading v Abbey National plc* [2009] UKSC 6, [2010] 1 AC 696（SC）：Y 銀行の銀行取引標準約款は、顧客の口座が当座貸越になった場合、貸越金額に対して銀行手数料を徴する旨の条項があった。X（公正取引庁）は、この条項は、UTCCR 1999 の不公正条項に当たると主張した。最高裁はこれを否定し、銀行手数料は、銀行にとって中核的な取引の対価なので、同規則 6 条 2 項（b）の「役務の対価に当たる代金又は報酬」に当たるとし、同規則の適用を除外した。

同規則別表 2 は、「不公正条項」の指針としていくつかの条項を例示列挙している（同規則 5 条 5 項）。これらによれば、不公正か否かは、（ⅰ）両当事者の契約交渉上の地位、（ⅱ）消費者はどのような誘引、動機により当該条項に同意したか、（ⅲ）契約の対象である物品やサービスは、消費者による特別な注文（special order）によって提供されたか、（ⅳ）売主又は供給者は、消費者を公正かつ対等に取り扱ったか否か等の要素を考慮して判断される。したがって、実際上の適用要件は、UCTA 1977 と概ね重複する。

第10章　契約の取消し
―― 不実表示（misrepresentation）、強迫（duress）等

1．不実表示（Misrepresentation）の意義と要件

不実表示とは、他人に契約締結を決断させるための勧誘手段として行う、十分に具体的で明確な真実ではない現在の事実の告知（a sufficiently concrete and unambiguous false statement of existing fact, which made to induce someone to enter into a contract）であり、これによって契約締結に至った者は、契約の相手方に対し、損害賠償（damages）の請求、及び場合によっては契約の取消し（rescission）を求めることができる。

この定義から明らかなとおり、不実表示に基づく法的請求をするには、（ⅰ）十分に具体的で明確な表示であること、（ⅱ）現在の事実に関する表示であること、（ⅲ）虚偽の事実の表示であること、（ⅳ）事実を表示したこと、及び（ⅴ）表示が契約締結の誘因であることという、5つの要件が備わっていなければならない。

(1) 十分に具体的で明確な（a sufficiently concrete and unambiguous）事実の表示であること

表示は、十分に具体的でなければならず、セールストークとしての単なる吹聴（a mere puff）は不実表示の対象とはならない。たとえば、無価値な土地の販売のための広告文に「fertile and improvable（肥沃で改良可能）」と表示した程度では、単なる宣伝文句（a mere puff）に過ぎない[1]。ただし、広告における宣伝文が具体的で明白な場合は、単なる吹聴とは解されない[2]。

なお、表示された言葉の意味を相手方が誤解して契約を締結しただけでは、

---

1) *Dimmock v Hallett* (1866) LR 2 Ch App 21.
2) *Carlill v Carbolic Smoke Ball Co* [1893] 1 QB 256 (CA).

不実表示による責任が生じることはない（①）。

① *McInery v Llyods Bank Ltd* ［1974］1 Lloyd's Rep 246（CA）：Xは、会社を売却するに当たり、買主Zの代金支払債務についてY銀行の保証を求めた。Y銀行は、代金支払のための撤回不能信用状（irrevocable credit）であれば発行するが、銀行規則上、保証状は発行できないと回答した。Xは、撤回不能信用状は保証状と同じ法的効果があると誤解し、Zと売買契約を締結した。Zが代金支払を怠った際、XはYの責任を追及したが、裁判所は、Yが不実表示をしたとは合理的に解されないと判示した。

(2) 現在の事実（existing fact）の表示であること

　当該表示は、現在の事実（existing fact）に関するものでなければならない。この要件に関して、当該表示は（ⅰ）事実（fact）の表示か意見（opinion）の表明か、（ⅱ）現在（existing）の事実か将来（future）の事実か、及び（ⅲ）事実（fact）の表示か法律（law）の表示かが問題となる。

　（ⅰ）意見（opinion）の表明は、原則として不実表示に当たらない（②）。ただし、意見を表明している者が当該意見に関する専門的知識を有し、かつ相手方が当該意見に依拠して契約を締結しようとしていることを知っている場合、当該意見表明は事実の表示として扱われる（③、④）。

② *Bisset v Wilkinson* ［1927］AC 177（Privy Council: New Zealand）：土地の売主Yは、買主Xに対し、「2000頭の羊を飼うことが可能な牧草地である」と表示したが、その土地が牧草地に利用されたことがない事実は両当事者とも了解していた。Xは、Yの不実表示を理由に契約取消しを申し入れたが、裁判所は、Yは正直な意見（honest opinion）を述べただけであり、不実表示をしていないとして、これを斥けた。

③ *Smith v Land & House Property Corporation*（1884）28 Ch D 7（CA）：建物の売主Yは、Xに対し、建物は「最も望ましい賃借人（a most desirable tenant）であるZに賃貸している」と表示したが、Zは家賃を滞納していた。裁判所は、Yはその意見（最も望ましい賃借人）の裏付けとなる事実について不実表示をしたと認定し、その責任を認めた。

④ *Esso Petroleum v Marden* ［1976］QB 801（CA）：X（ガソリン供給業者）は、Xからガソリンスタンドを借りて経営しようとするYに対し、「このスタンドは年間20万ガ

ロンを販売できる」と告げたが、その販売量に達することはなかった。裁判所は、Xは、その知り得た周辺の市場情報に基づき、Yよりもはるかに正確に販売量を予測できる地位にあったと述べ、Xの不実表示による責任を認めた。

（ⅱ）　原則として、将来一定の行為をする旨の意思表明は不実表示に当たらない。ただし、当該行為を行う意思がないのにその意思があることを表明した場合は、意図的な虚偽事実の表示（fraudulent misrepresentation）と解されることがある（⑤）。

⑤　*Edgington v Fitzmaurice*（1885）29 Ch D 459（CA）：Y社の役員Zは、Yの社債発行に際し、その募集要項に「募集した資金は、Yの建物改築及び取引拡大に用いる」と記載したが、実際にはY社の債務弁済に充てるつもりだった。これを信じて社債を購入したXは、Yの不実表示の責任を追及した。裁判所は、Zが資金の使途について本意とは異なる意向をXに告げるのは、事実に関する不実表示であると判示した。

（ⅲ）　伝統的な判例法上、法律の表示（statement of law）は、原則として「事実の表示」に当たらないとされていたが、事実と法律の区別はあまり明確ではなかった（⑥）。1999年、貴族院は、錯誤（mistake）を理由に契約を無効と判断するに際し、法律の錯誤（mistakes of law）と事実の錯誤（mistakes of fact）の区別を排除した（第11章1(1)(ⅳ)）[3]。その後の裁判所は、不実表示の要件に関しても、法律の表示を事実の表示と同様に扱っている（⑦）。

⑥　*West London Commercial Bank v Kitson*（1884）13 QBD 360（CA）：路面電車運営会社Zは、その設立根拠法上、為替手形を引き受ける権限を有していなかったが、Zの役員Yは、会社を代表して手形を引き受けた。裁判所は、Zが手形引受権を有するか否かは法律ではなく事実の問題であると述べ、Yの責任を認めた。

⑦　*Pankhania v Hackney London Borough Council* [2002] EWHC 2441（Ch）：XはY（ハックニー行政区）から、Z（公共駐車場運営会社）が賃借している商業用地を競売により購入した。競売目録には、Zは商業土地利用者であるから賃貸借は3か月前の通知により解約できると記載されていた。しかし、実際には、Zは借地法（Land and

---

3)　*Kleinwort Benson v Lincoln City Council* [1999] 2 AC 349.

Tenant Act 1964) による保護を受ける借地人であり、XはZに多額の立退料を支払わねばならなかった。Xは、Yの不実表示を根拠に損害賠償を請求した。Yは、競売目録の記載の誤りは法律の不実表示（misrepresentation of law）であるから、Yは責任を負わないと主張した。裁判所は、法律の錯誤（mistake of law）が法的保護の対象となった以上（*Kleinwort Benson v Lincoln City Council*［1999］2 AC 349（第11章1））、法律の不実表示も法的責任の対象となると判示し、Yの言い分を斥けた。

(3) 虚偽事実（false statement）であること

不実表示の責任を追及するには、当該表示の内容が虚偽であることの立証を要する。表示した事実の一部が真実であっても、虚偽が含まれていれば足りる（⑧、⑨）。そのような事実は、半真実（half-truths）と呼ばれる。

⑧ *Dimmock v Hallett*（1866）LR 2 Ch App 21（CA）：Yは、売地について、「Pに対し年130ポンド、Qに対し年160ポンドで賃貸中の土地」と表示した。この表示は正しかったが、PQ共に賃貸借契約の解約を申し入れていた事実は表示しなかった。裁判所は、Yの不実表示の責任を認めた。

⑨ *Inntrepreneur Estates Ltd v Hollard*［2000］WL 1084502（CA）：XはYに対し、期間20年の約定でパブの賃貸借契約を締結した。Xは、契約締結の誘因として、ある年におけるビール販売量は年間480バレルだったと告げた。この情報は正しかったが、Xは直近年の販売量が400バレルに落ちたことを告げなかった。裁判所は、Xの不実表示を認定した。

(4) 事実を表示（statement of fact）したこと

不実表示は事実の表示（告知）でなければならず、単なる沈黙（mere silence）では足らない。イギリス法上、契約締結段階における信義誠実の原則に相当する法原理が存在せず、原則として、契約の交渉相手に対してその意思決定に影響を及ぼすべき事実を告げる義務は存在しない。ただし、以下の４つの場合はその例外として、事実を告げないことが不実表示となる。

（ⅰ） 意図的な隠蔽（deliberate concealment）：相手方の意思決定に影響する不利な事実を意図的、計画的に隠した場合、行為による事実表示（statement by conduct）があると解される（⑩）。

第10章　契約の取消し

⑩　*Gordon v Sellico* [1986] EGLR 71（CA）：不動産販売会社Yは、建物売却のため、壁板の乾燥腐敗した部分にあて板をして隠した。Xは、腐敗部分の存在を知らずに建物を購入した。裁判所は、Yは腐敗部分を隠すことにより、Xに対し、建物に腐敗はない旨の不実表示をしてXを欺もうしたと認定し、Yの責任を認めた。

（ⅱ）　言動による告知（implied by conduct or words）：虚偽の事実を明示的に告げなくても、他の言動によって黙示的に告げていたと認定されることがある（⑪、⑫）。

⑪　*Spice Girls Ltd v Aprilia World Service BV* [2002] WL 45121（CA）：ポップスグループXは、スクーター製造会社Yとコンサートツアー期間中のスポンサー契約を締結した。スポンサーシップの条件は、Yの発売する「スパイス・ソニック」という新製品の販促に協力することだった。契約締結前、Xグループの1人（ジンジャー）は他のメンバーに脱退の意思を伝えていたが、XはこれをYには告げずにCM用写真撮影等に協力し、その後契約を締結した。裁判所は、XがYに何も告げずにCM撮影や契約交渉をした行為は、「スポンサー期間中に脱退する意思があるメンバーは誰もいない」という事実に関する不実表示に当たると判示した。また、ジンジャーが他のメンバーに脱退意思を告げた事実は、Yに告知すべき事情の変更に当たるとも述べている。

⑫　*Crystal Palace Football Club (2000) Ltd v Dowie* [2007] EWHC 1392（QB）：Yは、X（サッカークラブ）のマネジャーをしていたが、契約期間の途中、家族の事情により北イングランドに引越すとの虚偽の理由でマネジャー契約を合意解約した。彼は、「他のクラブとは移籍の交渉はしていない」と述べていたのに、解約の8日後にはプレミアリーグの他のクラブのマネジャーに就任した。Xは、Yの不実表示による合意解約の取消しと損害賠償を求めた。裁判所は、Yは「他のクラブで働く意思がない」旨の虚偽事実を表示しているとして損害賠償責任を肯定した。ただし、Yが2つのクラブで同時に働くのは不可能であり、新規契約のクラブの権利を考慮する必要があるため、合意解約の取消しは認めなかった。

（ⅲ）　事情の変更（change of circumstances）：契約交渉中に告げた事実が、契約締結前に状況が変更して真実でなくなった場合（subsequent untruth）には、当該事実の変更について相手方に開示すべき義務が発生し、これを怠った場合は、不実表示に当たる（⑬、上記⑪）。

⑬ *With v O'Flanagan* [1936] 1 All ER 727 (CA)：医師Ｙは、Ｘに対し、Ｙの医業収入は年間2000ポンド程度であると告げた。この時点でＹの表示は正しかったが、その後の４か月間Ｙは大病を患い、Ｙの医院は、患者が去り無収入の状態になった。このことを知らされずに医院事業を買い取ったＸは、不実表示を理由に契約取消しを申し入れた。裁判所は、Ｙは事情の変更を告げる義務を負っていたと認定し、Ｘの請求を認めた。

（iv） 最高信義契約（contract utmost good faith, *uberrimae fidei*）：特定の種類の契約（家族間の財産分与契約、保険契約等）に関しては、その性質上当事者の一方がほとんど全ての重要な情報を有していることを前提に契約交渉に入るため、法律（制定法及び判例法）によって、重要事実の開示義務が課せられている。この義務違反があった場合は契約上の責任負担を拒絶することができるが、損害賠償請求（damages）はできないので、通常の不実表示法（制定法及び判例法）が適用される場合とは区別される[4]。

(5) 契約の誘引（induce the contract）であること

不実表示に基づく主張をするためには、表示された虚偽の事実に基づいて契約締結の意思決定をした場合でなければならない。よって、相手方が虚偽事実を表明していることを知りながら契約した者や当該表明には影響を受けずに自らの技能と判断で契約締結を決定した者は、原則として、不実表示に基づく責任追及をすることができない（⑭）。

⑭ *Attwood v Small* (1838) 6 Cl & F 232 (HL)：Ｘは、Ｙと、鉱山採掘事業の売却交渉をした。Ｙは、Ｘに事業収入を問い合わせたが、Ｘから受けた情報を信用せず、経験豊かなエージェントＺを雇ってこれをチェックさせた。ＺがＸの情報は正確であると報告したので、Ｙは事業を買い取った。しかし、実はＸの情報は完全に間違っていた。ＹはＸの不実表示の責任を追及したが、裁判所は、ＹはＸの表示ではなく、自ら雇った独立の調査会社の報告に依拠して契約を締結したと認定し、Ｙの請求を認めなかった。

相手方の表明が虚偽であることを見破る機会があったというだけで、不実表示の主張が許されなくなるわけではない（⑮、⑯）。ただし、容易に虚偽か否

---

[4] *Gordon v Gordon* (1816) 3 Swan 400、*Banque Keyser Ullman SA v Skandi (U.K.) Insurance Co Ltd* [1991] 2 AC 249 (HL).

かを調べられる者があえて調査しない場合、その者は当該事実が真実か否かには関心がなかったとして、因果関係が認められない可能性がある（⑰）。不実表示によって契約したか否かの判断は、契約解釈の一般原則とは異なり、客観的な一般人基準（objective test）ではなく契約者本人を基準に行う。

⑮ *Redgrave v Hurd*（1881）20 Ch D 1（CA）：Yは、Xの弁護士事業を買い取った。契約前に、Yは、Xから事業価値の算定に必要な情報を記した資料の開示を受けたが、YはXが直接伝えた情報だけを信じ、資料は読まなかった。しかし、Xが伝えた情報は間違っていたことがわかった。裁判所は、買主は事実の真偽を確認する義務を負わないと述べ、Xの不実表示による責任を認定した。

⑯ *Smith v Eric S Bush* [1990] 1 AC 831（HL）：Xは、Zからの借入金により家屋を購入した。契約に先立ち、Zが雇った不動産鑑定人Yは、過失により間違った査定価格を示していたが、Xは自分では鑑定人を雇わずにこれを信頼した。貴族院は、当該家屋が低価格であることに鑑み、Xが自ら鑑定人を雇って評価額を調べることは合理的に期待できなかったとし、XのYに対する過失による不実表示の責任追及を認めた。ただし、傍論として、買主が自ら調査することが合理的に期待できる場合は、その機会を利用しなかった買主は過失による不実表示の責任を追及できないと述べている。

⑰ *Drake v Thos Agnew & Sons Ltd* [2002] EWCH 294：美術商Zは、Xを代理して画廊Yがヴァン・ダイク作と表示した作品を購入する際、Xから高額の手数料を得ることにしか関心がなかったため、絵の出所について容易に確認できたのにこれをしなかった。裁判所は、ZはYの不実表示に依拠して契約を締結していないと判示した。

なお、正しい事実が記載された契約書に署名した者は、記載と異なる虚偽の説明に誘因されていたとしても、不実表示を主張することができない（⑱）。

⑱ *Peekay Intermark Ltd v Australia and New Zealand Banking Group Ltd* [2006] EWCA Civ 386, [2006] 2 Lloyd's Rep 511：Y銀行はXに対して、投資商品の仕組みに関して口頭で説明し、その後投資条件の全てを記載した投資契約書を送付した。同書には、Yの口頭説明よりもリスクの大きな投資であることを示す記述がなされていたが、Xは、当初の口頭説明と同じ内容が記載されていると信じてこれに署名した。控訴院は、Xが契約書であることを認識してこれに署名した以上、Yは不実表示の責任を負わないと判示した。

2．不実表示の法的効果

不実表示には、詐欺による不実表示（fraudulent misrepresentation）、過失による不実表示（negligent misrepresentation）、善意の不実表示（innocent misrepresentation）の3種類があり、それぞれ救済手段が異なっている。

(1) 詐欺による不実表示（fraudulent misrepresentation）

詐欺による不実表示の責任を追及しようとする者は、表示をした者が、当該事実が虚偽であることを知っていたこと、真実であるとは信じていなかったこと、又は真実か否かについて無関心（reckless）であったことを立証しなければならない(⑲)。この立証に成功した場合は、判例法上の権利として、契約取消し（rescission）と損害賠償請求（damages）の2つの救済手段が与えられる。損害賠償は、不法行為（tort）の1つである詐欺（fraud、tort of deceit）として認められる。したがって、損害の対象は、不実表示によって発生することが契約締結時に合理的に予期された範囲内のものに留まらず、不実表示の結果として発生した全損害に及ぶ。

> ⑲ *Derry v Peek*（1889）14 App Cas 337：Z社は自社の株式の売出しに際し、募集要項に「Zは蒸気機関車の運行事業の認可を受けている」と表示した。これは事実ではなかったが、Z社取締役Yらは、商務省の認可を受けられると信じていた。この表示を信じてZ社株を購入したXは、Yを詐欺（deceit）で訴えた。裁判所は、詐欺責任を追及するには、Yが（ⅰ）不実であることを知りながら、（ⅱ）真実であるとは信じずに、もしくは（ⅲ）真偽について軽率、不注意で、不実表示をしたことを証明する必要があるが、Xはこの立証をしていないとして、請求を認めなかった。

(2) 過失による不実表示（negligent misrepresentation）

過失による不実表示となるのは、不注意に、又は合理的な理由なしに真実と信じて表示した場合である。1967年不実表示法（Misrepresentation Act 1967）により、この場合の救済手段も契約取消し（rescission）と損害賠償（damages）の2つがあるが、契約取消しが認められるか否かは、裁判所の裁量に委ねられている。不実表示の内容が軽微であり、それによって被った損失と契約が解消さ

第10章　契約の取消し

れた場合に不実表示者が被る可能性のある損失とを比べて、取消しを認めるのは公平に反する場合、契約取消しはできず、損害賠償のみが認められる（不実表示法2条1項、2項）。

　損害賠償額の算定は、詐欺による不実表示の場合と同様の基準で行われる。したがって、契約違反の場合の損害賠償とは異なり、不実表示により生ずることが合理的に予期されたか否かにかかわらず、不実表示から直接発生した全損害の賠償が認められる（⑳）。なお、契約当事者以外の者による不実表示を信じて契約を締結した結果として損害を被った者も、一定の要件の下で、不法行為（tort）の1つである過失による不実表示（negligent misstatement）に基づく損害賠償が認められる（第15章3(1)[5]）。

　⑳　*Royscott Trust Ltd v Rogerson* [1992] 2 All ER 294（CA）：Zは、7600ポンドの車を販売店Yから購入する際、頭金1200ポンドだけ支払い、残金6400ポンドは購入賃貸方式（hire-purchase arrangement、顧客は頭金のみを販売店に支払い、金融会社が販売店から車を残金額で購入し顧客に賃貸する方式）で金融会社Xの融資を受けた。Zが20%以上の頭金を入金することがXの融資条件だったので、販売店YはXに対し、「代金は8000ポンドでZは頭金1600ポンドを支払った」との虚偽の事実を告げ、Xに6400ポンドを支払わせた。Zは、融資金のうち2775ポンドのみをXに返済し、車を第三者に売却したため、残額を回収できなくなったXは、Yに対し不実表示を理由に損害賠償を求めた。賠償額を詐欺による不法行為として計算した場合、XはYに3625ポンド（Zの不払によりXが回収できなかった金額）を請求できるが、契約責任と同じ方法で計算した場合は1600ポンド（Yの不実表示がなかったとしたらXがZに融資したはずの金額4800ポンドと実際の融資額6400ポンドの差額）しか請求できない。よって、不実表示による損害賠償額は、契約、不法行為のどちらの方法で算定するかが争点となった。裁判所は、不実表示法2条1項の損害賠償は不法行為の責任であると述べ、不実表示による損害は、詐欺による不法行為の場合と同じ方法で計算すべきであるから、合理的に予期できなかった損害も請求できると判示した。

(3)　**善意の不実表示**（innocent misrepresentation）

　善意の不実表示は、虚偽の事実の告知を行った者が、誠実かつ合理的に（honestly and reasonably）真実と信じていた場合のことである。

---

5)　*Hedley Byrne & Co Ltd v Heller and Partners Ltd* [1964] AC 465（HL）.

1967年不実表示法に基づき、善意の不実表示により契約を締結した者は、裁判所の裁量による契約の取消しを求めることができるが（同法2条2項）、損害賠償を請求することはできない（同条1項）。ただし、裁判所は、その裁量により契約取消しに代えて損害賠償を認めることができる（同条3項）。

(4) 契約取消権（rescission）の制限

不実表示による契約取消権とは、契約を解消して、契約を締結する前と同じ状態に戻す権利である。この権利は、以下の場合に喪失する。

（ⅰ）契約存続の確認（affirmation）：取消しができることを知りながら取り消さずに、明示的又は黙示的に契約の存続を確認（affirm）した場合（㉑）。

> ㉑ *Long v Lloyd* [1958] 1 WLR 753 (CA)：Xは、Yからトラックを購入した。契約に際し、Yは、1ガロン当たりの走行距離を11マイルと伝え、Xはこれを信じた。翌週、Xはロチェスターまでドライブしたところ、発電機が機能せず、オイル漏れ、後輪のひび割れが生じ、ガロン当たりの走行距離は5マイルに過ぎないことがわかった。XはYに苦情を言うと、Yは、新しい発電機の代金を半額負担すると提案したので、Xはこれを受け入れた。翌日、ミドル州に向かう路上でトラックは完全に動かなくなったので、XはYに代金の返還を求めた。裁判所は、Yの不実表示は無過失によるものであり、またXはYの提案を受け入れて翌日にドライブに出たことにより契約の存続を確認したと認定し、Xの契約取消しを認めなかった。

（ⅱ）原状の復元が不可能な状態（*status quo ante*）になった場合（㉒、上記⑫）。

> ㉒ *Clarke v Dickson* (1858) EB & E 148：Xは、Yの不実表示を信じて、Yから採鉱会社Zの株式を購入したが、Z社は3年後に解散した。Xは契約取消しによる代金の返還を求めたが、裁判所は、Zの株式をXが購入した3年前の状態に復元するのは不可能であるとし、Xの請求を認めなかった。

売買において不実表示があった事実を知らない第三者が誠実な取引により買主から契約目的物の転売を受けた場合も、売主は、売買契約を取り消して当該転買人から目的物を取り戻すことができない（1979年物品売買法23条、第18章4(ⅳ)）。

（iii）　合理的期間の経過：善意の不実表示及び過失による不実表示の場合において、契約締結後、合理的な期間が経過した場合（㉓）。

㉓　*Leaf v International Galleries*［1950］2 KB 86（CA）：Xは、Yが無過失によりジョン・コンスタブル作と表示した絵画を購入したが、5年後、この絵が贋作であることを知った。裁判所は、Xが合理的な期間内に不実表示による契約取消しをしなかったので、Xの権利は消滅していると判示した。

（iv）　責任排除条項

当事者間の合意によって不実表示による責任の減免や取消禁止等の方法で救済手段（remedies）を制限する条項（exclusion clause）を設けた場合、当該条項は、「起草者の不利に」の原則（the *contra proferentem* rule（第8章3））に従って解釈され（㉔）、かつ1977年不公正契約条項法（Unfair Contract Terms Act 1977）の定める合理性基準（reasonableness test、同法11条1項、第8章4）を充たしていることを立証しない限り適用されない（不実表示法3条）。

㉔　*HIH Casualty and General Insurance Ltd v Chase Manhattan Bank*［2003］UKHL 6：
Yは、将来制作される5本の映画フィルムを担保として融資を実行し、貸倒れリスクに関してX（保険会社）の保険に加入した。Yの代理人ZがXと保険契約の交渉を行った。全ての映画が失敗した際、Xは、Zの不実表示を理由にYからの保険金請求を拒んだ。Yは、保険契約に、Yの代理人による不実表示及び開示義務違反の責任を免除する旨の条項（exclusion clause）があることを主張した。裁判所は、当該責任免除条項は、詐欺による不実表示の責任までを免除する趣旨には解されないと判示し、Yの主張を斥けた。

（v）　表示に依拠しない旨の合意

企業の標準契約書式に、責任排除条項（exclusion clause）に加え、相手方当事者や第三者の意見や事実表明に依拠して契約を締結していないことを確認する旨の条項（non-reliance clause）を設けることがある。対等な事業者間の契約の場合、そのような条項は、禁反言（contractual estoppel）に基づき不実表示の主張を排斥する効果を有する（㉕）。ただし、当該条項が責任回避の目的で設けられた場合は、不公正契約条項法の合理性基準の適用を受ける（㉖）。

㉕ *Watford Electronics Ltd v Sanderson CFL Ltd* [2001] 1 All ER (Comm) 696 (CA)：契約書に規定された、「いずれの当事者も相手方の告知や表示に依拠していない（no statement or representation by either party have been relied upon）」との条項について、原審は、責任排除条項として合理性基準の適用を受けると判断したが、控訴院は、対等の交渉力がある者の間で、互いに専門家の助言の下でそのような条項に合意した場合、合理性基準を要求する不実表示法3条を主張することは、禁反言により許されないと判示した。（*Raiffeisen Zentralbank Osterreich AG v Royal Bank of Scotland plc* [2010] EWHC 2317 (QB) も同旨。）

㉖ *Avrora Fine Arts Investment Ltd v Christie's* [2012] EWCH 2198 (Ch)：美術品投資業者Xは、著名なロシア人画家の絵をYのオークションで購入した。Yの購入条項には、作品が贋作の場合は購入代金のみを返金する旨の限定保証条項が規定され、更に、真贋に関する表示は意見の表明に過ぎず、販売に当たって一切の表明・保証をしない旨が明記されていた。その後、絵は贋作と判明し、XはYに対し、限定保証条項に基づく代金返還請求に加え、不実表示による損賠賠償請求を求めた。裁判所は、Yの購入条項の各規定はYの責任限定を意図しているので、不公正契約条項法の適用を受けるとして同法を適用したが、（ⅰ）XY間の交渉力が対等だったこと、（ⅱ）XはYの購入条項を知っていたこと、（ⅲ）Yは限定保証条項により一定の責任を引き受けていたこと等を斟酌し、合理性基準に照らし当該条項は有効であると判示した。

3．強迫（Duress）

強迫には、（ⅰ）人に対する強迫（duress to the persons）、（ⅱ）物に対する強迫（duress to goods）、（ⅲ）経済的強迫（economic duress）の3種類がある。強迫により締結された契約や贈与は、原則として取り消すことができる（voidable）。ただし、この権利は、不実表示による取消しと同様（上記2(4)）、契約存続の確認（affirmation）、合理的期間の経過、原状回復の不能等の事情により喪失する（㉗）。

㉗ *Halpern v Halpern* [2007] EWCA Civ 291, [2007] 3 WLR 849 (CA)：XとYは、遺産相続に関する仲裁手続において和解契約を締結したが、後日、Xは強迫を理由に契約取消しを求めた。和解契約には、仲裁手続中の全提出書類を廃棄すべき旨の定めがあった。Yは、関連書類を廃棄したので原状回復できないとして取消しを争った。裁判所は、強迫による取消しと不実表示による取消しは効果が同じであるとし、Yの言い分を認めた。

(1) **人に対する強迫**(duress to the person)

他人の身体、自由、生命に対して暴力を加えること、又は加える可能性を示すことをいう。当該強迫により契約したことの立証を要するが、強迫が唯一の原因である必要も主要な原因である必要もない。

(2) **物に対する強迫**(duress to goods)

他人の財物に危害を加えること、又はその危険にさらすことによる強迫である。ただし、法律上の権利の行使等をする旨の通知はこれに当たらない。人に対する強迫と異なり、この場合は、強迫が契約締結の主たる原因であることの立証を要する。また、他により有効かつ実際的な解決手段 (an effective and practical alternative) がある場合は契約取消しは認められない。

(3) **経済的強迫**(economic duress)

不正な手段 (in an illegitimate way) で優越的な経済的地位を利用して契約を強要する場合がこれに当たる (㉘、㉙)。不正な手段には違法行為や不法行為による方法が含まれるが、これに至らない不適正な方法でもよい。ただし、適法な権利行使を仄めかすだけでは不十分である (㉚)。また、経済的強迫が契約締結の主たる原因であることの立証を要する。

㉘ *Universe Tankships Inc of Monrovia v International Transport Workers Federation* [1982] 2 All ER 67：船員組合Yは、Xの船を占拠し、船を解放する条件として労組厚生基金に6480ドルを寄付するよう求めたので、Xはこれに同意して寄付金を支払って船を取り戻し、その後にYに対し、6480ドルの返還を求めた。裁判所はYによる経済的強迫を理由にXの請求を認めた。

㉙ *B & S Contracts & Design v Victor Green Publications* [1984] ICR 419：Yは建設会社Xに対し、展覧会場の展示ブースの設置を依頼した。Xの従業員Zらは、Xが退職金として9000ポンドを支払わない限り、作業を拒否すると主張した。XはZらに4500ポンドを支払い、Yに対し、残りの4500ポンドをYが支払わない限り、ブースは完成しないと告げた。Yは、ブースの出展者らから責任追及を受けるのを避けるため、4500ポンドをZらに支払ったが、ブース完成後、Xに対する代金からこの金額分を差し引いた。裁判所は、XのYに対する経済的強迫を理由に、Yは4500ポンドの返金を受けられるとし、

請負代金からの控除を認めた。

㉚　*R v Attorney General of England and Wales* [2003] UK PC22：X（国）は、1991年の湾岸戦争における特殊部隊での経験を出版した元兵士Yに対し、秘密保持契約違反の責任を追及する訴訟を提起した。Yは、秘密保持契約は、これに署名しないと特殊部隊の任務を解くとの強迫により締結したので取り消すと主張した。裁判所（Privy Council）は、特殊部隊から通常業務への移管は適法行為なので、Yは強迫により契約を締結していないと判示した。

4．不当威圧（Undue Influence）

不当威圧は、当事者の一方が相手方からの不当な圧力により、契約締結や贈与について自由な判断をすることができなかった場合、エクイティに基づいて、その契約や贈与の解消を認める法原理である。これには、次の3つの種類がある。

(1)　法律上の推定による不当威圧（undue influence presumed at law）

契約を締結した当事者間に契約以前から特別な信認関係（confidential or fiduciary relationship）が存在する場合は、反証のない限り、当該信認関係上の弱い立場の者が、強い立場の者の不当威圧によって当該契約を締結したと推定される。親子関係（parent and child relationship）、弁護士と依頼者の関係（solicitor and client relationship）、受託者と受益者の信託関係（trustee and beneficiary relationship）、医者と患者（doctor and patient）、宗教家と信者（religious adviser and believer）、後見人と被後見人（guardian and ward）等が特別な信認関係の典型例である。ただし、労使関係[6]や夫婦関係[7]はこれに当たらない。

(2)　事実上の推定による不当威圧（undue influence presumed at fact）

当該契約や贈与の重大性に鑑み、通常の関係でそのような契約や贈与をするのは不自然と思われる場合は、当事者間において一方が他方に不当な影響を与

---

6)　*Mathew v Bobbins*（1980）256 EG 603．
7)　*Royal Bank of Scotland v Etridge*（*No.2*）[2001] 4 All ER 449．

え得るような関係が形成されていることを立証すれば、原則として、弱い立場の者は強い立場の者の不当威圧により契約を締結したと推定される。

(3) **現実の不当威圧**（actual undue influence）
以上の2つに当たらない場合は、実際に不当な圧力を受けたことによって契約を締結した事実の立証が必要である。

5．非良心的取引（Unconscionable Bargains）

取引上優越的な立場にある者が相手方の無知や窮状を利用して相手方に不利な条件の契約を締結させた場合に当該契約の解消を認めるための、エクイティ上の法理である（㉛）。コモンローに基づく強迫により解決できない不公平を救済するための制度である点で不当威圧と共通するが、不当威圧は、一方当事者が相手方に対する優越した地位に基づいて相手方を圧迫して有利な契約や贈与に同意させる意思（will）があることを要件としているのに対し、非良心的取引の法理はそのような場合に限らずに適用できると解されている。

㉛　*Lloyds Bank v Bundy*［1974］3 All ER 75724：Y（農家）は長年に亘りX銀行の顧客だった。彼は、息子Zの会社の債務7500ポンドを保証（guarantee）すると共に農場を担保に提供していた。Yは、弁護士から時折、被担保債務額をこれ以上増やさないようにとの助言を受けていたが、Xのアシスタント・マネジャーは、農場がYの唯一の資産であることを知りながら、保証と担保の金額を1万1000ポンドまで増やすようにYを説得し、担保設定契約等に署名させた。後日、Xが担保を実行した際、控訴院の多数意見は、銀行が忠実義務に違反したことを理由に、追加の担保設定は、不当威圧に基づいて取り消すことができると判示した。デニング卿は、「無知や窮状等のために交渉力が相手方より圧倒的に劣る者が、第三者の助言を受けずに、著しく不公正な条件の契約を締結したり、極めて不適切な対価で財産権を移転したりした場合、不当威圧の意思の有無にかかわらず契約を取り消すことができる」との一般原則を示した。

第11章 契約の無効
―― 錯誤（mistake）、違法性（illegality）

1．錯誤（Mistake）

錯誤には、次の3つの種類があり、それぞれ法的効果が異なる。

（ⅰ） 共通錯誤（common mistake）：契約の両当事者が共通の認識の上で合意しているが、当該共通の認識が間違っていた場合である。これには売買契約の目的物が元々存在しなかった場合（a mistake res extincta）、契約前から目的物を買主が所有していた場合（a mistake res sua）、及び目的物が合意したとおりの品質を備えていなかった場合（quality mistake）がある。判決には、この共通錯誤のことを「相互的錯誤（mutual mistake）」と呼んでいるものもある。

（ⅱ） 相互的錯誤（mutual mistake）：両当事者が合意したと思っている契約の目的物や内容が一致しておらず、実は合意に達していない場合のことである。

（ⅲ） 一方的錯誤（unilateral mistake）：一方当事者が契約に関連する重要な事実を誤解しており、かつ他方当事者はそのことを知っていたか、又は知るべきであった場合をいう。

なお、契約書面上の記載に関する錯誤があった場合の救済手段としては、補正命令（rectification）の方法による契約書面の訂正がなされる。

(1) 共通錯誤又は双方的錯誤（common (bilateral) mistake）

共通錯誤とは、契約の目的物や品質に関して、当事者双方が同じ内容の誤解をしていた場合である。判例法上、誤解の対象に応じて、以下のとおり法律効果が異なっている。

（ⅰ） 目的物の存在の錯誤（a mistake res extincta）：両当事者が存在すると思っていた契約の目的物が存在しなかったため契約を履行できない場合（res extincta）、契約は無効（void）である（①、1979年物品売買法6条）。

① *Couturier v Hastie*（1856）5 HL C 673：Xは、Yに対し、航海中の船に積んだインド産トウモロコシを売却する契約を締結した。契約締結時、両当事者は、トウモロコシはイギリスに向けて海上運送中と信じていたが、実際は、船上で劣化し始めたため船長がチュニス港で売却していた。裁判所は、契約当事者が目的としていた対象商品が存在しない以上、いずれの当事者も契約責任を負わないと判示した。

（ⅱ）　目的物の権利の錯誤（a mistake *res sua*）：相手方から購入又は賃貸する契約の目的物が元々自分の物だった場合（*res sua*）、契約は無効である（②）。

② *Cooper v Phibbs*（1867）LR 2 HL 149（HL）：YはXに漁場を賃貸した。契約締結時、XYとも、Yの漁場と信じていたが、実際は、漁場の利用権はXに属していた。裁判所は、他人の財産の賃貸は不可能であるとし、契約を無効と判示した。

（ⅲ）　品質の錯誤（a quality mistake）：契約の目的物の品質に関して当事者間で認識していたとおりではなかったとしても、不実表示の適用がある場合を除き、契約の効力に影響を及ぼさないのが原則である（③、④）。契約が無効となるのは、共通錯誤によって履行が不可能な契約を締結した場合に限られる（⑤、⑥）。

③ *Bell v Lever Brothers Ltd*［1932］AC 161（HL）：Y社子会社の元役員Xらは、5万ポンドの補償金を対価として早期に退職する契約をYと締結した。その後、Xらは在職中に雇用契約違反をしていたこと、よって、Yは補償金を払わずに即時解雇できたことが判明した。Yは、錯誤を理由に退職契約の無効を主張した。原審（陪審裁判）において、陪審員は、Xらは退職契約時に雇用契約違反を犯していた事実を忘れていたため、退職契約の際は共通錯誤（common mistake）があったと認定した。この事実認定を前提に、貴族院は、品質（quality）に関する共通錯誤を理由に契約が無効となるのは、当該品質を欠くと契約の目的が全く別の物に変わるほど重要な場合に限ると述べ、本件錯誤は、退職契約を無効にするほど本質的ではないと判示した。

④ *Leaf v International Galleries*［1950］1 All ER 693（CA）：Xは、「ソールズベリ大聖堂」と題する絵を、ジョン・コンスタブル作と信じてYから購入した。控訴院は傍論において、両当事者の共通錯誤を認定し、目的物自体に関する錯誤ではないので、契約を無効にするには足りないと判示した。

⑤ Great Peace Shipping Ltd v Tsavliris Salvage (International) Ltd [2003] QB 679（CA）：Xの船は南インド洋で難破し、海難救助船Yに援助を求めた。両当事者は、Yの船は難破地点に数時間で到着できると信じていたが、410マイル離れており、実際は到着までに39時間を要した。Xはそれを知り、他の救助船に援助を頼み、Yとの海難救助契約は重要な事項の錯誤により無効であると主張した。裁判所は、X船とY船は、契約の履行を不可能にするほどには離れていなかったので、契約目的を完全に変えてしまうほどの共通錯誤ではないとし、無効の主張を斥けた。

⑥ Brennan v Bolt Burdon [2004] EWCA Civ 1017, [2005] QB 303（CA）：人身事故による損害賠償請求に関し、両当事者は、当該請求はすでに出訴期間を過ぎていて訴求できないと信じて和解の合意をした。その後、出訴期間を過ぎていなかったことが判明したので、Xは、共通錯誤による和解契約の無効を主張した。裁判所は⑤の判例法を適用し、事実又は法律に関する共通錯誤により契約の無効を主張するには、当該錯誤により契約の履行が不可能でなければならないと判示し、Xの主張を斥けた。

（iv） 法律の錯誤（a mistake of law）：契約当事者間に法律の錯誤があったとしても、契約は原則として有効である。ただし、錯誤により履行が不可能な契約を締結したときは、契約が無効となることがある（上記⑥、⑦、⑧）。

⑦ Kleinwort Benson v Lincoln City Council [1999] 2 AC 349：X銀行とY（リンカーン市）は、XがYに一括金を支払う代わりにYが一定の条件の延払をする旨の金利スワップ契約を締結した。両当事者は契約は有効と信じていたが、Yはスワップ契約を締結する権限を法律上有しないため、契約は履行不能だった。裁判所は、法律の錯誤によりスワップ契約は無効なので、Xは一括払金の返還を請求できると判示した。Yは、法律の錯誤は契約の効力に影響しないと主張したが、裁判所は法律の錯誤と事実の錯誤はもはや区別するに値しないと述べた。

⑧ Kyle Bay Ltd (t/a Astons Nightclub) v Underwriters Subscribing under Policy No 019057/08/01 [2007] EWCA Civ 57：ナイトクラブが火災により損傷を受けたので、所有者Xは、保険会社Yと20万5000ポンドの保険金の支払を受けることで和解した。しかし、その後、Xは保険約款上その3倍以上の保険金を請求できたこと、及び和解契約締結時、XY間にはこの点に関する共通錯誤があったことが判明した。裁判所は、当該錯誤は契約の履行を不可能にする事項に関するものではないので、和解契約を無効にするには不十分であると判示した。

(2) 相互的錯誤 (mutual mistake)

　相互的錯誤とは、契約締結の際に、一方当事者が実際に認識していた契約の目的物その他の条件と他方当事者の実際の認識とが異なっていることである。そのような場合であっても、客観基準 (objective test) に従って契約内容が確定できる場合、すなわち、当事者本人ではなく合理的な一般人 (reasonable person) を基準として合意したであろう事項が確定できる場合は、両当事者は、そのようにして確定された契約内容に従って法的拘束を受ける (⑨)。他方、客観基準によって合意内容が確定できない場合は、契約は成立していないと判断される (⑩)。

⑨　*Smith v Hughes* (1871) LR 6 QB 597 (CA)：XはYに対し、オート麦の販売を申し込み、サンプルを見せた。サンプルは、新麦 (green oats) だったが、Yは古麦 (old oats) と信じて全量を注文した。裁判所は、相互的錯誤は客観基準に従って判断するとし、Yは、不注意により古麦と信じて新麦を買った以上、契約に拘束されると判示した。

⑩　*Raffles v Wichelhaus* (1864) 2 HC 906：XとYは、ピアレス号に積載されてボンベイ (ムンバイ) から到着する125俵の綿の売買を合意した。ボンベイ発のピアレス号は2隻あり、一方は10月、他方は12月出港予定だったが、売主Xは前者を、買主Yは後者を意図していた。裁判所は、申込と承諾の合致がないとして、契約不成立と判示した。

(3) 一方的錯誤 (unilateral mistake)

　一方的錯誤は、契約の一方当事者が契約に関連する重要な事実や契約条項について重大な誤解をし、かつ相手方がそのことを知りながら、又は知るべきであったにかかわらず契約を締結した場合における前者の錯誤のことである。判例法上、一方的錯誤の対象が契約の本質にかかわる重要事項 (fundamental mistake) である場合、そのような錯誤に陥った当事者は契約の無効 (void) を主張することができる。本質的な錯誤 (fundamental mistake) に当たる可能性がある錯誤は、契約条項の錯誤 (mistake as to terms) の場合と当事者の同一性の錯誤 (mistake as to identity) の場合の2つである。これに対し、契約の目的物の性質や当事者の属性に関する錯誤 (mistake as to quality or attribute) は、不実表示による契約取消し (rescission) ができる場合 (voidable) を除き、契約の効力に影響

しない。

　契約を無効とするほどの一方的錯誤がある場合は、相手方の詐欺行為（fraud）が介在しているのが通常であり、不実表示（misrepresentation）を根拠とする契約取消し（rescission）や損害賠償（damages）の請求も可能なことが多い。しかし、契約取消しは契約の相手方に対してのみ主張できる救済手段なので、たとえば、相手方が契約の目的物を第三者に転売してしまった場合、目的物を善意（a bona fide）で取得した第三者に対して契約取消しを主張して目的物を取り戻すことはできない（第18章4）。したがって、錯誤によって処分した目的物を善意で買い受けた転得者に対しその取戻しを請求したい場合は、錯誤の主張ができるか否かが決め手となる。

　（ⅰ）　契約条項の錯誤（mistake as to terms）：契約の一方当事者が契約条項について重大な（fundamental）誤解をしていて、相手方がそのことを合理的に知り得た場合は、前者は契約の無効を主張することができる（⑪）。契約条件の決定基準となる前提事実を誤解しただけでは足りない（⑫）。

⑪　*Hartog v Colin and Shields* [1939] 3 All ER 566：売主Yは、アルゼンチン産ウサギの毛皮1枚当たりの値段を示して契約申込をする際、「1ポンド当たり」と書き違えた。1ポンドは3枚分程に当たる。契約前の交渉及び通常の取引実務に照らし、Yが1枚当たりの値段を示す意図だったことは明らかだった。裁判所は、売主が真意に反する申込をしていたことを、買主は合理的に予想できたはずであると述べ、錯誤による契約無効を認めた。

⑫　*Statoil ASA v Louis Dreyfus Energy Services LP, The Harriette N* [2008] EWHC 2257 (Comm)：Xは、Yに販売した石油の代金支払をYが遅滞したので、引渡日から代金支払日までの遅延損害金を計算してYに請求したが、引渡日を間違えて計算したため、請求額は誤った金額だった。Yはこれを指摘せず、Xの計算した金額により和解契約を締結した。裁判所は、契約条件に関する錯誤ではないので、Xは和解契約の無効を主張できないと判示した。

　（ⅱ）　当事者の同一性の錯誤（mistake as to identity）：契約当事者の同一性に錯誤があるとき、すなわち、契約の相手方がAであると信じて契約を締結したところ、実際にはBであった場合は、Bとの間では契約が成立しない。また、

Aとの間でもBに代理権がない以上契約は成立しない。ただし、特に商取引に関する契約の場合、当事者にとって重要なのは、相手方の支払能力（creditworthiness）その他当事者の属性（attributes）だけであり、当事者がAなのかBなのかという問題はその関心の対象外であることが多い。その程度の錯誤は本質的な錯誤とはいえず、契約の成否に影響しない。判例法上、当事者の同一性の錯誤と属性の錯誤とを区別する基準は、相対取引（face to face transaction）によって成立した契約の場合と書面交換のみによる契約の場合とで異なっている。

まず、契約当事者が一度も相対することなく、書面だけで契約が成立した場合は、原則として、契約当事者はその書面に当事者として記載されている者である。したがって、たとえば、詐欺師が他人の名を使って商品注文書を送付した場合、注文書の名義人を注文者と信じて商品を送付した売主と当該詐欺師との間では契約が成立しない（⑬、⑭）。ただし、詐欺師が実在しない会社の名義で注文した場合は、架空名義人の存在を信じて注文に応じた売主は、注文者の信用力（creditworthiness）の錯誤をしたに過ぎないと解される（⑮）。

⑬　*Cundy v Lindsay*（1878）3 App Cas 459（HL）：詐欺師Rは、リネン類製造業者Yにハンカチーフを注文した。注文書において、Rは自分を有名な企業Z（実在）と語ったので、YはZが注文者と信じて注文書記載のRの住所に商品を送った。Rは商品を善意のXに売却した。YはXに対し、YR間の売買は錯誤により無効なので、Rに所有権は移転しない、よってXも所有権を取得していなと主張し、商品返還を求めた。裁判所は、YはZと契約を締結する意図だったので、YR間の契約は無効であるとし、Yの請求を認めた。

⑭　*Shogun Finance Ltd v Hudson*［2003］3 WLR 1371（HL）：詐欺師Rは、Pから盗んだ運転免許証を自動車販売店Zに示して、Pであると名乗り、車を購入賃貸方式（hire-purchase arrangement、金融会社が販売店から車を購入し、顧客に賃貸する方式）で購入したいと申し入れた。Zは提携先の金融会社Xに電話し、RがP名義で署名した購入賃貸契約書とPの運転免許証の写しをXにファックス送信した。Xは送られた書類に基づいてPの信用調査をし、融資を実行した。Rは引き渡された車を善意のYに売却し、行方をくらました。この事実が判明した後、Xは、購入賃貸契約は当事者の錯誤により無効であるから、無権原者Rから車を購入したYに所有権は移転しないと主張し、Yに対し車の引渡しを求めた。裁判所は、本件購入賃貸契約は書面により成立したと認定の上、

第11章　契約の無効

Xが契約相手と認識していたのはRではなくPであるから契約は無効であると述べ、Xの請求を認めた。

⑮　*King's Norton Metal Co v Edridge, Merrett & Co*（1897）14 TLR 98（CA）：Xは、Zという会社から鉄線の注文を受けた。送り状のレターヘッドには、煙突マークやあちこちの倉庫の住所が記してあった。しかし、Zは架空の会社であり、実際の注文者は詐欺師Rだった。Rは購入した鉄線を善意のYに売却して行方をくらました。XのYに対する返還請求訴訟において、裁判所は、Xは契約相手を間違えたのではなく、買主Rの信用状態を錯誤したに過ぎないとし、錯誤による契約無効の主張を認めなかった。

これに対し、直接相対して行う取引（face to face transaction）の場合、詐欺師が自分の名前を偽ったとしても、契約当事者は対面している詐欺師本人であり、その名前に関する錯誤は、原則として、契約相手の信用力その他の属性（attributes）に関する錯誤に過ぎないと推定される（⑯、⑰）。この推定を覆して詐欺師との契約が契約当事者の同一性に関する錯誤（mistake as to identity）により無効（void）であることを主張するためには、当該契約を締結する上で当事者が誰であるかが本質的な要素であったことを証明しなければならない（⑱）。しかし、そのような主張が認められる場合は、当事者の才能や個性に基づく役務や成果の提供を内容とする特殊な契約（作曲契約、演奏契約、出演契約等）を除き、あまり考えられない。

⑯　*Phillips v Brooks Ltd*［1919］2 KB 243：詐欺師Rは、Xの宝石店で、3000ポンド相当の真珠の指輪を購入し、有名な富豪であるジョージ・バロー卿の名で小切手を切った。Xはバロー卿の住所を人名録で確認のうえ小切手による支払を受け入れた。Rは指輪をYに質入れし、姿を消した。Xは、小切手が不渡りになった後、錯誤による契約の無効を理由に、Yに対し指輪の返還を請求した。裁判所は、Xは顧客が誰かではなく、顧客の信用を錯誤したに過ぎないとし、Xの請求を棄却した。

⑰　*Lewis v Averay*［1971］3 All ER 907：Xは車の販売の広告を出した。Rは俳優Zと名乗り、小切手による買取りを申し入れた。Xが身分証明を求めたので、RはZ名が記された撮影スタジオ入所許可証（偽造文書）を示した。Rから善意で車を買ったYに対するXの返還請求訴訟において、裁判所は、Xは契約当事者ではなく、相手の信用力について錯誤したに過ぎないと判示し、Xの請求を棄却した。

⑱ *Ingram v Little* [1961] 1 QB 31（CA）：Xら3老姉妹は、その所有車を売却するとの広告を出した。Rは、スタンステッドに住むZと名乗り、車を買いに訪れた。Rが小切手で代金を払おうとしたので、Xらは当初これを拒絶し、現金払を求めた。押し問答の間、姉妹の一人が近所のパブの電話帳でZの名前と住所を確認してきたので、Xらは小切手での支払に同意した。しかし、本当のZは数か月前に亡くなっていた。裁判所は、Xが最初に小切手を拒否したとき、買主がZであることが契約の本質的な要素になったと認定し、Rから善意で車を購入したYに対するXの返還請求を認めた。（ただし、上記⑭や⑰の裁判官は、この判決は間違っているとの傍論を述べている。）

(4) 補正命令（rectification）

　当事者間で明確な口頭の合意をした上でこれを書面化して契約書を作成する際、何らかの書き違いや書き落とし等の書類作成上の錯誤（mistake in documents）があった場合、裁判所はエクイティに基づいて、当該書き違い、書き落としの補正を命ずることができる。これは、両当事者が書き違いに気づかずに契約を交わした場合（common mistake）、又は一方が気づいていながら黙っていた場合（unilateral mistake）に適用がある救済手段である。ただし、補正が命じられるのは以下の要件が備わっている場合に限られる（⑲）。

（ⅰ）　書面化する前に、両当事者間で契約の内容に関して明確な意思の合致があること

（ⅱ）　両当事者が意図していた内容と書面化された内容が異なることについて、明らかな証拠があること

（ⅲ）　書面作成上の錯誤であり、取引そのものに関する錯誤ではないこと

⑲ *Frederick E Rose (London) Ltd v William Pim & Co Ltd* [1953] 2 QB 450（CA）：XはYから「モロッコ産そら豆：フェブロール（feveroles）」の販売の申入れを受けた。Xはフェブロールが何かを知らなかったが、Yからそら豆の別称との説明を受けたので、「そら豆」の売買契約を締結し、Yから普通のそら豆が供給された。その後、Xはフェブロールがそら豆よりも高級品であることを知り、フェブロールを供給しなかったYの契約違反を理由に差額分の支払を求めた。Xは、契約書における「そら豆」の記載は「フェブロール」の書き違いなので補正（rectify）すべきであると主張したが、裁判所は、「契約書の文言を補正するのは、客観的に認められる両当事者の合意と契約書の記載が異なる場合に限る」と述べ、本件では、両当事者はそら豆の売買を合意し、契約書にそのとおり記載されていると認定し、補正を認めなかった。

2．違法性（Illegality）

　違法な契約は、（ⅰ）制定法が契約締結自体を違法としている契約、（ⅱ）制定法によりその履行が違法となる契約、及び（ⅲ）判例法が違法としている契約に大別できる。違法な契約は、無効とされ、原則として裁判所に救済を求めることができない。

(1) 制定法が契約締結自体を違法としている契約

　制定法が禁じている契約を締結した場合、当該契約は当初から効力を生じない(⑳)。ただし、制定法が違法な契約であることを明記している場合に限る(㉑)。

> ⑳ *Re Mahmoud & Ispahani* [1921] 2 KB 716（CA）：1919年当時の法律上、無認可業者による亜麻仁油の売買は禁じられていた。無認可業者YがXとの売買契約に基づく亜麻仁油の受取りを拒絶したので、Xは契約違反で訴えたが、裁判所は制定法違反による契約の無効を理由にXの請求を認めなかった。

> ㉑ *Archbolds (Freightage) Ltd v S Spanglett Ltd* [1961] 1 QB 374（CA）：Xは、Yにウイスキーの陸上輸送を依頼したが、Yは運送業の免許を受けていなかった。運送中に積み荷が盗まれた際、Yは、自己の無免許を理由に、契約は無効なので責任を負わないと主張した。裁判所は、法律は、運送契約を禁じているのではなく、無免許者による運送を禁じているだけであるとし、Yの無免許を知らなかったXは、契約違反の責任を追及できると判示した。

(2) 制定法により、履行が違法となる契約

　制定法が履行を禁じている契約上の義務の履行を求めることはできない(㉒)が、契約自体は、共通錯誤により無効となる場合を除き、有効に存続する(㉓)。ただし、相手方が違法な方法で契約を履行していることを知りつつこれに加担した場合は、契約違反の責任を追及できない(㉔)。

> ㉒ *Anderson Ltd v Daniel* [1924] 1 KB 138（CA）：法律上、化学肥料の販売に際しては、請求書において特定の化学物質の含有比率を明記することが義務付けられ、これに違反する請求書は違法とされていた。Xは、法律に違反し、含有比率を記載しない請求書に

基づき代金を請求したが、裁判所は、違法な請求書に基づく請求は認めなかった。

㉓　*St John Shipping Corporation v Joseph Rank Ltd* [1957] 1 QB 267：運送業者Yは、船に法律上の制限量を超える貨物を積んで搬送したため、船長は罰金刑に処せられ、Yは制限量を超える積み荷を放棄した。貨物の持主Xは、契約上の義務違反によりYを訴えたところ、Yは法令違反による契約の無効を主張した。裁判所は、契約の履行方法の違法は、契約自体を無効とするものではないと述べ、Yの主張を斥けた。(*Marles v Philip Trant & Sons Ltd* [1954] 1 QB 29 (CA) も同旨。)

㉔　*Ashmore, Benson, Pease & Co v A V Dawson Ltd* [1973] 1 WLR 828 (CA)：Xは、Yに貨物の陸上輸送を依頼したところ、Yはトラックに道路交通法の基準を超える貨物を積んで搬送した。Xのマネジャーは荷揚げ作業に立ち会い、違法な積載であることを知っていたが、異議を述べなかった。搬送中にトラックが倒れて貨物が損傷したので、XはYの契約違反の責任を追及した。裁判所は、契約は適法に締結されたが、Yの履行方法が違法であることをXの従業員は知っていたので、Xは契約責任を追及できないと判示した。

なお、以下の契約は、常に無効とされる。
（ⅰ）　賭博契約（contract of wager）：契約の一方当事者が、いずれの当事者の利害にも関係がない事由の発生を条件として他方の当事者から金銭その他の利益を受ける契約は無効とされ、その履行を求めることも、それに基づいて支払われた金員等の返還を求めることもできない[1]。
（ⅱ）　競争制限取引（restrictive trade practices）：EU市場又はイギリスの市場内取引に影響を及ぼし、又は競争の禁止、制限もしくは妨害を目的とする契約は無効である[2]。

(3)　判例法（公共政策）により違法な契約

判例法上違法な契約には、（ⅰ）取引を制限する契約、（ⅱ）裁判を受ける権利その他の人権を制限する契約、（ⅲ）犯罪その他不法な行為に関する契約、（ⅳ）家族生活を害する契約その他様々な種類がある。取引上は（ⅰ）が最も

---

1)　Gaming Act 1738、Gaming Act 1968.
2)　European Community Treaty Art 81 (ex Art 85)、Competition Act 1998 s21(1).

重要である。
　（ⅰ）　取引制限契約（contract in restraint of trade）
　取引制限契約は、事業買収契約、雇用契約、販売店契約、ライセンス契約等において、契約期間中や契約終了後に事業の売主、従業員、販売店、ライセンシー等による事業活動を禁止又は制限する契約条項を定める契約である。裁判所は、当該条項の目的に照らして、禁止される取引（事業）の範囲、地域、期間が合理的かどうかを判断し、違法な条項かどうかを決定する（㉕、㉖）。

㉕　*Nordenfelt v Maxim Nordenfelt Guns & Ammunition Co Ltd* [1894] AC 535（HL）：Yは、拳銃と弾薬の製造特許とその事業をXに売却した。事業譲渡契約には、「Yは25年間拳銃と弾薬の製造事業を直接及び間接に行わない」旨の条項があった。裁判所は、この制限は全世界に及ぶにしても顧客は限定的であり（各国政府等）、公共の利益にも反しないとして、当該条項を有効と判断した。

㉖　*Esso Petroleum Co Ltd v Harper's Garage (Stourport) Ltd* [1968] AC 269（HL）：Yは、Y経営のガソリンスタンド2か所について、Xから独占的に石油を購入する契約（他からは石油を購入しない旨の合意）を締結した。第1スタンドの契約期間は、4年5か月、第2スタンドの契約は、当該スタンドを担保（譲渡抵当）とする借入金の返済期間と同じ21年とされた。裁判所は、第1の契約はXの安定供給維持の目的上合理的だが、第2契約は合理的な期間を超えているとし、無効と判示した。

　雇用契約における取引制限条項の場合は、雇用者の取引先や秘密情報を保持するために必要な限度を超える場合は違法とされる（㉗）。その他のサービス契約の場合も、一方当事者のみに有利な条項は違法と解される可能性が高い（㉘）。

㉗　*Herbert Morris Ltd v Saxelby* [1916] 1 AC 688（HL）：昇降機の製造会社Xは、Yを2年契約で設計士及び技師として雇用した。契約には、「Yは、契約終了後7年間、イギリス及びアイルランドで、滑車装置、手動式・電動式滑走器、手動式走行起重機の販売又は製造に関して、本人、代理人、従業員その他の立場で、有償無償を問わず、一人で又は他人もしくは会社と共同でもしくはこれらとの関係上、直接又は間接に援助し又は関わることを禁ずる」旨が定められていた。裁判所は、当該条項は、Xの利益保護の目的のために必要な範囲を超えているので、無効であると判示した。

㉘ *A Schroeder Music Publishing Co Ltd v Macaulay* [1974] 1 WLR 1308（HL）：21歳のシンガーソングライターYと音楽出版社Xとの契約上、5年間の契約期間中のYの著作権は全てXに譲渡することとされていたが、Xは著作物の出版義務を負っていなかった。契約は、Xが支払うロイヤルティが5000ポンドを超えたときに5年間更新することとされ、Xの一方的な解約権を定めていた。Yは契約の公共政策違反による無効を主張した。裁判所は、契約は一方的な内容で合理性を欠くとし、Yの主張を認めた。

（ⅱ） 契約条項の一部分離（severance）

　違法な取引制限条項は、無効であるが、条項が定める適用範囲のうち、不合理な部分だけを分離することができる場合は、合理性が認められる部分に限定して有効とされる可能性がある（㉙）。ただし、当初の条項の目的が変わってしまう場合は、分離はできず全体として無効と解される（㉚）。

㉙ *Goldsoll v Goldman* [1915] 1 Ch 292（CA）：XとYは、それぞれロンドンのオールドボンドストリート、ニューボンドストリートでイミテーション宝石店を営業していたが、YはXに事業を譲渡した。契約には、「イギリス、アイルランド、マン島、フランス、アメリカ合衆国、ロシア又はスペインにおいて、及びベルリンのポツダム通り又はウィーンのセント・ステファン教会から25マイル以内において、宝石及びイミテーション宝石の販売事業を直接又は間接に営むことを禁ずる」旨が定めてあった。裁判所は、当該条項は、本物の宝石に関する事業を禁じている点、及びその禁止領域が広範過ぎる点において不合理だが、「イギリス及びマン島におけるイミテーション宝石の販売事業」を禁ずる部分に限定すれば合理的であると判示した。

㉚ *Attwood v Lamont* [1920] 3 KB 571（CA）：Xはキッダーミンスター市（仕立屋で有名な町）の服地、及び仕立服製造販売業者である。仕立職人Yとの雇用契約には「雇用契約終了後に、キッダーミンスター市から10マイル以内において、自ら又は他者もしくは会社のパートナー、アシスタント、従業員又は代理人として、仕立屋、洋服製造者、服地屋、帽子屋、装身具屋、用品店の事業に直接又は間接に関わることを禁ずる」旨が定めてあった。Yは、退職後、キッダーミンスターから10マイル以上離れた地で仕立屋を営業したが、10マイル圏内の注文も受け付けた。Xは、仕立屋としての営業に限定すれば、上記条項は合理的であると主張しYの仕立業の差止を求めたが、裁判所は、条項は全ての関連事業を禁じているので、仕立業だけを分離することは、その性質を変更しない限り不可能であると述べ、条項全体を無効と判示した。

第11章　契約の無効

(4) 違法な契約に基づき支払われた金員の返還請求

　違法な契約に基づいて金銭の支払や財産権の移転があった場合、原則としてその返還や原状回復を求めることができない。ただし、以下の場合はその例外である。

　（ⅰ）　制定法が一方当事者から他方を保護する目的で違法と定めている場合は、保護されている側の当事者から返還請求できる（㉛）。

> ㉛　*Kiriri Cotton Co Ltd v Dewani* [1960] AC 192（PC）：Ｘは、ウガンダにあるアパートをＹに賃貸し、Ｙは賃料を前払いした。両者で合意した賃料は、ウガンダの賃料規制法の上限を超えていたが、両者はそのことを知らなかった。Ｙは契約が法律違反であることを知り、前払賃料の返還を請求した。裁判所は、法律の目的は、賃貸人が高額賃料を課すことを規制し賃借人を保護することであるとし、Ｙの請求を認めた。

　（ⅱ）　違法な目的で契約した当事者の一方が心から後悔（genuinely repents）して原状に戻そうとした場合は、当該契約の一部が履行されている場合を除き、返還請求が認められる（㉜）。

> ㉜　*Kearley v Thomson* (1890) 24 QBD 742（CA）：Ｙは、債務者Ｚの破産手続を申し立てた債権者の代理人である。Ｚの友人Ｘは、Ｙが破産のための審問手続に欠席すれば報酬を支払うことを約束し、これを支払った。Ｙは、約束どおり審問手続に欠席した。しかし、破産手続が取り消される前に、Ｘは、Ｙに違法な依頼をしたことを改心し、Ｙに報酬の返還を求めた。裁判所は、Ｘの改心は遅すぎたとし、返還請求を認めなかった。

　（ⅲ）　契約の違法による無効以外の根拠に基づいて返還請求できる場合、当該請求は、契約の違法を理由に妨げられない（㉝）。

> ㉝　*Tinsley v Milligan* [1994] 1 AC 340（HL）：ＸとＹは、恋人同士であり、互いに資金を出し合って家屋を購入したが、家屋の登録は、Ｙの単独名義で行った。これは、Ｘが役所に虚偽の申請をして社会保険金を取得するため、ＸＹ間で取り決めた措置だった。その後、ＸＹは仲違いし、Ｘは家を出た。ＸはＹに対し、Ｘは、購入資金の一部を負担したことにより家屋に対するエクイティ上の財産権を有すると主張した。Ｙは、ＸＹ間の取決めは違法な目的で行ったので無効であると主張し争った。裁判所は、家屋がＹ名義

で登録された事実及びXが資金を負担した事実により結果信託が成立してXはエクイティ上の財産権を有し、違法な取決めがあった事実はXの請求とは関係がないと判示し、Yの主張を斥けた。(*Mortgage Express v Robson* [2001] EWCA Civ 887, [2001] 2 All ER (Comm) 886も同旨。)

(ⅳ) 違法な目的が実現する前に原状復帰を求めた場合は、後悔したかどうかにかかわらず、返還請求が認められる (㉞)。

㉞ *Tribe v Tribe* [1996] Ch 107 (CA)：Xは、家族経営会社の株式500株中459株を所有していた。彼は、2棟の建物の賃借権も有していたが、家主Zから建物の大修繕の請求を受けた。Xは、高額な修繕費等の債務負担のため、債権者から追及を受けて会社を失うかもしれないと恐れ、Zや他の債権者を欺くため、架空の取引により株式を息子の一人Yに売却したかのように装った。その後、Xは修繕費の負担をしなくてもよいことになったので、Yに対し、株式の返還を求めた。Yは、違法な目的で行った取引の無効を理由に返還請求することは許されないと主張し、これを拒んだ。裁判所は、違法な目的が実現する前に撤回した場合は、無効に基づく返還を請求できると述べ、本件のXは、債権者が一人も騙されないうちに撤回を求めたので、返還請求できると判示した。(*Collier v Collier* [2002] EWCA Civ 1095では、撤回が遅過ぎたと認定し、この判例法の適用を否定した。)

第12章　契約の終了
――履行期前契約違反（anticipatory breach）、
　フラストレーション（frustration）等

　契約上の義務は、（i）当事者間の合意、（ii）契約違反による解除（neocission）、（iii）不実表示、強迫等による取消し、（iv）錯誤等による無効及び（v）フラストレーション（frustration）による失効（void）によって終了し、両当事者はそれ以降契約上の義務を免れる（discharge）。このうち、不実表示、強迫、錯誤等は、前2章で扱ったので、以下、合意による終了、契約違反による解除及びフラストレーションによる失効について説明する。

1．合意による契約終了（Discharge by Agreement）

　契約を締結した当事者は、原則として、両当事者の合意によって、いつでも契約上の義務の変更や終了をすることができる。ただし、当事者間における契約の変更や終了の合意はそれ自体が契約なので、法的拘束力を生じさせるためには、契約成立のための条件（agreement、consideration、intention to create legal relations 等）を全て充足しなければならない。
　たとえば、契約の一方当事者の義務が履行済みであり、他方の義務のみが未履行の場合、当事者間の合意によって未履行当事者を義務から解放するためには、未履行当事者が新たな約因を提供するか、又は捺印証書（deed）によって合意をすることが必要である。これに対して、双方の義務が未履行の状態で契約終了の合意をする場合は、互いに相手方の義務を免除することが自己の義務から解放されることに対する約因となっているので、改めて約因を提供する必要はない。

2．契約違反による終了（Discharge by Breach）

(1) 契約解除（recession）

　相手方当事者の契約違反を根拠に契約を解除して自己の義務を免れようとする場合は、まず違反された契約条項が契約条件条項（condition）、付随的条項（warranty）、無名条項（innominate term）のいずれであるのかを確認する必要がある。当事者は、契約条件条項違反があった場合には、契約を解除（rescind）して損害賠償を請求するか、あるいは契約の存続を確認（affirmation）して損害賠償のみを請求するかを選択することができるのに対し、付随的条項違反の場合の救済手段は損害賠償請求のみであり、契約を解除することができない（第7章）。無名条項違反の場合は、義務の性質及び違反の態様や程度に鑑みてもはや契約を継続する余地がないほど重大な契約違反である場合のみ契約条件条項違反と同じ扱いとなる。

(2) 解除権の消滅

　契約違反による解除権は、契約存続を確認（affirm）し、損害賠償（damages）のみを求めることにより消滅する。契約違反者に対し、責任免除を約束する方法で権利放棄（waiver）することもできるが、約因のない権利放棄は、約束的禁反言の要件を充たさない限り法的拘束力を生じない（第5章）。

　物品売買契約の買主は、物品の受領（acceptance of goods）をしたとき、当該物品を拒絶できなくなり、契約解除権を失う（1979年物品売買法（Sale of Goods Act 1979）35条）。同条によれば、買主が（ⅰ）当該物品を受領したと売主に伝えたとき、（ⅱ）当該物品について売主にもはや所有権がないことを前提とする行動をとったとき、又は（ⅲ）売主に受領拒絶の意思を伝えずに当該物品を合理的な期間占有し続けたときは、買主に当該物品の欠陥の有無を検査する合理的な機会が与えられていない場合を除き、当該物品の受領があったとみなされる。ただし、（ⅱ）に関し、買主が売主による目的物の修繕申出を受け入れただけでは物品の受領とはみなされない（①）。また、（ⅲ）に関し、買主が物品を占有し続けても、物品の欠陥や売主の対応に関する買主の回答を待っている間は、「合理的な期間」は進行しない（②）。

① *J & H Ritchie Ltd v Lloyd Ltd* [2007] UKHL 9, [2007] 1 WLR 670：X（農家）はYから農業用機械を購入した。数日後、Xは機械の調子が悪いことに気づいていた。Xの受入検査の際に、機械はベアリング2本を欠いていたことが発覚し、修繕のためYに受け戻された。Yはベアリングを取り付け、Xに受取りを求めたが、Xはこれを拒絶し、どの部分を修繕したかの説明を求めた。Yが説明を拒絶したので、Xは代金返還請求訴訟を提起した。貴族院は、Xは機械の状態に関して説明を求める権利を有し、売主がこれを拒絶した場合は受領を拒絶できると判示した。

② *Clegg v Olle Andersson* [2003] EWCA Civ 320：Xは、Yから新品のヨットを購入し、2000年7月25日に引渡しを受けた。Xは、船のキール（竜骨）がYの仕様書より重いことに気づき、8月及び9月にYにそのことを伝え、交換してもらえるかを問い合わせた。その後、XY間でキールの問題やその救済措置等につき交信が続いたが、Yは2001年2月15日、Xの質問に対し、交換はできないと回答した。Xは3月6日、ヨットの受取拒絶を伝え、代金の返還を求めた。裁判所は、Xが、Yの回答の3週間後に受領拒絶を通知しているので、合理的な期間は経過していないと判示し、Yに代金返還を命じた。

(3) 履行期前の契約違反（anticipatory breach）

当事者の一方が、契約の履行期到来前に履行を拒絶すること（anticipatory repudiation）、履行を不可能にすること（impossibility before performace is due）等、予め契約違反をすることが明白となる行為をすることを履行期前の契約違反（anticipatory breach）という。

履行期前の契約違反があった場合、相手方は履行期前であっても直ちに契約を解除（rescind）して損害賠償を請求することができる（③）。ただし、相手方は契約解除の義務を負うわけではないので、そのまま契約を存続させて履行期における義務履行の請求をする方法を選択することもできる（④）。この場合は、履行期において相手方の不履行を再確認の上、契約違反による損害の賠償を請求することになる。

③ *Hochster v De La Tour*（1853）2 E & B 678：Yは、6月1日から3か月間、Xの配達サービスを受ける旨の契約を締結したが、5月11日に、Xに対して、「もはやXのサービスはいらない」と書き送った。裁判所は、Xは、6月1日まで待たなくても、直ちにYに対して契約違反の責任を追及する訴訟を提起できると判示した。

④ *White and Carter (Councils) Ltd v McGregor* [1961] 3 All ER 1178：広告代理店Xは、Yの自動車修理業の宣伝文を3年間ごみ箱に掲示する契約を締結したが、同日、Yは一方的にこの契約を解除すると伝えた。しかし、Xはこれを無視し、3年間町のごみ箱に広告文を掲示し、約定の手数料をYに請求した。裁判所は、契約当事者は、相手方の不当な解約通知を受け入れずに、契約上の義務を履行して代金を請求する権利を有すると判示した。

　ただし、履行期前の契約違反を知った後に直ちに契約解除をしない方法を選択した場合、すなわち、履行期前契約違反による解除をせずに契約の存続を確認（affirmation）した場合において、履行期に他の理由により契約の履行が不可能となったり、又は自らも契約違反をしたときは、もはや相手方の履行期前の契約違反を根拠として契約解除や損害賠償請求をすることができなくなる（⑤）。

⑤ *Avery v Bowden* (1885) 5 E & B 714：YはXの船をチャーターし、黒海のオデッサ港に45日間停泊して荷積みをし搬送してもらう契約を締結したが、Xの船が港に到着した際、YはXに、「積み荷は何もない」と告げた。しかし、Xは、Yの気が変わるかもしれないと期待し、オデッサ港を直ちに離れずに停泊していた。45日が経過する前にクリミア戦争が勃発し、契約の履行（積み荷を同港から運び出すこと）は不可能となった。裁判所は、Xはオデッサ港に留まることによりYの履行期前契約違反による解除をしないことを確認（affirm）したので、もはやこれを根拠に損害賠償を求めることはできないと述べ、契約はその後のフラストレーションにより終了したと判示した。

3．フラストレーションによる履行義務の終了（Discharge by Frustration）

(1)　フラストレーションとは

　フラストレーションとは、（ⅰ）契約締結後に（ⅱ）契約締結時の予期に反して（ⅲ）何れの契約当事者の責任にもよらない事態が発生し、（ⅳ）その結果として契約上の未履行の義務の内容や目的が当該契約締結時に両当事者が合理的に期待していた内容・目的とは根本的に異なるものとなり、（ⅴ）契約当事者に当初の義務の履行を強制するのは不公平であると認められる状態となることをいう。フラストレーションによって履行が不可能となった契約上の義務

は自動的に消滅し、当該義務を負っていた当事者は、その後に到来する全ての義務の履行責任を免れる。これをフラストレーションの法理（the doctrine of frustration）という。

イギリス契約法には、日本民法のような過失責任の原則が存在せず、当事者の責任によらない事態が生じて契約の目的を達成できなくなった場合であっても、約束したとおりの義務の履行責任を負わなければならないのがコモンロー上の原則である[1]。フラストレーションの法理は、重大な事情変更の後までも契約の文言どおりの義務履行を強制することが不公平で正義に反すると認められる場合にコモンロー上の原則を修正して正義を実現するために生まれた法理である。このような性格上、この法理の適用場面を安易に拡張することは許されず、要件を厳格に解釈すべきものとされている。

(2) フラストレーションの類型的要件

フラストレーションにより契約上の義務が消滅するのは、契約の履行を不可能とするような事態が生じたときに限られる。その具体例は以下のとおりである。

（ⅰ） 目的物の滅失（destruction of the subject matter of contract）

契約の目的物が滅失したとき、その結果履行が不可能となった契約上の義務（目的物の給付義務、加工義務等）はフラストレーションにより消滅する（⑥）。

> ⑥ *Taylor v Caldwell* (1863) 3 B & S 826：Yは、コンサートを興行する目的で、Xのミュージックホールを賃貸したが、コンサート開催前に、ホールは火災により焼失した。XはYの賃貸義務違反の責任を追及した。裁判所は、賃貸借契約には、賃貸物件が滅失した場合は終了する旨の黙示条項が含まれていたと認定し、両当事者の責めによらない理由で滅失した以上、契約はフラストレーションにより終了し、両当事者は責任を負わないと判示した。

（ⅱ） 目的物の一時的使用不能（temporary unavailability of the subject matter）

契約の履行不能が一時的な場合であっても、それによって当初の契約の目的が達成できない場合はフラストレーションとなる（⑦）。

---

1) *Paradine v Jane* (1647) Aleyn 26（KB）.

⑦ *Jackson v Union Marine Insurance Company Ltd*（1874）LR 10 CP 125（Court of Exchequer Chamber）：Ｚは、Ｘの船をチャーターし、できる限り速やかにニューポート港へ向かい、荷積みの上サンフランシスコ港に運送するよう指示した。しかし、Ｘの船はニューポートに向かう途中で座礁し、修繕に数か月を要する状態となったので、Ｚは翌月、別の船に運送を依頼した。Ｘは、保険会社Ｙに対し、Ｚとの傭船契約終了による損害について保険金を請求したので、この請求の前提として、ＸＺ間の傭船契約が終了したのか否かが争われた。裁判所は、たとえＸの船が修繕を終えた後に契約に基づく航海を継続したとしても、当初の契約が目的としていた航海とはもはや異なるものになっていたとし、ＸＺ間の契約はフラストレーションにより終了したと判示した。

（ⅲ） 目的達成の不能（frustration of purpose）

両当事者が意図していた契約の中心的な目的を達成することが不可能となる事態が発生したこと、又はそのような目的達成に不可欠な事態が発生しないことは、当該目的達成のために負担していた義務に関するフラストレーションとなる（⑧）。何が中心的な目的であるかは契約の内容との関連性による（⑨）。

⑧ *Krell v Henry*［1903］2 KB 740（CA）：Ｙは、国王（エドワード7世）の戴冠式パレードを観る目的でその日のその時間帯にポールモールに面した部屋を賃貸したが、パレードは取止めになった。裁判所は、Ｙがその日に部屋を利用できたとしても契約の目的は達成しないとし、フラストレーションによる契約終了を認めた。

⑨ *Herne Bay Steamboat Co v Hutton*［1903］2 KB 683（CA）：Ｙは、国王による海軍観閲式を海上から見学する海上ツアーを企画し、このためにＸから蒸気船を賃借したが、国王の病気のため観閲式は取止めとなった。Ｙはフラストレーションによる契約終了を主張したが、裁判所は、海軍観閲式が契約の唯一の目的ではなく、Ｙは予定どおり海上ツアーを行うことができたとし、Ｙの主張を斥けた。

（ⅳ） 法の変更による履行の違法（supervening illegality）

契約締結後に法が変更され、その結果として契約上の義務の履行が違法となった場合、当該義務及びこれに付随する全ての義務はフラストレーションにより自動的に消滅する（⑩）。

⑩ *Denny Mott & Dickson v James B Fraser & Co Ltd*［1944］AC 265（HL: Scotland）：

ＸＹ間の木材売買契約には、買主Ｙが売主Ｘに木材置き場を賃貸する旨、及びＸは木材置き場の買取選択権を有する旨の定めがあった。その後、戦時特別法により木材取引は違法とされた。裁判所は、木材置き場の賃貸借及び買取選択権を含む契約全体のフラストレーションによる終了を認めた。

（ⅴ）　履行の実現不能（method of performance impossible）

契約上の義務の履行が実現不可能となることも、当該義務に関するフラストレーションの事由である（⑪）。ただし、義務の履行が商業上実現困難となっただけではフラストレーションとはいえない（⑫、⑬）。特に、不特定物の売買契約の場合、予定していた先からの仕入れが不可能になっただけではフラストレーションに当たらない（⑭）。

⑪　*Nickoll & Knight v Ashton Eldridge & Co*［1901］2 KB 126（CA）：ＸＹは、「蒸気船Ａが１月中にアレキサンドリアから搬入する綿実」の売買を合意したが、当時、蒸気船Ａはバルチック海にあり、１月中にアレキサンドリアで荷積みするのは不可能だった。裁判所は、合意した方法で履行できないことを理由に、フラストレーションによる契約終了を認めた。

⑫　*Ocean Tramp Tankers Corporation v V/O Sovfracht, The Eugenia*［1964］2 QB 226（CA）：Ｙは、インドから黒海経由の海上輸送のためＸの船をチャーターした。傭船契約は、「交戦又はその恐れのある危険地帯を運行してはならない」旨が明記されていた。契約交渉中からスエズ運河閉鎖の恐れはあったが、その対応については定めなかった。船がサイダ港に着いた頃にエジプトで対空砲火が始まったが、構わずスエズ運河に入った折、エジプト政府により運河が封鎖され、動けなくなった。Ｘはフラストレーションによる契約終了を主張したが、裁判所は、運河の封鎖は契約時と根本的に異なる状況ではないとして、Ｘの主張を斥け、危険地帯で船を運航したＸの契約違反を認定した。（同様に、*Tsakiroglou & Co Ltd v Noblee Thorl GmbH*［1962］AC 93（HL）は、スエズ運河が閉鎖されてもケープタウン経由の航路がある以上、契約は終了しないと判示。）

⑬　*Davis Contractors Ltd v Fareham Urban District Council*［1956］AC 696（HL）：建設業者Ｘは、人手不足のため、８か月で完成する作業に24か月を要し、膨大な追加費用を負担することになった。貴族院は、契約はフラストレーションにより終了した旨のＸの主張を、契約の履行が困難、不便又は高負担となっただけでは足りないと述べて斥けた。

⑭ *CTI Group Inc v Transclear SA (The Mary Nour)* [2008] EWCA Civ 856, [2009] 2 All ER (Comm) 25：Xはメキシコのセメント市場のカルテルに風穴を開けようとし、メキシコ湾沖に船を停泊させ、Yに2万7000トンのセメントを注文した。しかし、この企みを知った国営企業Zの圧力によりメキシコ内でYにセメントを供給するものはいなかった。Yは、インドネシアや台湾の供給業者にも当たったが、供給先が見つからなかったので、Xに対し、フラストレーションによる契約終了を主張した。控訴院はこれを認めず、供給者が売主への供給を拒んだ場合、契約の履行が実務上は困難になるが、物理的及び法的には可能なので、商品売買契約においてフラストレーションが生ずるのは稀な場合に限ると判示した。

(3) 消極的要件（limitations）

フラストレーションの法理は契約上の義務を自動的に消滅させるという重大な効果をもたらすので、以下のような事情があるときは、その適用を制限している。

（ⅰ）自ら招いた事態（self-induced event）

第1に、義務者の過失（negligence causing event）により履行不能となった場合は、フラストレーションは生じない[2]。この場合の義務者の過失の立証責任は、過失を主張する側が負担する[3]。

第2に、義務者の選択の結果、契約上の義務の履行が不可能となった場合（choosing not to perform）、たとえば、義務者が第三者との間で締結した別の契約上の義務を履行するために本件契約上の義務の履行ができない場合にはフラストレーションを主張できない（⑮、⑯）。

⑮ *Maritime National Fish Ltd v Ocean Trawlers Ltd* [1935] AC 524（PC on Appeal from the Supreme Court of Nova Scotia）：Xは、漁業を営むためのトロール船（A船）をYから賃貸した。船にトロール漁に用いるトロール網を積むには政府の認可が必要だった。Xは5隻の認可申請をしたが、政府は3隻分のトロール網しか認可できないとし、どの船に積むか、Xに選択を求めた。XはA船を除く3隻を選択したので、A船にはトロール網積載の認可が下りなかった。Xは、Yに対し、A船の賃貸借契約はフラストレーションにより終了したと主張したが、裁判所は、A船にトロール網を積めないのはXの選択の結果であることを理由にXの主張を斥け、賃料支払を命じた。

---

2) *F C Shepherd & Co Ltd v Jerrom* [1987] QB 301（CA）.
3) *Joseph Constantine SS Line Ltd v Imperial Smelting Corp Ltd* [1942] AC 154（HL）.

⑯　*J Lauritzen A S v Wijsmuller B V: The Super Servant Two*［1990］1 Lloyd's Rep 1（CA）：Yは運送人Xに対し、X所有のA船又はB船を用いて、ボーリング機械を日本からロッテルダムに運ぶよう依頼した。Xは、B船をこれに用い、A船は別の運送契約に用いる予定だった。契約履行前、B船はXの過失によらず沈没した。裁判所は、契約が履行できない本当の原因は、B船の沈没ではなく、XがA船を契約履行に使わない選択をしたことであると述べ、Xによるフラストレーションの主張を斥けた。

（ⅱ）　予期されていた事態（events foreseen and provided for）

　契約の目的達成を不可能とする事態が生じたとしても、契約当事者がそのような事態の発生を予期していた場合は、これを原因とするフラストレーションは生じない（⑰、⑱、上記⑫）。当該事態の発生が予期できた以上、それが想定外の原因により発生したとしてもフラストレーションにはならない（⑲）。

⑰　*Walton Harvey Ltd v Walker & Homfrays Ltd*［1931］1 Ch 274：Xは、Yのホテル壁面の広告スペースを7年間賃借する契約を締結したが、ホテルは地方政府により強制収容され取り壊された。裁判所は、Xは契約時からそのリスクを知っていたとし、フラストレーションによる契約終了を認めなかった。

⑱　*Amalgamated Investment & Property Co Ltd v John Walker & Sons Ltd*［1977］1 WLR 164（CA）：建物売買契約締結の数日後、売買の対象建物は歴史的価値ある文化財として法定の保護リストに登録された。その結果、建物変更は制限され、市場価値が大幅に下落した。裁判所は、保護リストへの登録は、所有者及び買主が常に認識すべきリスクであるとし、フラストレーションによる契約終了を否定した。

⑲　*Edwinton Commercial Corporation v Tsavliris Russ (Worldwide Salvage & Towage) Ltd, The Sea Angel*［2007］EWCA Civ 547：Y（救難船）は、難破船から石油を積み出すため、20日を上限とする傭船契約を締結した。傭船が最後の積み荷を運び出そうとしたとき、船は港湾局により違法に差し押えられた。裁判所は、契約の目的は大半が履行済みなので、差押えは財産上の損失を生じさせただけであること、及び海難救助作業中における港湾当局による船舶差押えのリスクは一般的に予見可能であることを理由に、傭船契約にフラストレーションは生じていないと判示した。

　ただし、戦争の勃発は、たとえ予期できたとしてもフラストレーションの原因となることがある（⑳）。

⑳ *Ertel Bieber & Co v Rio Tinto Co Ltd* [1918] AC 260（HL）、*W J Tatem Ltd v Gamboa* [1939] 1 KB 132：スペイン市民戦争中、Xは、共和国政府の代理人Yに、1937年6月1日から30日の約定で船をチャーターした。船はフランスへの難民救出に使う予定だったが、国民軍に差し押えられ、9月11日までビルバオ港に留置された。裁判所は、船の留置は予見できたとはいえ、それほど長期間の留置は予見可能な範囲を超えているとし、フラストレーションによる契約終了を認めた。

（ⅲ）　リース契約（lease）

リース契約は義務履行の期間が長いのでフラストレーションが生じにくい（㉑）が、フラストレーションの法理が全く適用されないわけではない（㉒）。

㉑ *Criklewood Property & Investment Trust Ltd v Leighton's Investment Trust Ltd* [1945] AC 221（HL）：1936年、XYは、商業用テナントビル建設用地について期間99年の賃貸借契約を締結したが、戦争により建設計画を実行できなくなったため、借主Xは、フラストレーションによる契約終了を主張した。裁判所は、1939年から1945年までの中断は、契約履行を不可能にするほどではないとし、この主張を斥けた。

㉒ *National Carriers Ltd v Panalpina (Northern) Ltd* [1981] AC 675（HL）：XがYから10年の約定で賃借している倉庫への侵入路が、近隣の重要建造物の補修工事のため、市によって20か月間閉鎖された。Xは、フラストレーションを主張し、賃料支払を拒んだ。貴族院は、賃貸借契約でもフラストレーションの適用を受ける場合はあるが、本件はこれに当たらないと判示した。

(4)　**フラストレーションの効果：絶対的失効**

契約上の義務は、フラストレーションの発生と同時に当然に終了する。契約違反（breach）による解除、不当表示（misrepresentation）等による取消しや錯誤無効の主張とは異なり、当事者による無効の主張や契約取消し、解除の通知によって終了するのではない。フラストレーションで終了した契約の存続の確認（affirmation）をすることはできない（㉓）。

㉓ *Hirji Mulji v Cheong Yue Steamship Co* [1926] AC 497（HL）：1916年11月、船主Xは、その船を1917年3月1日からYに使用させる旨の傭船契約をYと締結したが、船は政府によって徴用された。XはYに、「徴用が終わったらチャーターする意思があるか」

と尋ねた。Yは「イエス」と答えたが、1919年2月に船が戻ったとき、Yはフラストレーションによる契約終了を主張した。Xは、Yがフラストレーション発生後に契約存続を確認（affirm）したと主張したが、裁判所は、フラストレーションは契約を自働的に終了させ、その効果を覆すことはできないと判示した。

(5) **フラストレーションの反対給付への影響**

フラストレーションによって当事者の一方（A）の義務が終了した場合、対価関係にある相手方当事者（B）の義務がどうなるかに関し、1943年フラストレーション法（Law Reform (Frustrated Contracts) Act 1943）が以下のとおり定めている。

第1に、Bは、フラストレーション発生前に支払った金銭の返還を請求できる。Aが履行準備や一部履行のための経費を支出していた場合、裁判所の裁量により当該費用の全部又は一部が返金額から控除されることがある（同法1条2項）。ただし、裁判所は、公平に適うと判断した場合を除き控除を認めない[4]。

第2に、フラストレーションにより消滅したAの義務と対価関係にあるBの金銭支払義務はフラストレーションと同時に消滅する。ただし、Aが契約の準備や一部履行に経費を費やしたときは、裁判所が諸事情を斟酌して公平と認める場合、Aはその全部又は一部の補償を受けられる（同条2項）。

第3に、Aの義務がフラストレーションにより消滅する前に、Bがその対価として物品提供や便益供与等の非金銭的な利益を交付していた場合、裁判所が諸事情を斟酌して公平と認めるとき、Bは、当該物品や便益の価額を上限とし、その返還や補償を求めることができる（同条3項）。この場合の物品や便益の価額は、フラストレーションが生じた後の残存価値に基づいて算定する（㉔）。

㉔ *BP Exploration Co (Libya) Ltd v Hunt (No.2)* [1982] 1 All ER 925（HL）：Yは、リビア政府から認可された石油採掘権の持分権を、石油会社Xに一部譲渡した。Xは膨大な費用をかけて現地探査し、原油採掘地を発見したが、リビア革命により採掘権は国に収容された。XはYに対し、フラストレーション法1条3項に基づいて、契約によりYが受けた利益のうちの「正当な金額」の返還を求めて訴訟を提起した。裁判所は、Yが受

---

4) *Gamerco SA v ICM/Fair Warning (Agency) Ltd* [1995] 1 WLR 1226は、契約失効前に双方が費用を負担していた点を斟酌し、前払金から費用控除を認めなかった。

けた利益はフラストレーション発生後を基準に算定するとし、Ｘが請求できる利益の価値はゼロと判示した。

ただし、以下の場合は上記の例外である（同法2条4、5項）。
（ⅰ） 特定物の物品売買契約に関しては、目的物が危険（risk）の移転前に滅失した場合は、契約上の双方の義務が終了する（1979年物品売買契約法（Sales of Goods Act 1979）第7条）。
（ⅱ） 定期傭船契約（time charter）を除く傭船契約（charterparty）における船主の義務がフラストレーションにより終了した場合、判例法及び慣習上、先払約定の傭船料や運賃等、既に発生していた傭船者の義務は理由の如何にかかわらず消滅せず、また支払済の場合は返還請求できない。
（ⅲ） 分離可能な契約上の義務の一部が履行済の場合、履行部分に対する反対給付は消滅しない。

(6) **契約によるフラストレーションの法理の排除**
契約当事者が契約の履行を妨げる一定の事態が生じたときの免責や契約終了に関する合意をしているときは、そのような事態が発生したときの効果は当事者間の合意に従うことになるので、その限度でフラストレーションの法理の適用は制限される。フラストレーションの法理は、（ⅰ）その要件が厳格で適用範囲が限定的な点、及び（ⅱ）事後処理は、裁判所の裁量に委ねられている点において、合理性及び法的安定性を欠き、取引を行う上での障害となる可能性がある。よって、重要な取引に関する契約書のほとんどは、不可抗力条項（force majeure clause）を設け、当事者の支配を超える特定の事態が生じた場合における契約履行義務の免責、及びその後の処置に関する事項（当該事態の一定期間を超える継続による解約権等）を定めている。ただし、契約の履行を商業上、経済上困難にする事由が生じても、不可抗力条項は適用されない（㉕）。

㉕ *Tandrin Aviation Holdings Ltd v Aero Toy Store LLC* [2010] EWHC 40 (Comm), [2010] 2 Lloyd's Rep 668：Ｙは、役員用の新型ジェット機をＸに注文したが、リーマンショック後の金融市場の壊滅的な縮小均衡により、売買契約における不可抗力条項

（force majeure clause）が適用されると主張し、代金の支払を拒絶した。裁判所はこの主張を斥け、契約の収益性や履行に影響する経済、財政又は市場の状況の変動は、不可抗力事由にもフラストレーションにも当たらないと判示した。(*Thames Valley Power v Total Gas and Power* [2005] EWHC 2208, [2006] 1 Lloyd's Rep 44も同旨。)

　継続的取引に関する契約書は、ハードシップ条項（hardship clause）を設けることがある。これは、契約履行を経済的に困難とする事由及び当該事由が生じた場合における手続（条件変更、解約等）に関する合意であり、不可抗力条項とは目的及び適用場面が異なる。

第13章　契約違反の救済措置（Remedies for Breach of Contract）

1．損害賠償（Damages）の基本的性質

　損害賠償（damages）は、契約違反により被害を受けた契約当事者に対し法が認めている中心的な救済措置（remedy）である。損害賠償をはじめとするイギリス法上の救済措置は、原則として、契約違反した者が得た利得よりも被害を受けた者が被った損害に着目し、被害を受けた契約当事者に対し、仮に契約違反が存在せず契約上の義務が適正に履行されていたとしたらその者が受けていたはずの経済的・財政的状態と同一の状態を与えることを目的としている。

　損害賠償の対象となる損害には、あらゆる種類の人的、物的損害（経済状態の悪化による損害を含む）が含まれている。その金額は、全事情を総合的に評価、判断して算定する。また、損害賠償請求が認められるのは、契約違反の結果マイナスの影響がでた場合に限られる。たとえば、売買契約における物品引渡義務を遅滞している間に商品の市場価格が下落した場合は損害（damage）が生じているが、この間に上昇した場合は契約違反による損害はなかったことになる。

2．損害の範囲

　損害賠償が認められる損害は、契約違反を原因として発生した損害のうち、契約違反から疎遠過ぎる（too remote）ものを除いた損害である。すなわち、損害の範囲は、契約違反と損害との間の因果関係（causation）と疎遠性（remoteness）という2つの要件によって限定される。

(1) **因果関係（causation）**

契約違反による損害の賠償を請求するためには、契約違反と損害の間に、当該契約違反が損害の有効な原因（effective cause）であったといえる程度の適切な関連性（proper causal link）が必要である。

損害と契約違反との間に十分な関連性があれば、契約違反以外にも損害発生の原因（たとえば、戦争の勃発や第三者の行為等）があっても構わない（①）。損害の発生に第三者の犯罪行為が介在した場合でも、当該行為の介在が契約違反者にとって予見可能（foreseeable）であれば、損害賠償義務を負担する（②）。

① *Monarch Steamship Co v Karlshamns Oljefabriker (A/B)* [1949] AC 196：Yは、大豆をスウェーデンに運搬するためにXの英国籍船をチャーターしたが、船は航海に適した状態（seaworthiness）でなかったため、第2次大戦勃発前に出航できず、英国海軍の命令により、グラスゴー港で貨物が積み降ろされた。このため、Yは中立国籍の船を再チャーターせざるを得なかった。YのXに対する損害賠償請求に対し、Xは、Yが再チャーター料相当の損害を被った原因は、契約違反ではなく、戦争及び英国海軍の命令であると主張して争った。裁判所は、海軍の命令を受けたのは、契約違反（船が航海に適する状態ではなかったこと）により航海が遅れたためであるとし、Xの損害賠償責任を認めた。

② *De la Bere v Pearson Ltd* [1908] 1 KB 280、*Stansbie v Troman* [1948] 2 KB 48 (CA)：ペンキ屋Yは、注文者Xとの契約に違反し、作業後にXの家の鍵をかけずに帰ったため、貴重品が泥棒に盗まれた。裁判所は、Yの損害賠償義務を認めた。

(2) **疎遠性（remoteness）**

契約違反と有効な因果関係のある損害のうち、損害賠償の対象となるのは、（ⅰ）契約違反の通常の結果（normal consequences）として自然に発生すると正当かつ合理的に考えられる損害（damage as may fairly and reasonably be considered arising naturally）及び（ⅱ）契約締結時において、両当事者が契約違反の結果発生するであろうことを合理的に予期できたはずの損害（damage as may reasonably be supposed to have been in the contemplation of both parties, at the time they made the contract, as probable result of the breach of it）に限定され、それ以外の損害は契約違反から疎遠に過ぎる（too remote）ことを根拠として損害賠償請求の対象から除

第13章　契約違反の救済措置（Remedies for Breach of Contract）

外される（③、④）。これは、因果関係のある全損害を賠償させては契約違反者の責任範囲があまりに広がり過ぎるので、損害の範囲を限定するために裁判所が作り出した、疎遠性（remoteness）という要件である。

③　*Hadley v Baxendale*（1854）9 Exch 341：Xはグラスゴーで製粉業を営んでいた。Xは、製粉機のクランクシャフトが壊れたので、グリニッジのZに新しいシャフトを注文し、運送人Yに、壊れたシャフトを型どりのために直ちにZに届けるよう依頼した。しかし、YがシャフトをZに直ちに届けなかったため、新しいシャフトの製造は1週間遅れとなった。Xは、予備のシャフトを持っていなかったので1週間営業できなかったとし、Yに対し1週間分の遺失利益の損害賠償を請求した。裁判所は、賠償請求できるのは、契約違反から当然に発生することが正当かつ合理的に期待できる損害、又は契約締結時に両当事者が発生を予期していた損害に限られると述べ、本件のYは、Xが予備シャフトを持たず営業を停止したことを合理的に予期できなかったので、損害賠償義務を負わないと判示した。

④　*Victoria Laundry (Windsor) Ltd v Newman Industries Ltd*［1949］2 KB 528（CA）：Yは、洗濯業者Xにボイラーを売却する契約を締結した。YはXからその業務及びボイラーが直ちに必要なことを聞いていたが、納期に5か月遅れて入荷した。Xの通常業務の営業利益は1週間あたり16ポンドだが、偶々この間に軍需省から週当たり262ポンドの特別注文を受けていたので、この売上を逃したことによる損害の賠償を求めた。裁判所は、納期の遅れによりXの通常の営業利益の損失を受けることは合理的に予見可能だが、Yは特別注文を受けていた事実を知らないので、これによる遺失利益を請求するのは疎遠過ぎると判示した。

合理的に予期すること（reasonable contemplation）が可能な損害か否かは、当事者が契約締結時又は契約違反のときに知っていた事情に基づき、契約違反があったとしたらそのような種類の損害が発生することを、合理的な一般人（reasonable person）が十分に予期できたか否か、すなわち、損害発生の現実の危険（real danger）又は高い蓋然性（serious probability）の有無を基準に判断する（⑤、⑥）。過失責任（negligence）における疎遠性の判断基準である合理的予見可能性（reasonable foreseeability）より厳しい（第15章2(4)）。

⑤　*Koufos v C Czarnikow Ltd (The Heron II)*［1969］1 AC 350（HL）：船主Xは、Yのた

めに砂糖の積み荷をバスラ港まで搬送する契約を締結した。Xは、Yが砂糖商人であること、バスラに砂糖市場があることを知っていたが、Yがバスラ到着後直ちに砂糖を売却するつもりだったことは知らなかった。船は予定日より9日遅れで到着し、その間に砂糖の市場価格が暴落したため、YはXに対し、9日前の価格との差額を遺失利益として請求した。裁判所は、砂糖が到着日に売却され、その後市価が下落することは、あり得ない事態ではないので、損害の発生は十分に予期できたとし、Yの請求を認めた。

⑥　*H Parsons (Livestock) Ltd v Uttley Ingham & Co Ltd*［1978］QB 791（CA）：Yは、養豚農家Xとの間で、Xの豚に餌を与えるための大型じょうごの販売と設置を契約した。設置時のYの不手際により、豚小屋の通風管のふたが閉じたままとなり、豚の餌にカビが繁殖し、254頭の豚が奇病にかかって死滅した。裁判所は、Yの行為によって豚が何らかの病気にかかることは合理的に予期できたので、豚が死ぬことを予期していなかったとしても、損害が疎遠過ぎるとはいえないと判示し、Yに全損害の賠償を命じた。

ただし、契約の内容やその背景事情に照らし、契約当事者の合理的な期待又は意図と上記の基準を用いた結果とが明らかに異なるときは、取引の性質及び目的を勘案し、当事者が責任を引き受けた（assumption of responsibility）と認められる種類の損害であるかどうかを基準として疎遠性（remoteness）を判断する（⑦、⑧）。

⑦　*Transfield Shipping Inc v Mercator Shipping Inc, The Achilleas* [2008] UKHL 48, [2009] AC 61（HL）：YはXからチャーターした船を9日遅れて返却した。その結果、Xは、次の傭船者に約束した貸出日に遅れたため、当初の合意より低い料金で貸さざるを得なかった。XはYに対し、次の傭船者と当初合意した料金総額と実料金総額の差額分を遺失利益の損害として賠償請求した。貴族院は、Yの賠償額を、Yが遅れた期間（9日）分の市中のチャーター料金と実料金の差額に限定した。2名の裁判官は伝統的な合理的予期基準（reasonable contemplation test）によってこの結論を出した。他の2名は、Yは次の傭船契約をコントロールすることも損失を予測することもできないので、そこまでの責任の引受け（assumption of responsibility）をしていないことを理由とした。他の1名の理由は不明瞭である。

⑧　*Supershield Ltd v Siemens Building Technologies FE Ltd* [2010] EWCA Civ 7：Yは、新築ビルへのスプリンクラーの供給を請け負い、設置業務をXに再委託した。Xによるバルブの取付作業にミスがあり、漏れ出したタンクの水が床に溢れ、電気設備を浸水さ

第13章　契約違反の救済措置（Remedies for Breach of Contract）

せて大損害が発生した。Yは、注文者との間で損害額を和解して支払った上で、Xに対して和解金相当額の賠償を求めた。Xは、電気設備の損傷は予期が不可能な疎遠過ぎる（too remote）損害なので、Yは賠償金相当額の和解金を支払うべきではなかったと主張して争った。控訴院はこの主張を認めず、バルブの取付けは床の浸水を防ぐことが目的なので、取付工事を行う者は、浸水によって生ずる全損害に関する責任を引き受けていると判示した。

3．損害の種類と損害額の算定

契約違反をした相手方に対して損害賠償を請求しようとする者は、まず当該契約違反によってどのような損害を被ったのかを確定する必要がある。契約違反による損害には、履行利益の損失（expectation loss）、信頼利益の損失（reliance loss）、推測的損害（speculative damage）、非金銭的損害（non-financial loss）等の種類があり、それぞれ損害額の算定方法が異なる。1つの契約違反から複数の種類の損害が競合して発生した場合、被害を受けた当事者は、自己の選択により、その全部又は一部を請求することができる。ただし、履行利益と信頼利益とは、その内容が両立しないので、同時に両方を請求することができない。

原則として、契約当事者は、契約違反がなかった場合における地位や利益以上のものを受けることはできない。すなわち、契約違反により被害を受けた契約当事者に対して裁判所が認める賠償額は、その者が実際に被った、又は被るべき損失額が上限である[1]。

(1) 履行利益の損失（expectation loss）

履行利益とは、契約上の義務が約束どおりに履行されていたとしたらその約束を受けた当事者が得たであろう利益（expectation interest）のことである。契約違反により被害を受けた契約当事者が、金銭的に可能な限り、契約上の義務履行があった場合と同じ状態にすることを求める場合は、履行利益の損失について損害賠償を請求する。この典型例は、（ⅰ）契約違反による目的物の減価額（difference in value）、（ⅱ）契約違反を是正するための費用（cost of cure）及び（ⅲ）遺失利益（loss of profit）である。

---

1) *Ford v White* [1964] 1 WLR 885、*Lazenby Garages v Wright* [1976] 1 WLR 459（CA）.

（ⅰ）　目的物の減価額：土地建物や物品の売買、製造、加工、修繕等、目的物の引渡義務を含む契約における義務違反があった場合、原則として、被害を受けた当事者が受領することを期待していた目的物の価額と現実に受領した目的物の価額の差額に相当する金額が損害額となる。このような損害を取引利益の損失（loss of bargain）という。たとえば、欠陥品を引き渡した場合の取引利益の損失は、欠陥がない物品の価額と当該欠陥品の現実の価額との差額である。

目的物の引渡義務の遅滞による取引利益の損失は、合意された代金額と引き渡すべきだった日における目的物の市場価額との差額、他方、買主が約定の引渡日に目的物の受領を拒んだ場合に売主が被る損失は、原則として、目的物の代金額と受領すべきだった日又は受領拒絶日におけるその市場価額との差額である[2]。

（ⅱ）　是正費用（cost of cure）：売主の契約違反により欠陥品を購入した買主がその物品の修繕のために要した費用が、当該欠陥を原因としてその物品自体の価値の減価額を超えている場合、原則として、買主が賠償を受けられる金額は価値の減価額分を限度とし、修繕費全額の請求は認められない（⑨）。

⑨　*Watts v Morrow* [1991] 1 WLR 1421, [1991] 4 All ER 937（CA）：Xは、Yが作成したサーベイ（査定結果）を信頼してカントリーハウスを17万7500ポンドで購入した。建物には重大な欠陥があり16万2500ポンドの価値しかなかったが、Yのサーベイは見落していた。Xは3万4000ポンドかけて建物を修復し、Yにその費用の賠償を求めた。裁判所は、適正な損害額は、サーベイに見落しがなかったとした場合におけるXの状態にするための金額、すなわち、購入価格と時価との差額の1万5000ポンドであると判示した。

ただし、これには2つの例外がある。第1に、売買の対象が不特定の物品（chattel）ではなく特定物（たとえば土地建物）である場合は、他の物件との代替可能性がないことを考慮して、修繕費用の総額の賠償請求が認められることがある（⑩）。

⑩　*Harbutt's Plasticine Ltd v Wayne Tank & Pump Co Ltd* [1970] 1 QB 447（CA）：Yは、Xの工場にワックス取出機を設置したが、契約違反により不良品を設置したため工場は

2）　Sale of Goods Act 1979 s50(3), s51(3).

第13章　契約違反の救済措置（Remedies for Breach of Contract）

焼け落ちた。裁判所は、工場の滅失は、物品の場合のように市場で中古の代替品を手に入れることはできないので、被害者の損失を回復するには建替費用を賠償する方法しかないと述べ、新工場の建直しに要する費用総額の賠償請求を認めた。

　第2に、契約に明記された目的物の建造義務や修繕義務の違反があった場合、被害を受けた当事者が自ら建造や修繕を行うために現実に要する費用が義務違反による目的物の価値減額分を超える場合であっても、建造費・修繕費相当額の賠償請求が認められることがある（⑪）。ただし、修繕費等としての請求金額が、これによって被害者が回復を受けられる利益との均衡上合理性を欠くほどに大きい場合は認められない（⑫）。

⑪　*Radford v De Froberville*［1977］1 WLR 1262：YはXに対し、XY間の土地の境界線上にブロック塀を建てることを契約したが、その履行を怠ったので、Xは、損害賠償を請求した。Yは、契約違反によりXの土地の価値が下落したわけではないのでXに損害はないとし、境界壁は安価な組立て式フェンスで十分であると主張したが、裁判所は、Yに、契約により約束したブロック塀費用相当額の賠償を命じた。

⑫　*Ruxley Electronics and Construction Ltd v Forsyth*［1995］3 WLR 118（HL）：Xは、Yの家の庭のスイミングプールの建設を請け負った。契約上は、飛込み台下の深さは7フィート6インチとされていたが、完成後の深さは6フィートだった。これは飛込みのために十分な深さだったが、Yは、長身のためこれでは安心できないと主張し、改修費用2万1560ポンドの賠償を請求した。貴族院は、改修費用の賠償請求は、契約違反による損害を回復するために合理的に必要な場合に限って認められると述べ、本件では合理性はないと認定してこれを認めなかった。ただし、Yは、Xの契約違反の結果、快適な環境で飛び込めないことによる精神的損害分として2500ポンドの賠償を受けた。

（ⅲ）　遺失利益（loss of profit）：契約に基づいて目的物を受領することを期待していた者が、当該目的物を利用して事業を行う予定だった場合、事業ができなかったことによる損害も発生している。このような遺失利益（loss of profit）も、因果関係が認められ、かつ疎遠過ぎない場合は履行利益に含まれる。

(2) **信頼利益の損失**（reliance loss）

　信頼利益の損失とは、契約の一方当事者が契約の存在を信頼して行動したことにより生じた費用が、相手方の契約違反によって無駄になってしまったことによる損害である。契約違反により被害を受けた契約当事者が、契約を締結していなかった場合と同じ状態に戻すための費用の賠償を求める場合は、信頼利益分の賠償を請求することになる。相手方が売買契約上の代金支払義務を履行すると信じて、目的物の引渡準備のために費やした経費が典型例である。契約締結後のみならず締結前に費やした経費であっても信頼利益に含まれる（⑬）。

⑬　*Anglia Television Ltd v Reed*［1972］1 QB 60（CA）：アメリカの俳優Yは、テレビ局X制作のドラマの主演を契約したが、ダブルブッキングのために一方的にキャンセルした。これによりドラマの企画はとん挫した。裁判所は、契約が破棄された場合にドラマのために要した全費用が無駄になることは、両当事者が合理的に予期できたと述べ、Yに対し、契約前の準備費用を含めて、ドラマ企画に関連する全ての損害の賠償を命じた。

　信頼利益の損失は、契約が存在しなかった状態にするための費用の損失であり、契約が履行された場合の利益の損害である上記履行利益の損失とは正反対の前提に基づいて算定される。したがって、これらを両方とも請求することはできず、どちらかを選択する必要がある。
　信頼利益は、履行利益とは異なり、契約違反者が義務を履行していたとしても何らの利益が生じなかった場合であっても、その賠償請求が認められる。しかし、契約違反がなかったとしても費やしたであろうことが明らかである経費は、信頼利益に含まれない。すなわち、契約当事者が元々不利益な合意（a bad bargain）をしていた場合における取引上の損失は、相手方の契約違反を理由に回復できない（⑭）。

⑭　*C & P Haulage v Middleton*［1983］3 All ER 94（CA）：自動車技師Yは、Xから6か月間の約定で修理工場を賃借した。契約は、Yが車庫内に設置した設備はXの所有となる旨を規定していた。Yは多額の費用をかけて工場内に諸設備を設けたが、期間中に退去を求められた。Yは、Xの中途解約は契約違反であるとし、無駄になった設備費用の賠償を求めた。裁判所は、それらは、契約違反がなくてもYが負担すべき費用であると

第13章　契約違反の救済措置（Remedies for Breach of Contract）

し、賠償請求を認めなかった。

(3) 推測的損害（speculative damage）

契約当事者が相手方の契約違反の結果利益を上げる機会を失ったとき（loss of opportunity to gain benefit）は、当該利益が確実に得られたであろうことの証明がなくても、因果関係が疎遠でない限り損害賠償を請求できる。このような場合の損失を推測的又は偶発的損害（speculative damage）という（⑮）。

⑮　*Chaplin v Hicks* [1911] 2 KB 786（CA）：Xは、美人コンテストの第一次審査を勝ち抜き、決勝進出者50人に選ばれたが、主催者のミスにより決勝戦に呼ばれなかった。裁判所は、彼女が優勝するかもしれないという期待を奪われた代償として、100ポンドの賠償請求を認めた。（*Simpson v The London and North Western Railway Co*（1876）1 QBD 274も同旨。）

推測的損害を被った当事者は、契約違反者が得た利益の額を基準に損害額を算定して請求することができる（⑯、⑰）。ただし、事情によっては損害額が違反者の利得額を超えることもある（⑱）。

⑯　*Wrotham Park Estate Co Ltd v Parkside Homes Ltd* [1974] 1 WLR 798：Yは、自己の土地に付されている建築制限約款に違反し、制限数以上の建物を建造した。裁判所は、社会経済的な損失を理由にXの建物取壊請求を認めなかったが、Yに対し、Xが制限条項の緩和に応じた場合に合理的に受けたであろう対価相当額として、制限条項違反の建物によってYが得るべき利益の5％相当額の賠償を命じた。

⑰　*Lane v O'Brien Homes Ltd* [2004] EWHC 303（QB）：XはYに対し、自己の土地を、建築する建物は3棟以下とする旨の制限約款を付して売却した。Yは、約束に反し4棟の建物を建築した。裁判所は、⑯事件の判例法を適用し、当該制限約款の緩和に応じていた場合の合理的な利益額として、Yが建てた4棟目の建物からYが受けるであろう収益の約55％を損害賠償額と認定した。

⑱　*Pell Frischmann Engineering Ltd v Bow Valley Iran Ltd* [2009] UKPC 45：Yは、Xとの間の秘密保持契約に違反し、Xが買収しようとしていたZ社と買収契約を締結した。Yが契約違反により得た利益の額は、Z社の株価下落の結果100万乃至180万ポンドだっ

たが、裁判所は、契約違反時においてXが期待し予想していた利益分の取引機会の喪失による損害として、250万ポンドの賠償を命じた。

(4) **非金銭的損害**（non-financial losses/non-pecuniary losses）

　イギリス法上、契約当事者が相手方の契約違反の結果、精神的な苦痛や失望（mental distress and disappointment）を受けたとしても、原則として、損害賠償請求をしてそのような苦痛や失望の回復を求めることはできない[3]。ただし、これには以下のような例外がある。

　第1に、契約の目的が慰安、娯楽の提供（provision of pleasure and enjoyment）又は苦痛からの解放（relief of discomfort）である場合は、契約違反により被った精神的苦痛、不快感、失望等が損害賠償請求の対象となる（⑲、上記⑫）。裁判所は、娯楽や慰安が契約の唯一の目的でなくても、その重要な目的に含まれている場合であれば、契約違反によってこの目的が害されたときに損害賠償を認めている（⑳）。

　第2に、精神的な苦痛や不快（discomfort）の直接的な原因が契約違反による物理的な不便（physical inconvenience）であるときは、当該物理的損害と共に精神的損害も賠償請求の対象となりうる（上記⑨[4]）。

⑲　*Jarvis v Swans Tours Ltd* [1973] QB 233（CA）：Xは、旅行代理店Yが企画したスイスのスキーツアーに参加した。Yのパンフレットは「ホテルバーは毎晩開店、英語を話すチャーミングなオーナーとハウスパーティーの休日、連日スイスケーキ付きアフタヌーンティー、キャンドルライトのスイスディナー、歓送迎パーティー及びヨーデルナイトフェア込、添乗員同行」等々記載していた。しかし、ホテルのサービスは記載とかけ離れていたため、X以外の参加客12人は、2週目に添乗員と共に帰国した。Xは1人でパーティーに参加、バーが開いたのは1夜のみ、ヨーデルは作業服の男が早口で数曲歌っただけ、スイスケーキはチップスとナッツ、X以外は誰も英語を話さず、スキーさえも手配の不手際で満足にできなかった。Xの経済的損失は32ポンドだったが、裁判所は、彼が被った失望及び苦痛に対する賠償分として125ポンドの請求を認めた。

---

3)　*Addis v Gramophone Co Ltd* [1909] AC 488（HL）、*Bliss v South East Thames Regional Health Authority* [1987] ICR 700.
4)　⑨判決は、欠陥住宅に住むことによる物理的不便に伴う精神的損害の賠償請求も併せて認めた。

第13章　契約違反の救済措置（Remedies for Breach of Contract）

(*Jackson v Horizon Holidays Ltd*［1975］3 All ER 92（CA）も同旨。)

⑳　*Farley v Skinner (No.2)*［2001］4 All ER 801（HL）：Xは、週末を過ごす別荘を買うため、建物鑑定士Yに購入予定物件の調査を依頼した。物件はガトウィック空港から15マイルの距離にあったので、Xは、航空機の騒音チェックを特に頼んだ。Yは、「航空機が上空を通過することはあるが、騒音の影響は深刻ではない」と報告した。しかし、実際は航路標識が家のそばにあり、騒音被害は極めて大きかった。貴族院は、ＸＹ間の契約は、娯楽や快適さの提供を唯一の目的としていないが、満足感、安らぎ、心の平穏等の確保を重要な目的とする契約なので、契約違反によりこれが害された以上、経済的損害がなくても賠償請求できると判示した。

(5) 遅延利息（default interest）

金銭債務の支払が期限に遅れた場合の遅延利息を合意した場合は、原則としてその支払があるまで合意に基づく利息を請求できる。この合意がない場合において、判決言渡日までの遅延利息は、原則として裁判所の裁量により定まる[5]。ただし、事業者間の契約で定めた代金や報酬の支払期限に遅れた場合は、法律に基づく黙示条項（implied term）により、支払期日から判決言渡日まで、イングランド銀行の基準金利（base rate）プラス8％に相当する遅延損害金が発生する[6]。判決言渡日の翌日から支払日までの遅延利息は、当事者間に合意がある場合を除き、原則として年8％である[7]。

4．損害賠償請求に対する抗弁

(1) 損害の拡大防止義務（mitigation）

契約違反によって損害を被った当事者は、自らの損害をできる限り少なくするための合理的な処置を採るべきことが期待されており、これを行わなかったために損害が拡大した場合は、拡大部分については賠償を請求することができない（㉑、後記㉔）。ただし、損害の拡大防止措置を採らないことについて合理的な理由があるときはその義務を負わない（㉒）。

---

[5]　Supreme Court Act 1981 s35、County Courts Act 1984 s69.
[6]　Late Payment of Commercial Debts (Interest) Act 1998.
[7]　Judgment Act 1838 s17.

㉑ *Payzu Ltd v Saunders* [1919] 2 KB 581（CA）：ＸＹ間の物品売買契約は、Ｙは商品を定期的に分納し、Ｘは納入後１か月以内に納品分の代金を支払う旨を規定していた。Ｘは第１回の納品を受けた１か月後に代金支払を遅滞したので、Ｙは、以降の納品は代金と引換えでなければ応じないと主張した。Ｘはこれに合意せず、Ｙの契約違反による損害賠償を請求した。裁判所は、Ｙの契約違反の事実を認めたが、Ｘは、代金支払時期の変更に関するＹの申入れに同意することにより、損害の拡大を防止すべきであったと述べ、Ｘが請求できる損害賠償額を、ＸがＹの申入れを受け入れていた場合に生じたであろう損害額、すなわち、納入日から１か月間の代金の利息相当額に減額した。

㉒ *Banco de Portugal v Waterlow & Sons Ltd* [1932] AC 452（HL）：ＹはＸ（ポルトガル銀行）から紙幣の印刷を受注したが、契約違反により大量の紙幣が犯罪組織の手に渡り、市中に流された。Ｘは、当該紙幣の発行を止め、市中から全てを回収して他の紙幣との交換に応じた。Ｙは、紙幣の換金による損害はＸ自身の行為の結果であると主張し、紙幣印刷費用を超える損害の賠償を拒んだ。裁判所は、Ｘの行為は社会に対する義務として合理的であるとし、紙幣交換に要した全費用の賠償をＹに命じた。

また、損害拡大防止義務の抗弁は、相手方による履行期前の契約違反（anticipatory breach）の責任を直ちに追及せず、契約履行期まで待ってから契約違反の責任を追及する選択をしたことに対しては主張できない。すなわち、履行期前の契約違反があったときは、たとえその結果不要な費用が拡大することになるとしても、直ちに契約を解除する義務を負担することはない（㉓）。

㉓ *White and Carter (Councils) Ltd v McGregor* [1962] AC 413（HL: Scotland）：Ｙは、広告代理店Ｘと、Ｙの自動車修理業の広告を公共のごみ箱に掲示する契約を締結したが、契約実行前にＹはこれを一方的に解約すると通知した。Ｘは解約を受け入れず、契約期間中に契約どおりの広告を実施し、契約代金の支払を求めた。Ｙは、Ｘは解約通知を無視して費用を拡大しておきながらその全額を請求するのは不合理であると主張して争った。裁判所は、ＸはＹの不当な解約を受け入れる義務を負っていないと述べ、契約代金の請求を認めた。

(2) 損益相殺（benefit accruing）

相手方の契約違反の結果として被害を被った当事者に利益（benefit）が発生したときは、当該利益の金額は、損害額から控除される（㉔）。

㉔ British Westinghouse Co Ltd v Underground Electric Railways Co of London Ltd ［1912］AC 673（HL）：Xは鉄道会社Yにタービンを供給したが、タービンの性能は、契約で合意した内容より劣っていた。Yは、性能の劣るタービンを使用した結果生ずる損害の賠償請求権を留保した上でこれを受け入れた。数年後、Yは新しいタービンに入れ替えた。新タービンの性能は、X製品よりもはるかに優り、Yは、X製品を契約どおり用いた場合よりも燃料費がかからずに済んだ。Yは、Xの契約違反の結果としてタービンの買換えが必要になったとして、その費用相当の損害を請求したが、貴族院は、新製品を利用した結果としてYが得た利益は購入費用から差し引くべきであると判示した。Yが節約できた燃料費は新タービンの代金を上回っていたため、Yは購入費用を回収できなかったが、購入前にXのタービンを使用した結果生じた損失分の賠償請求は認められた。

(3) 寄与過失（contributory negligence）

　寄与過失とは、自己の損害の発生に寄与した被害者自身の過失のことである。過失による不法行為を原因とする損害賠償請求（damages for negligence）の場合は、被害者の寄与過失に応じて損害賠償額が減額される[8]。

　イギリスの契約法は過失責任の原則を採っていないので、契約責任に基づく損害賠償請求に関しては、原則として寄与過失による損害額の減額はないが、契約責任と不法行為責任が競合する場合（concurrent liability in contract and in the tort of negligence）は、この法律の適用を受けて減額されることがある（㉕）。ただし、厳格責任（contractual strict liability）に関しては、不法行為責任と競合する場合であっても寄与過失の抗弁を主張することができない（㉖）。

㉕ Forsikringsaktieselskapet Vesta v Butcher ［1989］AC 852（CA）：保険会社Xは、養魚場経営者Pとの保険契約上のリスクに関し、ブローカーYを通じて再保険会社Zに再保険を掛けた。その後、XP間の保険条件が変更されたので、XはPに再保険契約の条件を同様に変更するよう依頼したが、Yはこれを怠った。そのため、XがPに保険金を支払うべき事由が生じた際、Zは条件違反を理由に再保険金の支払を拒絶した。XはYに対し、契約違反による損害賠償を求めたが、Yは再保険条件の確認を怠ったXの寄与過失を主張した。裁判所は、被告の契約責任が過失責任と競合する場合、契約上の請求にも寄与過失に関する制定法の適用があると判示し、Yの主張を認めた。

---

[8] Law Reform（Contributory Negligence）Act 1945.

㉖ *Barclays Bank plc v Fairclough Building Ltd* [1995] QB 214（CA）：Yは、Xの建物のアスベストを用いた屋根の清掃作業において、アスベストの取扱に関する法令上の義務に違反したので、XはYに対し、契約違反による損害賠償を求めた。Yは、Xが作業監督を怠ったことによる寄与過失を主張したが、厳格契約責任に違反する場合は、たとえ不法行為責任と競合したとしても寄与過失の抗弁は許されないと判示した。

(4) 税金 (taxation)

損害を受けた契約当事者が得られたはずである契約上の収益が、税務債務の対象となっていたはずである場合は、損害賠償金の算定上、当該税金分が控除される[9]。

(5) 介入行為 (supervening events)

契約違反により生じた結果がその後に生じた新しい事件や事故の結果によって中断（intervene）又は包含（subsume）されてしまった場合、新しい事件・事故の発生までに被った損害のみが契約違反による損害として算定される（㉗）。損害発生後に損害額を限定する事由が生じた場合も同様である（㉘）。

㉗ *Beoco Ltd v Alfa Laval Co Ltd* [1994] 4 All ER 464（CA）：YはXの建物に熱交換器を設置したが、蒸気の漏出があったので、Xは別のエンジニアに修繕させた。しかし、修繕作業の不手際により、2か月後、交換器は爆発し、Xは建物損壊及び遺失利益の損害を被った。裁判所は、Yは、修繕費及び修繕までの遺失利益について賠償義務を負うが、その後の爆発は、Xが修繕した交換器のテストを怠ったことを原因とするので、責任を負わないと判示した。

㉘ *Golden Strait Corporation v Nippon Yusen Kubishka Kaisha, The Golden Victory* [2007] UKHL 12, [2007] 2 AC 353（HL）：Yは傭船契約期間満了日より4年早くXに船舶を返還したので、XはYに対し、残存期間4年分の傭船料相当額の損害賠償を求め、仲裁を申し立てた。仲裁手続中の2003年3月に湾岸戦争が始まった。Yは、傭船契約には戦争勃発による契約終了条項があること、契約が継続していたとしたらYは当該条項により契約を解約していたことを根拠とし、Xの損害は湾岸戦争勃発前までの傭船料に限定されると主張した。貴族院は、損害額を限定する事由の発生を裁判所や仲裁廷が知った場合、当該事由は損害賠償額に影響すると述べ、Yの主張を認めた。

---

9) *BTC v Gourley* [1956] AC 185（HL）.

第13章　契約違反の救済措置 (Remedies for Breach of Contract)

(6) **出訴期間制限（limitation of action）**

1980年出訴期間制限法（Limitation Act 1980）により、通常の契約に基づく債権は、契約違反の日から6年を経過した後は請求できない（同法5条）。ただし、捺印証書（deed）による契約の場合は契約違反の日から12年間は請求できる（同法8条）。なお、詐欺（fraud）その他損害を与える故意を伴う行為に対する訴訟の場合は、真実を知った日又は合理的に知り得た日を起算日として進行する（同法32条1項）。出訴期間は、書面による債務の承認又は一部弁済によって中断する（同法29条5項）。

(7) **相殺（set-off）**

金銭債務の履行請求や損害賠償請求（請求債権）を受けた者が反対債権による相殺の抗弁を主張できるのは、以下の場合に限られている。

（ⅰ）　エクイティ上の相殺（equitable set-off/transaction set-off）

エクイティ上の相殺は、反対債権が請求債権と密接な関連性を有し、かつ相殺を認めなければ公平に反する場合において、裁判所の裁量により認められる。関連性は、たとえば請負人の報酬請求権と目的物の瑕疵による損害賠償義務[10]のように、同一の契約や取引から発生した債権債務である場合は認められ易い（㉙）が、裁判所の裁量により認められないこともある（㉚）。

㉙　*British Anzani (Felixstowe) Ltd v International Marine Management (UK) Ltd* [1980] QB 637：XとYは、（ⅰ）XがYのために倉庫を建設する契約と（ⅱ）YがXから倉庫を賃借する契約を別個の契約として締結した。倉庫建設契約において、倉庫に欠陥があるときはXの費用負担で修繕する旨及び契約違反の場合のXの損害賠償予定額が定められていたが、賃貸借契約にはXの修繕義務の定めがなかった。倉庫の欠陥が発覚した際、YはXに対し倉庫建築契約に基づく損害賠償予定額を請求し、賃貸借契約に基づく賃料の支払を拒絶した。Xは賃料請求訴訟を提起した。裁判所は、賃料請求と損害賠償義務は十分に密接な関連性を有するので、後者が賃貸借契約上の債務でないとしてもエクイティ上の相殺の条件を充たすと判示した。

㉚　*Esso Petroleum Co Ltd v Milton* [1997] EWCA Civ 927：Yは、Xから使用許諾を受け

---

10)　*Hanak v Green* [1958] 2 QB 9 (CA).

てガソリンスタンドを運営していた。契約上、YはXから購入したガソリンを銀行口座引落により支払うことになっていた。Xが16万7000ポンド分のガソリンを供給した後、Yは口座を解約した。Xのガソリン代請求に対し、Yは、Xがスタンドの使用許諾に関し苛酷な条件を課したのは、一方的な契約破棄に等しいと主張し、Xの契約違反により被った将来の遺失利益分の損害賠償請求権とガソリン代との相殺を求めた。控訴院は、両請求は、同一の契約から発生したとはいえ、密接な関連性が認められず、またXがガソリン代を回収できないのは衡平に反すると述べ、Yの相殺の主張を斥けた。

(ⅱ) コモンロー上の相殺 (legal set-off)

この相殺の抗弁は、上記 (ⅰ) と異なり、裁判手続においてのみ行使が許されている[11]。同一当事者間の債権債務であれば無関係でも構わないが、双方とも確定金額の金銭債権 (liquidated money debts) であり、かつ行使時までに支払期が到来していなければならない[12]。よって、請求債権、反対債権の一方又は双方が損害賠償請求権であるときは、損害賠償予定額の合意に基づく請求である場合を除き、相殺権を行使できない。

(ⅲ) 契約上の相殺権 (contractual set-off)

両者間で相殺の合意をした場合は、合意した内容に従って相殺することができる。また、上記 (ⅰ) や (ⅱ) の相殺権を排除する合意も原則として有効だが、不公正契約条項法 (Unfair Contract Terms Act 1977) の適用を受けることもある。

(ⅳ) 破産法上の相殺 (insolvency set-off)

請求債権の債権者がイギリス法に基づき破産した場合、債務者は、破産法の規定に従って、破産した債権者との間の同種の反対債権を対当額で相殺することができる[13]。破産前に弁済期が到来していたか否か、金額が確定していたか否か等を問わない。この効果は当事者間の合意によっても排除できない。

---

11) Supreme Court Act 1981 s49(2)、Civil Procedure Rules 1998, 16.6
12) *Stooke v Taylor* (1880) 5 QBD 569、*Axel Johnson Petroleum AB v MG Mineral Group* [1992] 1 WLR 270.
13) Insolvency Act 1986 s323、Insolvency Rules 1986 4.90.

第13章 契約違反の救済措置（Remedies for Breach of Contract）

5．損害賠償額の予定（Liquidated Damages）

損害賠償額の予定とは、契約違反があったときに賠償すべき損害額を予め合意しておくことをいい、その旨の条項を損害賠償額予定条項（liquidated damages clause）という。契約の両当事者が損害賠償予定額について合意した場合、契約違反により被害を受けた当事者は、損害額の立証をせずに損害賠償請求をすることができる。損害発生の立証に関する疎遠性の要件の適用もなくなるし、また、加害当事者から損害拡大防止義務その他損害額を限定するための抗弁を主張することもできなくなる[14]。

このように、損害賠償予定額の合意は、損害額に関する争いを避けて迅速な解決が期待できるので、契約当事者双方にとってメリットがある。ただし、裁判所は、そのような契約違反があったときに一定の金額を支払うべき旨の条項を違約罰条項（penalty clause）と解して法的拘束力を認めないことがある。違約罰条項とは、契約違反の防止及び制裁を目的として、損害賠償とは無関係に、契約違反があったときに罰金として支払うべき金額を定めておく条項である。イギリス法上、損害回復の限度を超える懲罰的損害賠償の請求は許されないので、違約罰条項は違法かつ無効とされ、被害者は、現実に被った損害の限度でしか損害賠償を受けることができなくなる。このどちらに当たるかに関し、裁判所は、契約当事者が契約違反から生ずる可能性のある損害を誠実に予測（genuine pre-estimate of the loss）して損害額を見積もった上で賠償予定額を定めたのかどうかを客観基準により判定する方法を採っている。この判断に当たって、当該条項に「penalty」とか「liquidated damages」の語が用いられているか否かは一応の推定材料になるが、日常用語としての「penalty」は多義性があるので、これが決定的な要素となるわけではない（㉛）。一般的な指針として、（ⅰ）合意した金額が契約違反によって生ずる可能性のある損害の最大額よりも極端に大きい場合[15]、（ⅱ）損害賠償予定額の算出方法が明らかに不合理な場合（㉜）、（ⅲ）契約違反の程度、内容、結果にかかわらず同一金額の損害賠償額が定められている場合[16]等は、違約罰条項との推定が働きやすい。他方、

---

14) *White and Carter (Councils) Ltd v McGregor* [1962] AC 413 (HL: Scotland).
15) *Alfred McAlpine Capital Projects Ltd v Tilebox Ltd* [2005] EWHC 281.

（ⅳ）契約違反による損害額の予測が不可能又は困難な場合は、損害賠償予定額の合意と推定される（㉛）。なお、契約違反以外の事由の発生により金銭支払義務を負わせる条項は、違約罰条項に当たらない（㉝）。

㉛ *Dunlop Pneumatic Tyre Co Ltd v New Garage and Motor Co Ltd* [1915] AC 79（HL）：Xは、販売店Yに自動車のタイヤを割引価格で供給する条件として、Xが指定した価格以下では再販しないことを義務付け、Yがこれに違反した場合はタイヤ1個当たり5ポンドの損害賠償予定額を支払う旨を合意した。Yは、この条項は違約罰であるとし、無効を主張した。裁判所は、Yの違反により損害が生ずることは明らかだが、損害額の予測は不可能なので、損害賠償予定額を合意することに合理性があるとし、法外な金額でない限り、損害額の見積もりの合意であることを疑う理由はないと判示した。

㉜ *Bridge v Campbell Discount Co Ltd* [1962] 1 All ER 385（HL）：金融会社Yの購入賃貸借契約（hire-purchase agreement）は、顧客（車の借主）Xが契約を中途解約したとき、車をYに引き渡し、かつ支払済賃料（融資金返済分）は返金しない旨、及び、車の価値下落によるYの損害の賠償金として、Xは、Yによる融資金の3分の2に相当する金額を支払うべき旨が定められていた。裁判所は、車の価値下落による損失（漸次に増大）と合意した金額の間に合理的な関係がないため、追加払金の定めは違約罰であると認定した。

㉝ *Euro London Appointments Ltd v Claessens International Ltd* [2006] EWCA Civ 385：ＸＹ間の人材紹介契約は、「Xの紹介によりYが雇用した者が12週間以内に辞めた場合、Xは紹介手数料をYに返還する。ただし、YがXに紹介手数料を期限内に支払った場合に限る。」と定めていた。Yは、X紹介の従業員が辞めたので、手数料の返還を求めたが、Xは、Yが期限に遅れて支払っていたことを理由に返還を拒絶した。Yは、「期限を守らなければ手数料を没収するとの条項は、違約罰であり無効である」と主張したが、控訴院は、手数料返還の条件を定めているに過ぎないと判示し、Yの言い分を斥けた。（*Office of Fair Trading v Abbey National plc* [2008] EWCH 2325（Comm），[2009] 1 All ER（Comm）717は、銀行が当座貸越残高に対し手数料を徴する旨の条項は違約罰条項ではないと判示。）

損害賠償額予定条項は、損害賠償額を固定する合意であり、契約違反者のみならず被害を受けた当事者の側もこれに拘束され、実損害（actual damage）が

16） *CMC Group Plc v Zhang* [2006] EWCA Civ 408.

第13章 契約違反の救済措置 (Remedies for Breach of Contract)

合意した金額を上回ったとしてもその請求をすることは許されない (㉞)。したがって、契約違反者だけの利益のために損害賠償額の上限を定める責任制限条項 (limitation clause) とは異なり、不正契約条項法の適用は受けない。ただし、消費者契約において、不当に高額の賠償金を定めた場合は、消費者契約不当条項規則が適用される[17]。

㉞ *Cellulose Acetate Silk Company Ltd v Widnes Foundry (1925)* Ltd [1933] AC 20 (HL)：工場の建築請負契約は、完成引渡しが納期に遅れた場合のペナルティを1週間当たり20ポンドと定めていた。請負人Yは納期に30週間遅れたために注文者Xが被った損害の実額は5850ポンドだった。裁判所は、当該条項は損害賠償予定額の合意であると認定し、合意額を超える損害賠償請求を認めなかった。

6. 原状回復 (Restitution)

原状回復とは、契約違反や不法行為等の結果生じた不公平な状態を是正するために原状に復帰させること (restitutionary award) を認める法理の総称である。この法理の重要な適用場面は、契約が成立していないにかかわらず一方が他方から利得を受けていた場合である。たとえば、契約交渉中に一方当事者が他方のために契約成立を前提とする役務を提供したが、結局契約成立に至らなかった場合（第6章2参照）、又は成立したと信じていた契約が錯誤その他の理由により無効 (void) であった場合、便益を提供した当事者は、相手方が受けた利益 (quantum meruit) の限度でその回復を求めることができる[18]。

原状回復は、契約違反に対する救済方法としても請求できる場合がある。

第1に、売買契約に基づいて買主が代金を支払ったのに、（ⅰ）売主が目的物の引渡義務を履行しない場合や（ⅱ）売主が引き渡した目的物の所有者ではなかったため買主が所有者に返還しなければならなくなった場合、買主は、売主に対して代金の返還を請求することができる (㉟)。これは、買主の代金支払義務の約因 (consideration) となっている売主の義務が履行されなかった場合、代金支払義務に対する約因の不存在を根拠にその返還を請求できるとする考え

---

17) Unfair Terms in Consumer Contracts Regulations 1999, Sch.3(1)(e).
18) *Craven-Ellis v Canons Ltd* [1936] 2 All ER 1066.

方である。このように、契約違反による原状回復は約因の法理を根拠としているので、この請求が可能なのは、原則として約因となっている義務の全てが不履行の場合（total failure of consideration）に限られる。

㉟ *Rowland v Divall* [1923] 2 KB 500：XはYから自動車を334ポンドで購入し、再塗装の上Zに売却した。4か月後、車は盗難車とわかり、所有者に返還するため警察に取り上げられた。XはYに対し334ポンドの返還を求めた。裁判所は、Yは物品売買法12条（売主に売却権がある旨の黙示条項）に違反し、かつ代金支払の約因は完全に消滅したとし、4か月間の使用利益を斟酌せずに、Xの請求を認めた。

第2に、契約の一方当事者が契約違反によって不当に利益（unjust enrichment）を得た場合、相手方は、実損害の有無にかかわらず、契約違反者に対して利得分の引渡しを請求できることがある（㊱）。ただし、この請求が認められるのは、契約当事者間に特別な信認関係（fiduciary relationship）が存するなど、特殊な例外的事情が認められる場合に限られる（㊲）。この請求権は、推測的損害の賠償請求権（上記3(3)参照）と類似した性質を有するので、両方を重複して請求することはできない（㊳）。

㊱ *Attorney General v Blake* [2001] 1 AC 268 (HL)：元英国諜報部員Yは、ソ連のスパイに転職した後、X（政府）との間の秘密保持契約を破り、イギリスで自伝本を出版したので、Xは、Yの印税収入を阻止するために印税相当の損害賠償を求めた。貴族院は、損害賠償請求は原則として原告の損失額を上限とするが、裁判所は、損害賠償・特定履行・差止請求のいずれもが不適当又は不可能な特殊な場合に限り、被告に対し契約違反により得た利得を原告に支払うよう命ずることができると判示し、Xの請求を認めた。

㊲ *Experience Hendrix LLC v PPX Enterprises Inc* [2003] EWCA Civ 323：Yは、Xとの間の和解契約に違反し、ジミ・ヘンドリックスの曲を販売した。控訴院は、販売差止請求は認めたが、Yの過去の販売による収益相当額の損害賠償は認めなかった。Yは、㊱判決の適用を主張したが、（ⅰ）同事件は機密情報に関する雇用契約だった点、（ⅱ）同事件の契約違反は意図的かつ反復的だった点、及び（ⅲ）同事件は忠実義務（fiduciary duty）に近似していた点において、本件とは異なると判示された。

㊳ *WWF World Wide Fund for Nature v World Wrestling Federation Entertainment Inc*

[2007] EWCA Civ 286, [2008] 1 WLR 445 (CA)：X（世界自然保護基金）は、Y（世界プロレス協会）が和解契約に違反してWWFの名称を使用したため、まず㊱判決に基づきYが得た利益分の損害賠償を求めたが、同判決は適用がないとして棄却された。その後、Xは別訴を提起し、Wrotham Park事件（上記⑯）の原則による推測的損害の賠償を求めた。裁判所は、後訴の請求は、既に棄却された前訴請求と法的性格が類似するので、後訴は訴訟手続の濫用であるとしてこれを斥けた。

7．特定履行（Specific Performance）

　特定履行は、裁判所が契約上の義務に違反した者に対し、その義務を約束したとおりの内容・方法で履行することを強制する救済手段のことである。これはエクイティ上の制度であり、裁判官が損害賠償（damages）では契約違反による損害の回復手段として不十分であると判断したときだけにその裁量により認められる[19]。通常、土地その他代替不能な特定物の給付や利用を内容とする契約でない限りは金銭賠償で十分と考えられるので、特定履行は容易には認められない。特に、以下のような契約上の義務の履行請求は、原則として認められない。

　第1に、長期間に亘って履行を強制することが必要な契約の場合は、裁判所が履行完了まで継続して監視・監督することが困難なので特定履行は認められない[20]。

　第2に、裁判所は、個人的な役務の提供を内容とする契約上の義務の履行を強制することは、原則として不適切と判断している（㊴）。雇用契約（employment contract）に関しては、この原則が制定法にも規定されている[21]。

　第3に、特定履行はエクイティ上の救済手段なので、裁判所が当事者間の公平と正義に適うと判断できないような場合には認められない。たとえば、特定履行を命ずると義務者にとって苛酷な結果をもたらすこととなり、権利者の利益との均衡を著しく失する場合や特定履行を請求する権利者が契約に関して詐

---

19) *Beswick v Beswick* [1967] 2 All ER 1197.
20) *Ryan v Mutual Tontine Westminster Chambers Association* [1893] 1 Ch 116、*Co-operative Insurance Society Ltd v Argyll Stores (Holdings) Ltd* [1997] 2 WLR 898 (HL).
21) Trade Union and Labour Relations (Consolidation) Act 1992 s236.

欺的な行為をしたり相手方の錯誤に乗じていたり等クリーンハンドとはいえない場合である。

㊴ *Page One Records Ltd v Britton* [1968] 1 WLR 157：Xは、ポップスグループ（The Troggs）Yのマネジャーをしていた。マネジャー契約は、Yが他の者とマネジャー契約を締結することを禁じていた。YがXとの契約の解消を申し入れたとき、Xは、契約に基づいて、他の者とのマネジャー契約を禁ずる命令を求めた。裁判所は、Yはマネジャーなしに活動できないので、禁止命令は、YにXとの契約の履行を強制するに等しいと述べ、これを拒絶した。

8．差止命令（Injunction）

(1) 差止命令とは

　差止命令とは、被告に対し、一定の行為をなすことを禁じたり、契約違反状態解消のため一定の作為をなすことを命ずる裁判所の行為である。これには、作為命令的差止命令（mandatory injunction）、禁止的差止命令（prohibitory injunction）及び資産凍結命令（freezing injunction）の種類がある。

　差止命令はエクイティ上の救済措置であり、裁判所の裁量に左右される。禁止的差止命令は、個人的な役務提供義務の間接履行強制のために申し立てられる場合が多いが、裁判所がこの目的での差止命令を発するのは、契約にその根拠に関する明文規定がある場合等、例外的な場合に限られる（㊵）。特に、契約上の義務を履行せざるを得ない状況に被告を追い込むような差止命令は、特定履行が認められる場合でない限りは消極的である（上記㊴）。

㊵ *Warner Brothers Pictures Inc v Nelson* [1937] 1 KB 209：若手女優Y（ベティ・デイビス）は、映画会社Xとの間で、52週間、Xの映画だけに出演する契約を締結したが、これに違反し、イギリスのライバル会社の映画に出演する契約を締結した。Xは、Yに対し、Xの書面による同意なくX以外のあらゆる者の映画にサービスを提供することを禁ずる旨の命令を求めた。裁判所は、損害賠償がより適切な救済手段かどうかを検討したが、損害額の算定が不可能であることから、イギリス国内の女優活動禁止に限っての差止命令を決定した。

第13章　契約違反の救済措置（Remedies for Breach of Contract）

(2) **資産凍結命令（freezing injunction）**

　資産凍結命令は、被告に対し、イギリス国内のみならず全世界の財産又はその一部の処分、国外持出し、一切の移動等を暫定的に禁止する裁判所による仮差止命令である[22]。高額の担保（bond、通常は銀行保証状）を納める必要があるが、債権者の財産保全上、強力な武器である[23]。

(3) **特定履行又は差止め命令に代わる損害賠償（damages in lieu of specific performance or injunction）**

　裁判所は、特定履行や差止命令の請求があった場合であっても、損害額が比較的小さく、損害の金銭換算が可能であるとき、その他特定履行や差止命令が被告に酷な結果となる場合は、裁量により、損害賠償のみを認めることができる[24]。

---

22) Civil Procedure Rules 1998、Supreme Court Act 1981 s37.
23) *Mareva Compania Naviera SA v International Bulk Carriers SA* [1975] 2 Lloyd's Rep 509.
24) Supreme Court Act 1981 s49, s50.

第14章 契約関係（Privity of Contract）

1．契約関係の法理（Doctrine of Privity）

　契約関係とは、契約を締結した直接の当事者間の関係のことである。イギリス法上の原則として、契約は、契約当事者以外の者に対して当該契約に基づく権利を付与したり、義務を課したりすることができない。したがって、契約当事者が契約外の第三者に対して一定の義務を負担する旨を約束した場合、当該第三者が約束した者に対してこの約束に基づく請求をするために訴訟を提起しても、契約関係不存在（no privity）の抗弁を主張されると敗訴することになる。この法原理を契約関係の法理（doctrine of privity）という。契約関係の法理は、第 5 章で紹介した約因の法理と適用場面が重複し、契約の成立を争う者は、両法理を選択的に主張することが多い（①）。

> ①　*Dunlop Pneumatic Tyre Co Ltd v Selfridge & Co Ltd*［1915］AC 847（HL）：Xは、販売店Zとの間で、XのタイヤをZに売却する条件として、ZはXの指定価格以下ではタイヤを販売せず、かつZからの転買人にXの指定価格以下では再販させないことを合意した。YはZにXのタイヤを注文し、Zとの間でX指定価格以下では再販しないと合意したが、この合意に違反した。XはYに対し、契約違反の責任を追及した。Yは、XとYの間では指定価格以下での売却を合意していないし、仮に合意があったとしても約因がないと主張して争った。裁判所は、ZがXの代理人としてYと当該合意をした可能性を認めたが、XはZに約因を提供していないため、約因の法理に基づきYの契約責任を否定した。

2．契約関係の法理の回避

　契約関係の法理は、第三者に対して義務を負担することを約束した契約当事

者の真意にかかわらずその法的拘束力を否定する要素となることから、約束を信頼した第三者に対して利益を不当に害する結果となることがある。たとえば、AB間の売買契約において、Aが契約外のCに売買代金を支払うことを約束していたので、Cはその期待の下にBに対して融資した場合、Cは、Bが破産すると、Bから貸金を回収することも、Aに代金を請求することもできない。また、AB間の売買契約で、売買代金はBの親会社であるCが支払う約束になっていたので、Aはその期待の下にBに物品を供給した後、Bが破産した場合、Cが契約関係の法理を主張して代金支払を免れるのは不合理である。裁判所は、このような不公平な結果を回避するため、以下のような様々な方法を採ってこの法理の適用範囲を限定してきた。

(1) **付帯的契約**（collateral contract）

契約の一方当事者と第三者との間で、付随的な契約を別途締結することは自由である。このような契約の存在が認められる場合、第三者は、付帯的契約の当事者としての立場で、契約上の義務の履行を求めることができる（②、③）。ただし、付帯的契約も契約である以上、明確かつ完全な意思の合致、約因等の要件を全て充たしていなければならない。

② *Shanklin Pier Ltd v Detel Products Ltd* ［1951］2 KB 854：YはXに対し、「Y製造のペンキで桟橋を塗装すれば7年間は塗り直し不要」と告げた。Xはこの言を信じて、桟橋の建築業者ZにYのペンキを使用するように指示した。しかし、ペンキは3か月しか持たなかった。XはYに対して、契約違反の責任を追及した。裁判所は、XY間には、Yがペンキの持続性についてXに約束し、Xがその約因としてZにペンキの使用を指示するという内容の付帯的契約が成立していると認定し、Xの請求を認めた。

③ *Wells (Merstham) Ltd v Buckland Sand & Silica Co Ltd* ［1965］2 QB 170：菊の栽培人Yは、Xに対し、特定の砂が菊栽培に適していると明言した。Xは、Zから当該砂を購入したが、不適当な砂と判明した。裁判所は、XY間には付帯的契約が成立していると認定し、Yの保証違反の責任を認めた。

第14章　契約関係（Privity of Contract）

(2) **不法行為訴訟（action in tort）**

契約の一方当事者が、第三者に対して契約外の注意義務（duty of care）を負っている場合、当該第三者は、不法行為による過失責任（negligence）を追及することができる（④）。ただし、過失責任を根拠とする請求においては、身体・財産等に対する物理的損失を介さずに純粋に経済的損失だけが発生した場合は、原則として、その賠償を求めることができない（第15章3）。

④ *Riyad Bank v Ahli United Bank (UK) plc* [2006] EWCA Civ 780：Xは、Y銀行に金融アドバイザーを依頼し、Yが考え出した運用手法に基づいて資金運用するファンドを設定した。ファンドはXが別途設立した会社Zが運営したが、商業上の理由により、アドバイザリー契約はXY間で締結され、YZ間に契約は締結されなかった。Zは、Yの助言に従った結果、運用に失敗し大損害を被ったので、Yの過失責任を追及し損害賠償を求めた。裁判所は、Yは、ZがYの助言を全面的に信頼して活動したことを認識していたと認定し、YのZに対する注意義務を認めた。

(3) **代理（agency）**

契約の一方当事者が自己のためだけではなく第三者のためにも相手方と合意したと認定できる場合がある（第16章、下記⑫）。ただし、第三者と相手方の間に約因の授受がない場合は、約因の法理により法的拘束力を生じない（上記①）。

(4) **信託（trust）**

信託を用いれば、一定の財産に対する権利（property）を保有している者に対して、他人のために当該財産権を保有又は支配し、かつ管理するエクイティ上の義務（equitable obligation）を負わせることができる（第17章）。契約当事者の一方が、当該契約に基づく相手方に対する権利に関して、第三者のために信託を設定する意思表示をしたことが認められれば、当該第三者は、エクイティ上の権利を行使することが可能となる。たとえば、AがBに特定の財産権を移転した際に、AがBに対して、Cのための受託者として当該財産権を管理することを託した場合、Cはエクイティに基づいて、Bに対して、Aが指定した内容の義務の履行を求めることができる。ただし、この主張をするためには、Aに信託を設定する旨の明白かつ明示的な意思があった旨の立証が必要である。A

が自己の利益のために契約した場合は、たとえＣの利益を同時に図る意図があっても信託の成立は認められない（⑤）。

⑤ *Re Schebsman* [1944] 1 Ch 83（CA）：Ｚは、Ｐ社を退社する際に、5500ポンドの退職金を6年間の分割払により支払を受ける旨、Ｚがこの間に死んだ場合は代わりにＺの妻Ｘに支払うべき旨を合意した。Ｚはその後破産し、死亡したので、Ｚの破産管財人Ｙは、未払分の退職金は破産財団に属すると主張した。Ｘは、「Ｚは退職金の残金についてＸのために信託を設定した」と主張したが、裁判所は、信託設定の意思は不明確であるとし、この主張を斥けた。ただし、退職金に関するＺＰ間の契約はＺの死によって終了したので、残金は破産財団には属さない（よって、ＰはＸに支払ってもよい）と判示した。

(5) 財産権の制限約款（restrictive covenant）

土地に関する財産権（自由土地保有権（freehold）及び定期不動産賃借権（leasehold））の売主と買主との間で、当該土地の利用方法等を制限する約款（restrictive covenant）、たとえば、建物建築の禁止等の約款等を付した場合、エクイティ上、買主から当該財産権の譲渡を受けた転買人も、一定の条件の下にその拘束を受ける[1]。裁判所は、買主が当該約款の存在及び内容について予め現実の通知（actual knowledge）を受けていることを条件として、物品、株式等の売買にもこの法原則を適用している（⑥）。

⑥ *Swiss Bank Corporation v Lloyds Bank Ltd* [1979] Ch 548：Ｘ銀行は、債務者Ｚに証券購入資金を融資し、当該証券を売却する場合は、その代金を返済に充てることを合意した。Ｚは、当該証券を担保にＹ銀行から更に借入れをし、その後、返済が滞ったため、Ｙは担保を実行して証券を取得した。Ｘは、Ｚの約束に基づき、Ｙに対し、証券の代金相当額の支払を求めた。裁判所は、財産権に対する担保を取得した者は、当該財産権に対する契約上の義務の存在を現実に知っていた場合は、当該義務の拘束を受けると判示した。ただし、本件のＹは、擬制通知を受けていたとはいえ、実際に知っていたわけではないとし、Ｘの請求を棄却した。

---

1) *Tulk v Moxhay*（1848）2 Ph 774．（現行法上は制限約款の登録を条件とする（第18章2(2)）。）

(6) 寄託 (bailment)

寄託とは、物品その他の動産の寄託者 (bailor) と受寄者 (bailee) との間の特殊な法律関係である（第19章）。受寄者が寄託者に対し、受寄物の管理に関する約束をした場合、契約関係の存否にかかわらず、受寄者は約束したとおりの義務を負う（⑦）。

> ⑦ *Yearworth v North Bristol NHS Trust* [2009] EWCA Civ 37：Xは癌治療のため化学療法を勧められたが、受精力への影響を考慮しYに精子を寄託した。Yは、預かった精子を一定の条件に従った方法で保管することを合意したが、この条件を守らず、精子を死滅させたため、XはYの責任を追及した。裁判所は、約因の不存在を理由にYは契約上の責任を負わないとしたが、「Yは受寄者 (bailee) としてXに合意した条件を守って保管する義務を負う」と判示し、Xの請求を認めた。

(7) 当事者による第三者のための債務の特定履行請求

当事者が契約外の第三者に対する義務を負担することを約束した場合、契約関係の法理は、第三者が当該義務の履行を請求することを制限するだけであり、第三者に対する履行の約束は、契約当事者間では法的拘束力を有する義務として成立している。したがって、そのような契約の相手方である当事者が約束者に対して、第三者の利益のために当該義務の特定履行 (specific performance) を請求することは可能である（⑧）。

> ⑧ *Beswick v Beswick* [1968] AC 58 (HL)：Yは、叔父Zに対し、Zの死後は叔母Xに毎週5ポンド支払う旨を約束し、書面により契約したが、Yはこれを守らなかったので、XはYを訴えた。貴族院は、Xは、Zの遺言執行者として、YZ間の契約に基づくZの権利（Xに5ポンドを支払えと請求する権利）を行使できるとして、Yに対し、Xへの支払を命じた。

(8) 契約当事者による損害賠償請求

請求可能な損害賠償額は、損害賠償予定額の合意がある場合を除き、契約当事者が実際に被った損害の金額を限度とする（第13章2）。この原則によれば、契約の相手方が第三者に対して義務を負担すると約束したにかかわらずこれを怠ったとき、契約違反を理由に損害賠償を請求しても、名目的な金額の賠償

(nominal damage) しか認められないことになる。そのような義務違反によって損害を受けたのは第三者であって、約束を受けた契約当事者ではないからである。ただし、（ⅰ）契約当事者間において、第三者の損害分についても賠償請求できる旨の黙示の合意が認められ（⑨）、かつ（ⅱ）第三者が自ら賠償請求することができない場合（⑩）に限っては、契約当事者が違反者に対して第三者が被った損害の賠償を請求することができる。

⑨　Linden Gardens Trust Ltd v Lenesta Sludge Disposals Ltd［1994］1 AC 85（HL）：ビルの賃借人Xは、建設会社Yに対し、アスベスト除去作業を依頼した。契約には、契約上の地位の譲渡を禁ずる条項が設けられていた。その後、Xは、ビルの賃借権をZに売却した。Yの作業のミスにより、Zに多大な損害が発生したので、XはYに対し契約違反の責任を追及した。Yは、XはZにビルを売却したので、実質的な損害が発生していないと主張して争った。裁判所は、XY間の契約において、Xがビルの賃借権を第三者に売却できること、及びその場合はYの契約違反により損害を被るのは第三者であることが当初から予定されていたのだから、Xは、ビルの譲受人Zが被った損害の賠償を請求する権利を有すると判示した。

⑩　McAlpine (Alfred) Construction Ltd v Panatown Ltd［2001］1 AC 518（HL）：YはXに対し、オフィスビルの設計及び建築を依頼した。税務上の理由により、建設用地の地権者であるYの関連会社Zは、建築請負契約の当事者にはならず、別途Xとの間で「注意義務に関する捺印証書」を締結した。当該証書は、XのZに対する法的責任を形成する意図で作成したものだった。その後、Xの建設工事上の重大な瑕疵により、ビルは取り壊された。XのYに対する損害賠償請求訴訟において、控訴院は上記⑨事件の判例法を適用してZが被った実質的な損害の賠償を認めたが、貴族院は、請負人が注文者との契約により第三者のために建築したビルに関し、注文者が実質的損害の賠償を請求できるのは、第三者が請負人に対する直接の権利を有しない場合に限ると述べ、本件は「注意義務に関する捺印証書」があることから、Xの請求を認めなかった。

3．責任排除条項と第三者

契約違反により損害を受けた当事者は、加害当事者に対して契約責任を追及すると同時に、当該契約の履行に関与した加害当事者の従業員、代理人（agent）、下請人（sub-contractor）等に対し、過失責任（negligence）に基づく責任

第14章　契約関係（Privity of Contract）

を追及することがある。取引契約の標準書式の多くは、責任排除条項（exclusion clause）や責任制限条項（limitation clause）を設けているので、不法行為責任の追及を受けた従業員等がこれらの条項の適用を受けることができるか否かが問題となる。裁判所は、契約関係の法理に基づき、過失責任の追及を受けた加害当事者の従業員や下請人が、加害当事者と被害者との間の契約に定める責任排除条項に依拠して責任制限を主張することは、原則として認めていない[2]。ただし、当該条項が従業員、代理人や下請人に責任制限の効果が及ぶことを明記していた場合は、代理による責任制限の合意の成立（上記2（3））を認定している（⑪、⑫）。

⑪　*Scruttons Ltd v Midland Silicones Ltd*〔1962〕AC 446（HL）：ドラム缶入りの化学物質がニューヨークからロンドンへ輸送された。船荷証券は、貨物に関する運送人Ｚの責任を1個当たり500ポンドに制限する条項を設けていた。荷降ろしの際、Ｚが雇った港湾荷役作業員Ｙの行為により積み荷が損傷し、593ポンドの損害が生じた。裁判所は、Ｙは船荷証券の責任制限条項の適用を主張できないと判示した。ただし、傍論として、当該責任制限条項がＺの代理人や雇い人の責任にも適用する旨を明記していたら代理による合意が成立し、同条項の適用があった旨を示唆した。

⑫　*New Zealand Shipping Co Ltd v A M Satterthwaite & Co, The Eurymedon*〔1975〕AC 154（PC: New Zealand）：船荷証券には、貨物に損害発生後1年内に訴訟を提起しない場合は運送人Ｚは責任を負わない旨が定められ、更に、当該責任制限条項は運送人の従業員、代理人及び独立した請負人にも適用がある旨が明記されていた。港湾荷役作業員Ｙは、Ｚの代理人として作業中に貨物に損傷を与え、荷主Ｘから訴えを提起された。裁判所（PC）は、上記⑪判決の傍論に言及し、Ｙに対する請求は船荷証券の責任制限条項により制限されると判示した。（*KH Enterprise v Pioneer Container（The Pioneer Container）*〔1994〕2 All ER 250（PC: Hong Kong）は、同じ理由により、運送人が荷主に交付した船荷証券の裁判管轄条項を、運送人の下請人（船主）と荷主の間の訴訟に適用。）

4．契約上の第三者の権利に関する制定法

20世紀以降に取引形態が多様化すると、契約関係の法理の弊害が顕著となっ

2）　*Consgrove v Horsfall*（1945）62 TLR 140（CA）．

た。そこで、1999年、契約（第三者の権利）法（Contracts（Rights of Third Parties）Act 1999）が制定され、以下の条件を充たす場合に限り、契約外の第三者が契約上の権利を行使できることになった。

(1) **適用要件**
　同法に基づく第三者の請求が認められるための要件は次の2つである。
（ⅰ）　当該契約において、(a)当該第三者に請求権がある旨が明記されていること、又は(b)当該第三者に利益を付与することが少なくとも契約目的の1つであること（同法1条1項、⑬）。
（ⅱ）　契約に第三者は誰かが明記され、又は特定されていること（同法1条3項、⑭）。
　上記の（ⅰ）(b)の要件は、合理的一般人の客観的な判断（objective approach）において、当該契約が第三者による権利行使を認めない趣旨と解される場合は適用されない（同法1条2項）[3]。また、契約によって第三者が付随的又は反射的に利益を受けるだけでは(b)の要件を充たさない（⑮）。

⑬　*Laemthong International Lines Co Ltd v Artis, The Laemthong Glory (No 2)* [2005] EWCA Civ 519：砂糖の買主Yは、当該砂糖を運送する船の傭船者に対し、船の差押えその他により傭船者、その従業員及び代理人が被る損失を補償する旨の補償状（letter of indemnity）を発行した。船が銀行により差し押えられたため、船主Xは、Yに対し補償状に基づく損失補償を求めた。Yは、補償状にXへの補償は記載されていないと争った。裁判所は、船の差押えにより損失補償が必要なのは船主だけなので、本補償状の目的上、船主は代理人に含まれると解釈した。

⑭　*Avraamides v Colwill* [2005] EWCA Civ 519, [2005] Lloyd's Rep 688：ZとYとの間の事業譲渡契約において、YはZが適法に負担している債務を引き受ける旨を合意した。Zの債権者Xは、この合意を根拠にYに対して債務の履行を求めた。裁判所は、ZY間の契約にはXの名が特定されていないので、当該契約は、第三者であるXに対してYに対する直接の権利を付与する趣旨ではないと判示した。

3）　*Nisshin Shipping Co Ltd v Cleaves & Co Ltd* [2003] EWHC 2602, [2004] 1 Lloyd's Rep 38.

第14章　契約関係（Privity of Contract）

⑮　*Dolphin Maritime & Aviation Services Ltd v Sveriges Angfartygs Assurans Forening, The Swedish Club* [2009] EWHC 716（Comm）：X（債権回収会社）は、Z（債権者）による債権回収の依頼に基づき、債務者Yとの間で債務弁済契約を締結した。契約上、YはXに弁済金を支払う約束だったが、その履行前にYはZと直接和解してZに直接弁済したので、XはZから債権回収手数料を受領できなかった。Xは、1999年契約（第三者の権利）法に基づき、Yに対し、債務弁済契約に基づくXへの支払を求めた。Xは、「債務弁済契約は、Xが回収金から手数料を控除することを認めていたので、Xの利益のための契約でもある」と主張したが、裁判所は、「その程度の利益は、法律の適用対象とはならない」と判示した。

(2)　適用除外

　契約当事者が契約においてこの法律の適用除外を合意した場合、第三者は当該契約に関する請求をすることができなくなる（契約（第三者の権利）法1条2項）。実際、2000年以降に締結された契約の多くは、この法律の適用を除外する旨の条項を設けている。これは、この法律が適用された場合、契約当事者による自由な契約変更や権利放棄が制限されることになるためである。また、手形等の有価証券、労働契約及び海上運送契約に関しては同法の適用はない（同法6条）。

第15章　過失責任（Negligence）

1．過失責任（Negligence）とは

過失責任は、判例法によって創設された不法行為（tort）の1類型である。契約の相手方の契約違反により損害を被った者は、過失の有無にかかわらず、相手方に対し契約上の責任を追及できるが、契約当事者以外の第三者、たとえば、その従業員、代理人、下請人等に対して責任を追及しようとする場合は、その者の過失（negligence）を立証して過失責任に基づく請求をする必要がある（第14章2(2)）。契約違反者本人も、違反行為に関して過失がある場合は、契約責任と並行して過失責任を負担する。

2．過失責任の成立要件

過失責任が成立するには、（ⅰ）被告が注意義務（duty of care）を負っていたこと、（ⅱ）被告による注意義務違反（breach of duty）及び（ⅲ）損害と違反行為との因果関係（causation and remoteness）という3要件を備える必要がある。

(1)　注意義務（duty of care）

過失責任を初めて認めた判例は、1932年の Donoghue v Stevenson 判決である（①）。裁判官（アトキン卿）は、同判決の傍論において、「被告（加害者）が注意義務を負う原告（被害者）の範囲を、加害者の隣人（neighbour）、すなわち、加害者が合理的に予見可能（reasonably foreseeable）であった被害者に限る」と述べ、過失責任による請求を制限した。

　　①　*Donoghue v Stevenson* [1932] AC 562（HL: Scotland）：Ｘと友人Ｚがカフェに行っ

た折、ZはXのためにジンジャービアを注文した。店主は2人の前でボトルの栓を抜きサービスした。半分ほど飲んだ後、Xはボトルの中にカタツムリの腐乱死骸を発見し、精神的ショックを受け、胃腸炎を罹った。Xは、不注意に欠陥商品を製造したY（ジンジャービア製造者）に対し損害賠償を求めた。裁判所は、人が消費する商品を、小売人や消費者が事前に確認できない状態で市場に頒布した製造者は、消費者に対し、当該商品が人体に危害を与えない合理的な注意を払う義務を負うと判示した。アトキン卿は、この判断の前提として、過失責任を法的義務に引き上げるため、次の傍論を述べた。「『隣人を愛せ』という規律は、いまや法となっている。……隣人を傷つけるであろうことが合理的に予測できる作為・不作為を避けるために合理的な注意を払わねばならない。問題は、法律上、隣人とは誰かである。それは、私が当該作為又は不作為を行う際に注意を向けなければならないと合理的に意識するほどに、私の行動による影響を密接かつ直接的に受ける者をいう。」

　上記①判決傍論におけるアトキン卿の見解は、隣人原則（neighbour principle）又は近接性の原則（principle of proximity）と呼ばれ、その後の判例法に採り入れられた（②、③）が、「合理的に予見可能であった被害者」という基準だけでは、「隣人」の範囲の限定が困難だった（④）。1990年、貴族院は、注意義務の判断基準を（ⅰ）原告の損害の合理的予見可能性（reasonable foreseeability of damage）、（ⅱ）原被告間の十分に緊密な関係（sufficient close (or proximate) relationship）及び（ⅲ）注意義務を課すことが正義、公平、合理性に適うこと（just and reasonable to impose duty of care）の3つに整理し直した（⑤）。その後の判例法は、この基準を用いている。

②　*Anns v Merton London Borough Council* [1978] AC 728（HL）：建物賃借人から建物1棟を転借したXは、賃貸人Y（ロンドン行政区）が十分な地盤調査をせずに建物を建てたため、壁に亀裂が入り損害を被ったとして賠償を求めた。Yは、「地盤調査は裁量事項なので、義務違反はない」と主張し争った。貴族院は、Yは裁量権を行使して地盤調査をすべきコモンロー上の義務に違反したと判示した。裁判官（ウィバーフォース卿）は、「加害者の不注意によって相手方が損害を被ることを予測できたとき、すなわち両者の間に十分に近接な関係又は隣人関係があるときは、注意義務の存在が推定される」と述べた。

③　*Home Office v Dorset Yacht Co Ltd* [1970] AC 1004（HL）：孤島にある少年院から7

人の少年が、監守が居眠りをした隙に脱走し、港に停泊中のボートを盗んで座礁させ、持ち主Xに損害を与えた。Xから損害賠償請求を受けたY（内務省）は、行為能力を有する年齢に達した者の行為結果の責任は負えないと主張し争った。貴族院は、上記①判決を用い、本件の状況下で少年たちが脱走した場合に当然に生じる損害であった以上、Yは注意義務を負担していると判示した。

④ *Hill v Chief Constable of West Yorkshire* [1989] AC 53（HL）：Xの娘（20歳）が連続殺人犯に殺害された。Xは、「殺人鬼をもっと早く逮捕しなかった警察に過失責任がある」と主張した。貴族院は、警察は氏名不詳の犯罪者を特定し逮捕することについて一般的な注意義務を負わないと判示した。裁判官（キース卿）は、「損害発生の予測可能性だけでは判断基準として不十分である。近接な関係という要件を充足するには、他の要素も必要である。」と述べた。

⑤ *Caparo Industries plc v Dickman* [1990] 2 AC 605：会計監査人Yが作成したZ社の監査報告書にはZ社の税引前利益130万ポンドと記載されていた。Xはこれを信じ、Z社株式を大量購入したが、この監査結果は間違いで、Z社は40万ポンドの損失を出していた。Xは、不実表示を理由にYを訴えた。貴族院は、会社に雇われた会計監査人は、例外的場合を除き、株主その他の第三者に対し注意義務を負わないと判示し、注意義務が生ずるためには、損害の予見可能性に加え、義務を負う者と相手方との間に法的に近接な関係又は隣人関係があること、及び裁判所が両者間の法的義務の発生は公平、公正かつ合理的であると判断できる状況であることを要する、と述べた。

(2) 注意義務違反（breach of duty）

　注意義務を負う者が過失責任を問われるのは、客観基準（objective standard）に従って当該注意義務に違反したとき、すなわち、合理的な一般人（reasonable person）がすべきではないことをしたとき、又はすべきことをしなかったときに限られる（⑥）。この判断は、加害行為に伴うリスクの大きさ（⑦）、リスク及び予防策に関する情報の有無（⑧）、当該リスクを除去するために要する費用の多寡（⑨）、加害行為が社会的に有益だったか否か（⑩）、加害者がプロかアマチュアか（⑪、⑫）、被害者が危険な状況に自ら身を置いたか否か（⑬）などの要素を加味して行われる。加害者が未成年の場合、合理的な一般人の判断は未成年者が基準となる（⑭）。

⑥　*Glasgow Corporation v Muir* [1943] AC 448（CA）：Yは、雨天日に教会参列者のピクニック・パーティーに参加した人々のため、ティールームを解放した。ピクニック中、ポットを乗せたお盆が落ち、Xらは熱湯で火傷をした。裁判所は、ティールームの使用を許した結果としてそのような事故が起こることは合理的な人間に予測できないとの理由で、Yの注意義務違反を否定した。

⑦　*Bolton v Stone* [1951] AC 850（HL）：Xは、クリケット場の脇道に立っていたら、飛んできたボールに当たって怪我をした。クリケット場は7フィートのフェンスで囲まれ、ピッチからフェンスの上までは17フィートもあったので、異例の事故だった。裁判所は、ボールがフェンス越えすることは合理的に予測できるとしても、路上の人に傷害を与えるリスクは、合理的な人間の予想を超えるとして、注意義務違反を否定した。

⑧　*Sandhu Menswear Company Ltd v Woolworths plc* [2006] EWHC 1299（TCC）：XとYは隣接する工業団地を占有していた。Yは、放火のリスク及びその予防策を記載した火災予防マニュアルを備えていたが、従業員はその存在を知らなかった。放火魔がYの従業員が捨てたゴミに放火し、火災はXの建物に及んだ。裁判所は、マニュアルの周知を怠ったYの注意義務違反を認め、Xへの損害賠償を命じた。

⑨　*Latimer v AEC Ltd* [1953] AC 643（HL）：洪水の後、Yの工場床は、床に使用した油性の冷却混合剤と水が混じり滑りやすくなっていた。Yは、滑止めのため、おがくずを撒いた。Xは工場で勤務中に転んで怪我をした。裁判所は、Yはリスクの程度を考慮の上、事故防止のために合理的に必要な全ての（操業停止以外の）措置をとったと判断し、Yの注意義務違反を否定した。

⑩　*Watt v Hertfordshire County Council* [1954] 1 WLR 835：横転した車の下敷きになった女性を救助するため、重いジャッキを積んだ消防車が事故現場へ向かったが、運搬中、ジャッキが倒れて消防士Xは負傷した。裁判所は、その状況下での事故は、人命を守るために必要な正当なリスクだったとして、Y（市）のXに対する注意義務違反を否定した。

⑪　*Wells v Cooper* [1958] 2 QB 265（CA）：Xは、Y宅の茶会に招待された。退出時、Xは外からドアを閉めるためドアノブを引いた折、ノブが抜けたため転んで怪我をした。ドアノブは、Yが自分で取り付けたものだった。Yは日曜大工の経験があり、安全性を確信していた。裁判所は、Yはアマチュア大工としての合理的な技能を尽くしていたとして注意義務違反を否定した。Yはプロの大工の工具を使っていなかったが、裁判所は、アマチュアはプロと同じ水準の技能までは要求されないと判示した。

第15章　過失責任（Negligence）

⑫　*Nettleship v Weston* [1971] 2 QB 691（CA）：Yは、ベテラン運転手Xから自動車運転を教わっていた。3回目の教習中、Yはカーブを曲がり損ねて街灯柱に衝突したため、Xは膝蓋骨を骨折した。裁判所は、自動車練習生が指導者に対して負うべき注意義務は、通常の運転者が通行人や社会に対して負う義務と同じ客観的基準に従うべき旨を判示し、Yの注意義務違反を認めた。XがYの技能・経験不足を知っていても、この基準には影響しない。

⑬　*Wooldridge v Sumner* [1963] 2 QB 43（CA）：Xは、ロンドンのナショナル・ホースショーを観戦していた。競技中、ベテラン騎手が騎乗していた競技馬が突然暴走し、観客席に突進した。Xは、同行していた彼の上司を守ろうとして馬の前に立ちはだかり、蹴られて負傷した。Xは馬の所有者Yを訴えたが、裁判所は、競技会観戦に来る合理的な観客は、競技中、競技目的のための競技者の行為により傷害を被るリスクを負うべきであると述べ、Yの注意義務違反を否定した。

⑭　*Mullin v Richards* [1998] 1 WLR 1304（CA）：XとYは15歳の学友である。2人は、プラスチック製の物差しでチャンバラ遊びをしていた。学校では普通のゲームだったが、片方の物差しが折れてXの目に破片が刺さり、Xは重傷を負った。裁判所は、Yは15歳であり、この遊びが危険なことを予測できる状況ではなかったと述べ、Yの注意義務違反を否定した。

(3)　因果関係（causation）

　注意義務に違反した者は、注意義務違反と事実上の因果関係（causation）があり、かつ疎遠（remoteness）過ぎないと認められる損害について損害賠償義務を負う。損害額は、原則として、被害者が当該注意義務違反による被害を受けなかったとした場合の経済的状態にするために必要な補塡額である。

　因果関係は、注意義務違反がなかったとしても同じ結果が発生していたかどうかを基準に判断する（⑮）。これを「ナカリセバの基準（but-for test）」と呼ぶ。ただし、労働災害による損害賠償請求のように、被害者（労働者）による因果関係の立証が困難であり、かつこれを要求すると公平に反する事情がある場合は、この経験則は原告有利に緩和される（⑯）。

⑮　*Barnett v Chelsea and Kensington Hospital Management Committee* [1969] 1 QB 428：Zは、Y病院の急患受付で看護士に、紅茶を飲んでから3時間、吐き気が止まら

ないと訴えた。看護士の報告を受けた医師は、「帰って家で寝ていろ」と伝えるように指示し、看護士はそのとおりに伝えた。指示に従ったZは5時間後に家のベッドで死亡した。何者かにより紅茶に毒が盛られていた。Zの妻Xは、正しい診断と処置を怠ったYに対し、損害賠償を求めた。裁判所は、仮に医師がZを診察していてもZの死は避けられなかったことを理由に、Yの過失責任を否定した。過失行為と死との因果関係が立証されなかったということである。

⑯　Fairchild v Glenhaven Funeral Services [2002] 3 ALL ER 305（HL）：Xの夫Zは、就業中に浴びたアスベストにより肋膜の癌に罹り死亡した。Zはあちこちの会社に勤務して同じ仕事をしていたので、Xは、発病の原因がY社勤務中に浴びたアスベストであることを立証できなかった。貴族院は、発病を直接に生じさせた者が複数の加害者のうちの誰かを特定できない理由が医学上の限界のために過ぎない場合、原告の因果関係（but-for rule）の立証責任は、正義の要請により緩和されると述べ、そのような場合は、被告が実質的にリスクを増大させたことの証明で足りると判示して、Xの請求を認めた。

(4)　疎遠性（remoteness）

損害が疎遠過ぎる（too remote）かどうかは、そのような種類の損害の発生を合理的な一般人が予見できるかどうかを基準に判断する（⑰）。損害が実際に発生した経緯を具体的に予測できたかどうかは、疎遠性の判断とは関係がない（⑱）。被害者の特殊な事情や状況により予見できないほどに拡大した損害であっても、加害者は疎遠性を根拠に責任を免れることができない（⑲）。自然現象や被害者又は第三者の行為が介在したために拡大した損害についても、当該行為が合理的である場合は疎遠過ぎるとはいえはない（⑳）。

⑰　Overseas Tankship (UK) Ltd v Morts Dock & Engineering Co Ltd (The Wagon Mound No. 2) [1961] AC 388（HL）：Xが溶接装置を用いてシドニー港で船を修繕中、港から200ヤード先の海上で、Yの船に積載していた石油が、Yのミスにより流出した。当初の予測に反して石油は海上で発火し、Xの埠頭は火災の被害を受けた。裁判所は、流出した石油が発火することまでは合理的に予見できないので、Yは責任を負わないと判示した。

⑱　Hughes v Lord Advocate [1963] AC 387（HL: Scotland）：Yは、地下電話線の保守工事のためマンホールの蓋を開け、夜間はテントで覆い、監視は置かずに警告灯で囲んで

第15章　過失責任（Negligence）

いた。8歳の少年Xがテントに入り、警告灯をホールに落としたため、爆発が起こり、Xはホール内に落ちて大火傷を負った。裁判所は、子供が未知の危険物（警告灯）によりこの種の事故を起こすことは合理的に予見できるので、たとえ生じた損害が予測の範囲を超えていたとしても、作業員の過失責任が認められると判示した。

⑲　*Smith v Leech Brain & Co Ltd* [1962] 2 QB 405：Xの夫Zは、雇い主Yの不注意により、溶融した金属で下唇を火傷し、火傷跡から癌が誘発された結果、3年後に死亡した。Zの細胞組織には前から前癌症状があったが、火傷がなければ癌に発展することはなかった。裁判所は、YがZの火傷を合理的に予見できる以上、癌による死亡について過失責任を負うと判示した。疎遠性は火傷の予見可能性についての基準であり、癌の発症による死亡を予測できたかどうかは関係がない。

⑳　*Corr v IBC Vehicle* [2006] EWCA Civ 331：従業員Zは、業務上の事故後のストレス障害（PTSD）により、ビルから飛降り自殺した。裁判所は、自殺は、予見可能な心因性の病から生じ得る損害であり、また、飛降り自殺というZの行動は因果関係を切断しないと判示し、雇用主の過失責任を認めた。

3．純粋な経済的損失（Pure Economic Damage）

原則として、過失責任が認められるのは、注意義務違反により被害者の生命・身体や財産が害せられたことによる物理的損害が生じた場合であり、経済的損失しか発生していない場合、たとえば、第三者の行為により契約の履行が妨害されたために契約が解除され、遺失利益等の経済的損失を被った場合は、その賠償を請求することができない（㉑）。

㉑　*Spartan Steel and Alloys Ltd v Martin & Co Ltd* [1972] 3 All ER 557：Yは、スチール合金の製造業者Xに電力供給している電線を、過失により切断した。この結果、製造過程にあった合金は台無しとなり無価値になった。Xは、（ⅰ）無価値になった製品の原価、（ⅱ）当該製品を販売できなかったことによる遺失利益、及び（ⅲ）電力供給が途絶えていた間に製造したはずの製品を販売できなかったことによる遺失利益の賠償を求めた。裁判所は、（ⅰ）と（ⅱ）を認めたが、（ⅲ）は、過失行為により発生した物理的損害とは独立した経済的損失であるとして認めなかった。

ただし、以下の場合はその例外である。

(1) 過失による不実の表示（negligent misstatement）を信じた結果として損害を被った場合は、一定の要件の下に（後記 5(1)）、詐欺（fraud）による不法行為の場合と同様、経済的損失の損害賠償請求ができる（㉒）。

㉒ *Hedley Byrne & Co Ltd v Heller and Partners Ltd* [1964] AC 465（HL）：X（広告代理店）は、顧客 Z の信用状態を取引銀行 Y に問い合わせた。Y は、Z の取引銀行に問い合わせ、Z は年間 10 万ドル以上の収益を上げているとの回答を得た。Y は、責任を負わないと断った上でこの情報を X に伝えた。X はこれを信じて取引した結果、Z の倒産により 1 万 7000 ポンドの損失を被ったので、Y に損害賠償を求めた。裁判所は、原被告間に特別な関係がある場合は、被告の不注意な不実表示の結果、経済的損失だけしか発生していないとしても、被告は損害賠償義務を負うと判示したが、本件の X の Y に対する請求は認めなかった。判決によれば、原被告間の特別な関係は、（ⅰ）被告が特殊な能力・経験を有し、（ⅱ）原告が表示を信頼することに合理性があり、かつ（ⅲ）被告が表示について何らかの責任を引き受けた際に生ずる。本件では（ⅲ）を欠いていた。

(2) 物理的損害を受けた結果から派生した経済的損失は賠償請求できる。たとえば、傷害を受けて入院したために仕事ができなかったことによる損害、販売予定の商品が毀損されたことによる逸失利益などである（上記㉑）。

(3) 控訴院（㉓）は、注文者が指名した下請人の過失によって契約の履行が妨げられた場合において、両者間には契約関係に準ずるほどの密接な関係があるので、上記(1)の判例法（㉒）を拡張して経済的損失を請求できると判示した。ただし、その後の裁判所は、この判例法の適用範囲を限定し、注文者が下請人を承認しただけでは「契約関係に準ずるほどの密接な関係」があるとはいえないとしている（㉔）。

㉓ *Junior Books v Veitchi* [1983] 1 AC 520：X の工場の建設工事を請け負った Z は、X の指定により、床張り専門業者である Y に床張り作業を下請けさせた。しかし、完成し引き渡された建物の床に欠陥があり、X は多大な費用をかけて張り替えねばならなかった。X は Y に対し、（ⅰ）床の張替えに要した費用、及び（ⅱ）張替作業期間中の X の

遺失利益の賠償を求めた。貴族院は、(ⅱ) が純粋に経済的な損失であるにかかわらず、ＸＹ間には、契約関係に類似する特殊な関係があるとし、両請求ともに認めた。

㉔　*Murphy v Brentwood District Council* [1991] 1 AC 398 (HL)：Xは、コンクリート基盤上に建築された建物をZから購入した。Y（地方行政区）は、建築基準規則に基づいて基盤上の建物の建築計画を承認していた。しかし、基盤に欠陥があり、建物価値は大幅に下落した。Xは、Yが不注意により建築計画を承認したと主張し、損害賠償を求めた。貴族院は、Xの損失は家屋が壊れたことによる経済的損失に過ぎず、Xは下手な買い物により欠陥住宅を買っただけであるとし、請求を認めなかった。Xは、㉓判決を引用したが、裁判所は特殊な事案の事件であると述べ、適用しなかった。

(4)　加害者と被害者との間に十分に密接な関係（sufficient proximity）がある場合において、被害者の財産に対する直接的な侵害行為により生じた経済的損失は、物理的損害が発生していなくても賠償請求できるとされている（㉕）。ただし、十分に密接な関係があるのはどのような場合か、明確な基準はない。

㉕　*Transco plc v United Utilities Water plc* [2005] EWHC 2784 (QB)：Xは全国にガスを、Yは水道水を供給していた。Yの従業員は過失によりXのガス管を切断し、多数の顧客へのガス供給が止まったため、Xは原因調査、供給再開及び顧客への賠償のため多大な損害を被った。貴族院は、ＸＹ間には、互いに相手の供給設備が損傷しないように注意する義務を負うべき特殊な関係があるとし、Xの損失は、YがXの財産を傷つけた直接の結果であることを理由に、XのYに対する損害賠償請求を認めた。

4．過失責任に基づく請求に対する抗弁（Defences）

過失責任を阻却し、又は損害額を減殺するための主な抗弁は以下の5つである。

(1)　**寄与過失（contributory negligence）**

原告（被害者）自身の過失が損害の発生に寄与している場合、その過失が寄与した程度（contributory negligence）に応じて損害賠償額が減額される[1]（㉖）。

---

1)　Law Reform (Contributory Negligence) Act 1945.

㉖ *Froom v Butcher* [1976] QB 286, [1975] 3 WLR 379（CA）：Xは、Yの過失による衝突事故に巻き込まれた。裁判所は、Xがシートベルトを着用していたら、頭と胸の怪我は避けられたと認定し、寄与過失により請求額を減額した。

(2) 同意（consent）

危険な状況を承知の上で受け入れた者は、損害が発生しても訴えることができない（*volenti non fit injuria*）。

(3) 責任制限条項、責任制限の告知（exclusion clauses and notices）

事業者は、取引相手との間で過失責任を軽減する旨の責任制限条項を合意したり、一般消費者等に向けて責任制限の告知をする方法で責任の限定を図る。ただし、この抗弁が成り立つには、不公正契約条項法（Unfair Contract Terms Act 1977）その他第9章で説明したハードルを越えなければならない。

(4) 違法行為への加担（illegality）

違法行為に加担した者は、公共政策（public policy）の見地から、当該違法行為によって被った損害の賠償請求は許されない（㉗、㉘）。自己の違法行為を根拠とする請求を禁ずる趣旨なので、従業員の違法行為により罰せられた会社が当該従業員の責任を追及するような場合は、この抗弁が制限される（㉙）。

㉗ *Pitts v Hunt* [1991] 1 QB 24, [1990] 3 WLR 542, [1990] 3 All ER 344：Xは無免許のYが運転するモーターバイクに同乗し、ディスコで大量に飲酒した。帰宅途上、Yのバイクは時速50マイルを超え、道路をウェーブ走行して他車を威嚇した。XはYを煽っていた。バイクは車に衝突し、Xは怪我を負った。裁判所は、Xの損害は、Yとの共同不法行為の結果であるとし、XのYに対する損害賠償請求を認めなかった。

㉘ *Moore Stephens v Stone Rolls Limited* [2009] UKHL 39：Yは、唯一の取締役Zのワンマン会社だった。Yは長年不正な詐欺的取引をした後、支払不能となり解散した。清算人は、Yを代理し、Zの詐欺に気づかなかった会計監査人Xに対し、過失責任を追及する訴訟を提起した。Xは、「自らの違法行為を根拠とする請求は許されない」との法理により請求の即時却下を申し立てた。貴族院は、会社はその活動の全てを支配していた者が犯した詐欺行為について直接の責任を負うべきであると判示し、Xの却下申立を

認めた。

㉙ *Safeway Stores Ltd v Twigger* [2010] EWHC 11 (Comm)：Xは、1998年競争法違反により公正取引庁から罰金を科されたため、当該違反行為を行わせた取締役Yに対し、罰金額の賠償を求めた。裁判所は、Xが責任を問われたのは、Yの行為だけを原因としていることを理由に、当該請求は「違法行為の抗弁」によっては禁じられないと判示した。

(5) 出訴期間の制限 (limitation of actions)

1980年出訴期間制限法（Limitation Act 1980）により、生命・身体の損害賠償請求は（ⅰ）過失行為があった日、又は（ⅱ）請求権の発生及び加害者を知った日のうち遅い方から3年を経過した日に（同法11条）、その他の損害賠償請求は、（ⅰ）過失行為があってから6年が経過した日、又は（ⅱ）損害及び加害者を知ってから3年が経過した日のうち、遅い方の日（ただし、過失行為のあった日から15年を上限とする）に請求権が消滅する（同法14条A、14条B）。

5．特殊な過失責任（Special Negligence）

判例法及び制定法は、加害者が事業者や専門家の場合など特殊な類型の過失責任について、上記2の一般要件を変更している。

(1) 過失による不実表示（negligent misstatement）

被告（加害者）の過失による不実の表示を信じて行動したために原告（被害者）に生じた経済的損失は、両者間に特別な関係がある場合に限り、その賠償請求が認められる。「特別な関係」とは、（ⅰ）被告が特別な専門知識・技能を有し、（ⅱ）原告がその表示を信頼したことに合理性があり、かつ（ⅲ）被告が自己の表示に対して一定の責任を引き受けていた場合における両者間の関係をいう（上記㉒、上記⑤）。

(2) 専門家の責任（liability of skilled professional）

医者、会計士のような専門的技能を有する者による注意義務違反の判断は、

合理的な一般人を基準に行うことができない。裁判所は、専門家の場合、（ⅰ）当該専門家が属する職能団体が適切とみなす基準に従って、（ⅱ）そのような専門家が通常有する技能を用いて行動した場合は、原則として注意義務を尽くしたことになり、（ⅲ）当該基準よりも適切な基準があったか否かは問わないとしている（㉚）。ただし、この原則は、当該基準を適切と認めた職能団体の見解が論理的根拠に基づいていることを証明できない場合は適用されない（㉛）。

㉚ *Bolam v Friern Hospital Management Committee* [1957] 1 WLR 582：Ｘは、Ｙ病院により電気痙攣法による治療を受けた。治療中、医師Ｚは、彼の通常のやり方どおり、弛緩剤は用いず、ハンドマッサージもしなかったため、Ｘは骨盤断裂を被った。当時の医学界では、弛緩剤の使用や術中マッサージは、適切な方法として受け入れられてはいたが、その必要性について意見が分かれていた。裁判所は、権威ある団体の１つが専門的意見として推奨する基準に従った医師は、たとえ反対の意見が存在しても過失責任を負わないと判示した。

㉛ *Bolitho v City & Hackney Health Authority* [1997] 3 WLR 1151（HL）：Ｘは、彼の２歳の息子Ｚが死亡したのは、Ｙ病院で医師の対応が遅れたせいであると主張して訴えた。裁判所は、医師の対応の遅れとＺの死亡との間に因果関係がないとして、Ｙの責任を否定した。裁判官（ブラウン＝ウィルキンソン卿）は、㉚事件の基準が適用されるためには、職業団体の見解に論理的な根拠がなければならないとの傍論を示した。

(3) 製造物責任（product liability）

判例法上、（ⅰ）製造業者が（ⅱ）消費者による消費が予定されている製品を（ⅲ）小売人又は消費者が検収できない形態・方式で市場に出した場合、当該商品が消費者の健康を害さないように合理的な注意をする義務（duty of care）を負う（上記①）。なお、（ⅰ）の製造業者は流通業者や修理業者を含み、また（ⅱ）の製品は、あらゆる物品、その容器、包装、ラベル、取扱説明書等を含む。

この判例法上の救済手段に加えて、消費者保護法（Consumer Protection Act 1987）は、欠陥製品によって生命、身体又は財産に対して275ポンドを超える損害・損失を被った消費者に、製造者、製品に名を表記した者、輸入者及び供

給者に対する損害賠償請求権を認めている（同法 2 条）。ただし、被告は、(ⅰ) 当該製品を事業の一環として供給していないこと、(ⅱ) 製品供給時には欠陥がなかったこと、(ⅲ) 当時の技術水準上欠陥を発見できなかったこと等を立証して責任を免れることができる（同法 4 条）。この請求をする者は、欠陥及び損害を知った後 3 年、及び製品の供給後10年を経過するまでに訴訟を提起しなければならない[2]。

---

2) Limitation Act 1980 s11A.

第16章　代理（Agency）

1．代理（Agency）とは

代理とは、ある者（agent）が、契約当事者になろうとする他人（principal）の利益のために他人の計算で相手方と契約を締結することにより、他人と相手方との間において直接の権利義務関係を発生させる制度である。契約を締結していない者による契約上の権利行使を可能にする点において、契約関係の法理（doctrine of privity、第14章）の例外である。

2．代理の成立要件

(1) 真正代理（actual agency）

本人（principal）が他の者に対して、代理人（agent）として活動する権限を明示的又は黙示的に付与したときに真正代理が成立する。口頭による権限付与でもよい。当該契約が書面性を要件としている場合（第6章5参照）でも、権限授与は口頭で構わない[1]。

黙示的な代理権（implied authority）は、本人が代理人に対して明示的に付与した権限（express authority）に付随して発生したり（incidental authority）、本人が代理人と一定の関係を持つことにより代理人の職業や社会的地位に伴って習慣又は取引慣行上発生したり（usual and customary authority）することが多い。特定の市場における活動を委託された代理人は、原則として、本人が当該市場における慣行を知っているか否かにかかわらず、当該市場の慣行上通常有する権限を有している[2]。ただし、取引慣行が不合理な場合は、本人が当該慣行を知っ

---

1) *McLaughlin v Duffill* [2008] EWCA Civ 1627, [2010] Ch 1.
2) *Pollock v Stables* (1848) 12 QB 765.

ていた場合を除き、代理権は発生しない[3]。

　本人から真正代理の権限を付与された代理人が相手方と契約したとき、相手方と本人との間に契約上の権利義務関係が発生する。代理人が相手方に本人の存在を知らせずに契約した場合 (agent of undisclosed principal) は、相手方は、本人のみならず、代理人に対しても、本人と同様の契約上の責任を追及することができる。また代理人が本人は誰であるかを相手方に知らせず、本人氏名非開示者の代理人 (agent of unidentified principal) であることだけを示して契約を締結した場合、相手方は、本人が誰であるかを知らされるまでは、代理人に対して、本人と同等の責任を追及することができる。

(2)　追認 (ratification)

　代理人として契約を締結した者が実は本人から権限を付与されていなかった場合、又は付与された権限を超えて契約を締結した場合、本人は、代理人が締結した契約を追認することができる。これにより、本人と相手方の間には、契約締結のときに遡って契約上の権利義務関係が発生する (①)。

> ①　*Bolton Partners v Lambert* (1889) 41 Ch D 295：YがXに対して砂糖の売買契約の申込をした際、Xの取締役Zは、無権限でXを代理し、これを承諾した。Yはその後契約申込を撤回したが、XはZの行為を追認した。裁判所は、Xの追認はZが承諾した時点に遡及するので、Yの撤回は許されないとし、売買契約の拘束力を認めた。

　ただし、この効果が生ずるのは、以下の全要件を充たしている場合に限る。
　(ⅰ)　契約締結の際、代理人が相手方に対し、代理人として契約することを告げていること (②)。ただし、本人が誰であるかを開示しなくてもよい[4]。

> ②　*Keighley, Maxsted & Co v Durant* [1901] AC 240：XはZに対し、XZ共同の計算で小麦粉を一定の価格で購入する代理権を授与した。Zは権限を逸脱する価格でYから小麦粉を購入した。この売買に際し、ZはXの代理人とは告げず、自己の名で契約を締結したが、Xは、翌日、契約を追認した。後日、Yが引渡しを怠ったので、Xは契約違反

---

[3]　*Robinson v Mollett* (1875) LR 7 HL 802.
[4]　*Hagedorn v Oliverson* (1814) 2 M&S 485.

でYを訴えた。裁判所は、非顕名の代理行為を本人が追認しても無効なので、YはXに対し契約上の義務を負わないと判示した。

(ⅱ) 契約締結の際に、本人が存在すること（③）。

③ *Kelner v Baxter* (1866) LR 2 CP 174：設立手続中の会社Zの発起人Yは、Zを代理してXと契約を締結した。Zは設立後にYの行為を追認したが、その後解散したので、XはYに対し契約責任を追及した。Yは、Zを代理して締結した契約をZが追認した以上、YではなくZが契約当事者であると主張したが、裁判所は、契約を追認できるのは、契約締結時に存在していた者に限られるとし、Yの主張を斥けた。

(ⅲ) 契約締結時において、本人が契約を締結する能力を有していたこと。
(ⅳ) 本人が、相手方、代理人又は第三者に対し何らかの方法で追認の意思を表明すること。契約上の義務の履行に着手すること、契約に基づく給付の受領など、契約の存在を前提とする行動をとることで足りるが、代理人の行為を知ったうえでなければならない（④）。

④ *Lewis v Read* (1845) 13 M & W 834：執行代理人Zは、債権者Yからの授権なしに債務者に帰属しない物品を不当に差し押えて売却し、代金をYに配当した。当該物品の所有者Xは、Yは、Zから売却代金を受領することによりZの不当な差押えを追認したとして訴えた。裁判所は、本人が代理人の無権限行為を知っていたか、又は意図的に調べなかった場合を除き、本人の行為は無権限行為の追認とはみなされないと判示し、Xの請求を認めなかった。

(3) 表見代理（apparent agency/ostensible agency）

本人が、相手方に対し、他の者に代理権限を与えたかのような言動を行い、その結果として、相手方がその者（表見代理人）に権限ありと信じて契約を締結した場合、禁反言の原則に基づいて、本人は、相手方に対して契約上の義務を負わなければならない（⑤）。代理人が本人から付与された権限を越えて相手方と契約した場合や権限が消滅した後に契約した場合も、相手方が、本人の言動を信頼して契約したときは、表見代理が成立する。

表見代理人が本人の利益に反する契約を締結しようとしたとき、相手方は悪

意と推定される[5)]。

> [5)] *Freeman & Lockyer v Buckhurst Park Properties Ltd* [1964] 1 All ER 630：Zは、Y社から選任されていないのにY社取締役（managing director）として行動し、Y社取締役会はこれを了解及び承認していた。Zは、権限なしにYを代理し、Xら（設計会社及び査定人）を雇用した。控訴院は、YがZの取締役としての行動を認めたことにより表見代理が成立したとし、Yに対しXらに対する手数料の支払を命じた。

(4) 慣例上の代理（usual agency）

特定の取引を業務として行う者は、その取引において、慣例上、当然に他の者の代理人として契約を締結する権限を有しているはずの事項に関する権限を有する。たとえば、小売店のマネジャーの地位にある者は、商品を仕入れ、従業員を雇用し、従業員に対して店舗の代理人として顧客に商品を販売する権限を付与することについて、店舗の代理人としての権限を有している。このような慣例上の代理は、表見代理とは異なり、代理人であることを相手方に告げずに契約した場合でも成立する（⑥）。

> ⑥ *Watteau v Fenwick* [1893] 1 QB 346：YはZからホテルを購入したが、Zを支配人に雇い、看板にもZの名を残した。YはZに対し葉巻の購入を禁じていたが、Zは自己の名でXに注文した。XはZをオーナーと信じてつけ払いで販売した。後日、Xは、YがZの雇主と知り、葉巻の代金をYに請求した。裁判所は、葉巻はホテルが通常取り扱う商品であり、Zによる葉巻購入はホテル支配人が慣行上有する権限内の取引であることを根拠に、Xの請求を認めた。

(5) 法律上の代理（agency of necessity）

他人の財産を管理している者は、財産を保全する緊急の必要性があって所有者の指示を待つことができない場合、当該財産に関して適切な措置をとる権限が法律により付与されている。たとえば、運航中の船の船長は、貨物の持主に代わって貨物を保護するための曳船契約を締結する権限、腐敗しそうな貨物を売却する権限などを有する（⑦）。ただし、所有者に相談できるのにこれをし

---

5) *Hopkins v TL Dallas Group Ltd* [2004] EWHC 1379, [2005] 1 BCLC 543.

なかった場合、法律上の代理権は生じない（⑧）。

⑦ *China Pacific SA v Food Corporation of India, The Winson* [1982] AC 939：海難救助者Xは、難破船から積み荷を引き揚げた後、荷主Yに連絡を取り、近港の倉庫を手配するように頼んだが、返事がなかった。Xは積み荷を自分で倉庫に保管し、Yに費用を請求した。裁判所は、海難救助者は、荷主の貨物を保護するため合理的な措置をとる義務を負うことに伴い、これを履行する上で生ずる合理的な費用を荷主に請求する権利を有すると判示した。

⑧ *Industrie Chimiche Italia v Alexander G Tsavliris & Sons Maritime C* [1990] 1 Lloyd's Rep 310：船がアルゼンチンのパラナ河で座礁した折、船長Zは、荷主Yに相談せず無権限で、現地にも海難救助者がいるのに、ギリシャの業者Xと海難救助契約を締結した。Xは、法律上の代理権を根拠にYに対し手数料と経費を請求したが、裁判所は、ZはYに相談しなかったので、法律上の代理権は発生しないと判示し、これを認めなかった。

3．代理人の本人に対する義務

真正代理の場合、代理人は本人との間の契約によってその権限を付与されるので、当該契約に基づいて、代理人は本人に対し、明示的及び黙示的に、合理的な注意をすべき義務、本人の合理的な指示に従うべき義務、付与された権限内の行為のみを行うべき義務などを負う。

また、契約の有無にかかわらず、代理人は本人に対し、両者間の信認関係（trust relationship）により発生するエクイティ（equity）上の義務として忠実義務（fiduciary duties）を負担する。代理人が追認により発生した場合は、代理人は最初に遡ってこの義務を負っていたことになる。通常、忠実義務には、以下のようなものが含まれている。

(1) 報告義務（duty to account of his dealings）

代理人としての活動を通じて受領した財産を記録・報告し、本人に引き渡さなければならない。

(2) **自己利得行為の禁止**（duty to refrain from using his position as agent to acquire for himself benefits）

　本人の同意を得た場合を除き、代理人である立場を利用して利益を得てはならない（⑨）。そのような利益を得た場合は、本人に損失が発生したか否か、代理人に不正な意図があったか否かなどにかかわらず、当該利益分を本人に帰属させ、引き渡さなければならない（⑨、⑩、⑪）。その活動に関して賄賂や秘密の手数料を受領した場合も同様である（⑫）。ただし、本人は、その被った損害の賠償と賄賂等の引渡しの両方を求めることはできない。

⑨　*Boardman v Phipps* [1967] 2 AC 46：弁護士Xは、非公開会社であるZ社の株式を信託財産とする信託の受託者兼代理人だった。Xが自らの費用でZ社株式を追加購入した結果、信託財産とX個人の購入分を併せるとZ社の支配権を得ることができ、X社株式価値は大幅に上がり、信託財産、Xともに利益を上げた。裁判所は、Xは背任行為はしていないが、受託者の地位を利用して利益を得たので、株式値上りによる全利益は信託に帰属するとし、信託への引渡しを命じた。忠実義務を負う立場で得た情報は信託財産の一部ということである。ただし、XがZ社を支配するために行った活動に対する報酬と費用の控除は認めた。

⑩　*Hippisley v Knee Brothers* [1905] 1 KB 1：Xは、オークション主催者Yに対し、Xの財産の売却を委託した。印刷広告費その他の費用はX負担の約束だった。Yは印刷・広告会社と交渉して諸費用の割引を受けたが、Xには正規の費用額を請求した。Yは、自分の才覚で受けた割引の利益は自分のものと信じていた。裁判所は、代理人の活動による割引の利益は本人に帰属するとし、Yに対しXへの支払を命じた。

⑪　*Accidia Foundation v Simon C Dickinson Ltd* [2010] EWHC 3058 (Ch)：Xは、美術商Zに、ダヴィンチのデッサンを550万ドル以上で売却するよう依頼した。手数料は売却価格の10%以内とする約束だった。Zは、Xに無断で美術商Yに再委託し、売却代金のうち600万ドルを超える金額をYの報酬とする約束をした。Yは、氏名非開示の持主の代理人として、美術品を700万ドルで売却し、600万ドルをZに交付、Zはこのうち550万ドルをXに渡し、残金50万ドルの手数料を得た。その後、Xは、実際の売却がYにより700万ドルでなされたことを知り、Yの売却行為を追認し、Yに100万ドルの引渡しを求めた。裁判所は、Zの追認によりYは遡って忠実義務を負い、Yが得た秘密の利益100万ドルはXに帰属すると判示した。ただし、Yには、XがZに約束した手数料を超えない範囲（700万ドルの10% − 50万ドル = 20万ドル）の報酬が認められた。

第16章　代理（Agency）

⑫　*Boston Deep Sea Fishing and Ice Co v Ansell* (1888) 39 Ch D 339：YはX社の取締役であると同時に、他の2つの会社Zらの株主だった。Yは、X社がZらに取引注文する見返りとしてZらからボーナスや手数料を受けた。裁判所は、ボーナスや秘密の手数料はXに帰属するとし、Yに対しXへの引渡しを命じた。

(3) 利益相反取引の禁止（duty to avoid conflicts of interest and duties）

本人の同意を得た場合を除き、代理人としての義務と利益が相反する行為をしてはならない[6]。したがって、利害の相対立する2当事者間の取引において双方の代理人として活動することや代理人として行っている取引について自らが相手方となることはできない。利益相反取引を行った代理人は、当該取引によって得た利益を本人に支払わなければならない[7]。

(4) 再委託の禁止（duty not to delegate to another）

原則として、本人の同意なしに代理人の業務を他の者に再委託してはならない。ただし、取引上の慣行、業務の性質、権限授与の際の本人の言動等に基づき、本人が黙示的に再委託の権限を付与したと解される場合がある[8]。再委託があった場合、復代理人（sub-agent）は代理人に対してのみ契約上の義務及び忠実義務を負い、本人との間に権利義務関係は発生しない。ただし、本人が復代理人に直接に権限を付与した場合（⑬）や無権限の復代理人の行為を追認した場合（上記⑪）は、直接の権利義務が生ずる。

⑬　*De Bussche v Alt* (1878) 8 Ch D 310：船主Xは、香港、上海及び横浜で事業を行うZに対し、その持ち船の売却を委託し、最低売却価格を取り決めた。Zは、長崎その他に支店を持つYに再委託した。Yは、とりあえず船を最低売却価格で自ら買い取り、その後に転売して利益を上げた。裁判所は、本件の状況下においてZは再委託の権限を授与されていたので、再委託を受けたYはXに対し忠実義務を負うとし、Yに対し転売利益のXへの引渡しを命じた。

---

6)　*Armstrong v Jackson* [1917] 2 KB 822、*Guinness plc v Saunders* [1990] 2 AC 663.
7)　*Reading v Attorney-General* [1952] AC 507.
8)　*Henderson v Merrett Syndicates Ltd* [1955] 2 AC 145.

(5) **制定法上の代理商（commercial agent）の義務**

物品の継続的な仕入れ又は販売の代理業務を有償で行う者（代理商）は、代理商に関する欧州委員会指令（EC Directive on Commercial Agents）に基づいて制定された代理商規則（Commercial Agents（Council Directive）Regulations 1993）により、本人の利益のために尽くす義務、善管注意義務、相手方と交渉し本人の求める契約を締結する義務、全ての情報の開示義務、及び本人の指示に従う義務などを負う（同規則5条）。

4．忠実義務の限定及び忠実義務違反に対する救済措置

代理人は本人との間の契約により、上記の忠実義務及びこれに基づく責任の範囲を制限することができる。ただし、不公正契約条項法（Unfair Contract Terms Act 1977）の適用がある場合は、その要件を充たす必要がある（第9章4）。また、代理商規則に基づく代理商の義務は、契約により制限することができない（同規則5条）。

忠実義務違反があった場合、本人は代理人に対し、（ⅰ）受領した金員の引渡し、（ⅱ）損害賠償、（ⅲ）賄賂や秘密の手数料の没収、（ⅳ）代理人が得た利益の引渡しなどを請求することができる。

5．代理人の本人に対する権利

代理人は本人との間の合意に基づき、その活動に対する報酬を請求することができる。両者間の契約に報酬の約束が明記されていない場合も、取引慣行に基づいて通常受けるべき合理的な金額の手数料を、黙示的な合意を根拠に請求できる。特別な合意がある場合を除き、手数料は、代理人の業務完了後でなければ請求できない

さらに、代理人の活動に付随して発生した合理的な費用や負担した債務や損失の償還や補償を求めることができる。ただし、代理人が権限なく、又は権限を超えて行った活動に付随する費用や債務は、本人が追認した場合を除き、請求できない。

第16章　代理（Agency）

6．代理関係の終了

代理関係は次のいずれかの原因によって終了する。
(1)　本人と代理人の間の合意、又は両者間の委任に関する契約の期間満了や解除による終了。
(2)　本人は、代理人に対して通知することにより、委任事項の全部又は一部について、いつでも終了させることができる。
(3)　本人の破産その他法律上の終了事由の発生。

ただし、いずれの場合も、たとえば、代理人が本人のために負担した費用や債務の担保のために本人の資金を預かっている等、代理人の利益のために代理権が付与されている場合、代理人の利益が実現された後でなければ代理関係は終了しない。

本人が代理人との間の委任契約を一方的に終了したことにより代理人の報酬を受ける権利が害されたとしても、契約に特別な定めがある場合を除き、契約違反にはならない。本人が委任契約の特別の定めに違反して代理関係を終了した場合、代理人は本人に対して契約違反による損害賠償を請求できる（⑭）が、代理関係終了の効果は影響を受けない。

なお、代理商規則の適用がある代理店契約を終了するには、契約期間を定めた場合を除き、原則として、3か月前（ただし、契約発効後1年内の場合は1か月、2年内の場合は2か月前）の通知を要する（同規則15条）。

---

⑭　*Turner v Goldsmith* [1891] 1 QB 544：YはXを期間5年の約定で販売代理人に指名し、Xは最大の努力をしてY製造の商品をYのために販売すること、YはXに対し適宜に商品サンプルを交付すること等を合意していたが、期間満了前にYの工場が火災で焼失し、Yは事業を廃止した。控訴院は、本件販売代理契約はYの工場で製造した商品だけを対象とする旨を定めていないので、工場が消失してもフラストレーションにはならないと判示し、Yに対し、残存期間中の販売手数料相当額の損害をXに賠償するよう命じた。

第17章 信託 (Trust)

1. エクイティ上の財産権 (Equitable Interest) と信託 (Trust)

　イギリス法上、土地 (land)、物品 (goods)、債権 (chose in action) 等に対する物権的な権利を財産権(property)といい、これにはコモンロー上の財産権(legal interest)とエクイティ上の財産権 (equitable interest) の2種類がある。コモンロー上の財産権は、コモンロー（判例法及び制定法）によってその種類・内容が限定されている財産権を意味し、日本法上の物権に近い概念である。これに対し、エクイティ上の財産権は、コモンロー上の財産権として必要な要式・要件を備えず、又は制限、存続期間等を逸脱したためコモンローの保護を受けられない場合において、裁判所が公平の見地から認めたもう1つの財産権である。

　エクイティ上の財産権は、通常は、対象物のコモンロー上の財産権を有する者が併有している。しかし、コモンロー上の財産権の保有者による信託設定行為やその他の一定の行為、状態などにより、コモンロー上の財産権とエクイティ上の財産権の帰属主体は分離することがある。そのような場合、コモンロー上の財産権の保有者は、エクイティ上の財産権を有する者に対し、当該対象物を後者のために管理することなどを内容とする特別な義務 (fiduciary duty) を負う。この義務を中心とする両者の法律関係を信託 (trust) といい、前者は受託者 (trustee)、後者は受益者 (beneficiary)、信託の対象となる財産は信託財産 (trust property) と呼ばれる。

　信託財産は、受託者の他の財産から分離された独立の財産であり、受託者の死亡、離婚、破産などによる影響を受けない。信託財産に対するエクイティ上の財産権は、受託者、その債権者、破産管財人のみならず、対象物のコモンロー上の財産権を無償で譲り受けた者 (voluntary transferee)、及び、善意の買受人 (bona fide purchaser) 以外の有償取得者にも対抗できる。

信託は、財産権に多様性を与える便利な制度として、国際取引にもよく利用される。信託財産に関する取引は、信託を設定した者（settler）や受益者ではなく受託者との間で行われるが、受託者はエクイティ上の財産権による制約を受けているので、権限の範囲・内容を確認する必要がある。また、財産の移転や利用に関する取引に関与する者は、取引に伴って締結した契約上の権利義務に加え、当該財産に関し、信託に基づく責任を負担し、又は権利を取得することがある。

2．信託の種類と成立要件

　信託はその対象となる信託財産に関するコモンロー上の財産権の保有者の信託設定行為による他、信託設定の意思を伴わない一定の行為の結果、事実、状態などによっても成立する。その成立方法の違いに基づき、以下の3タイプに分類される。

(1) 明示信託（express trust）

　明示信託は、特定の財産に関してコモンロー上の財産権を有する者（信託設定者、settler）が、その意思に基づいて、当該財産を受益者のために信託する旨の意思表明（信託宣言、declaration of trust）をしてコモンロー上の財産権を受託者に移転する方法によって設定される。また、設定者自身が受託者となることもでき、その場合は、当該財産を自らが受託者となって受益者のために管理する旨の信託宣言を行う。

　信託宣言は、明白かつ明確であることを要する。ただし、「trust」の語を用いなくても、信託設定者の言動により明確化していれば足りる（①）。信託設定は契約とは異なり、信託設定者と受託者や受益者との間の合意や約因（consideration）を必要としない。特別な方式を要しないが、土地（land）に対する権利を信託財産とする信託宣言は、書面によって証明しなければならない[1]。

---

1) Law of Property Act 1925 s53(1)(b).

① *Paul v Constance* [1977] 1 WLR 527（CA）：Ｚは、就業中に負傷し、損害賠償金950ポンドを受け取った。彼は、これを単独名義の銀行口座に預金したが、それが内妻Ｘとの共同財産のための口座であることは証拠上明白だった。その後も、この口座にはＸＺ共同の資金が入金され、引出金は２人で等分した。Ｚの死亡後、Ｘは、Ｚの遺産の管理人Ｙ（Ｚの本妻）に対し、口座内の資金に関する権利を主張した。裁判所は、明示信託の成立を認め、信託財産である預金に対するＸの権利を認めた。

明示信託が成立するためには、信託設定者が信託宣言において（ⅰ）信託設定の意思、（ⅱ）信託財産及び（ⅲ）受益者を明示・特定しなければならない[2]。受益者を定めない信託は原則として無効だが（②）、信託目的を特定・限定した信託の場合（③）及び下記の裁量信託（discretionary trust）の場合（④）は、受益者が一定の種類やグループに属することを特定すれば足りる。また、貧困撲滅、教育振興、宗教活動の助成など社会全体や一定のグループの利益を実現するための信託は、公益信託（charitable trust）として認められている。公益信託は、慈善事業監督委員会（Charity Commissioners）の監督を受け、法務長官（Attorney General）が受益者の代わりに受託者に対する権利を行使する[3]。

② *Re Astor's Settlement Trusts* [1952] Ch 534：Ｚは、「国家間の相互理解の維持及び新聞の独立性と高潔性の維持」を目的とする信託の設定を宣言した。裁判所は、信託による受益者が不特定であるとし、不明確性を理由に信託は無効と判示した。

③ *Re Denley's Trust Deed* [1969] 1 Ch 373：Ｚは、会社の従業員の運動場に利用させることを第１の目的、受託者が認めるその他の人々に利用させることを二次的な目的とし、受託者に土地を譲渡した。裁判所は、受託者が特定可能な受益者たちのために信託目的を実行できるので、信託は有効であると判示した。

④ *McPhail v Doulton, Re Baden* [1971] AC 424：Ｘは、Ｙに対して、特定の財産を、Ｚ社の役員、元役員、従業員及び元従業員に対し、当該財産から生ずる収益をＹの自由裁量により分配してもらう目的で譲渡した。この行為が信託として有効かどうかが争われたが、裁判所は、裁量信託の場合は、受益者の名を記載した完全なリストがなくても、その目的上一定のグループ又は一定のタイプに属する者が受益者であることを受託者が

---

2) *Knight v Knight* (1840) 3 Beav 148.
3) Charities Act 1993 ss32-33.

判断できれば、信託は有効であると判示した。

　信託設定者は、信託宣言において、受託者の権限、義務、財産管理の方法・条件、受益者への財産・収益の分配方法などの信託条項（terms of trust）を定めることができる。信託期間も規定できるが、公益信託以外の明示信託の存続期間は設定日から80年を上限とする[4]。
　信託設定者は、受託者に対し、受益者に対する財産分配の方法、時期、程度等や複数の受益者間の財産の分配割合に関する自由な裁量権を与える旨の信託条項を定めることもできる。そのような定めのある信託は裁量信託（discretionary trust）という。

(2) **結果信託（resulting trust）又は黙示信託（implied trust）**
　結果信託は、裁判所が、コモンロー上の財産権の保有者の行動や財産の移転の経緯から信託設定の意思を法律上推定して設定を認める。たとえば、ある者が特定の財産を他人の名義で購入した場合、購入者は、当該財産について、自己を受益者とし、名義人を受託者とする信託を設定したものと推定される[5]。また、土地以外の財産におけるコモンロー上の財産権を、エクイティ上の権利の帰属には言及せずに、約因なしに他の者に移転した場合、交付者を受益者とする結果信託の成立が推定される（⑤）[6]。

　⑤　*Re Vinogradoff* [1935] WN 68：Zは、800ポンドの戦時国債を4歳の孫娘Xとの共同名義に変更したが、Zは、亡くなるまで国債の配当を受け続け、遺言により国債に対する権利をYに譲渡した。そこで、国債に対し、Xは受益者としての権利を有するのかどうかが争われた。裁判所は、Zが国債をXZの共同名義にした際、XZを共同受益者とする結果信託が成立していたと認定した。

　実務上重要な結果信託の1つにクイストクローズ信託（*Quistclose* trust）と呼ばれるものがある。この信託は、用途を指定して金員を他の者に交付した後に

---

4)　Perpetuities and Accumulations Act 1964 s1, s3, s4.
5)　*Dyer v Dyer* (1788) 2 Cox Eq 92、*Vandervell v IRC* [1967] 2 AC 291.
6)　土地の場合、この推定は働かない（Law of Property Act 1925 s60(3)）。

目的の達成が不能となった場合、交付金を信託財産、交付者を受益者、受領者を受託者として成立する（⑥、⑦）。交付者の指定した目的が達成された場合の残金についても同様である（⑧）。

⑥　*Barclays Bank v Quistclose* [1970] AC 567：YはZに対し、Zが株主への配当金支払に用いることを条件に、20万9719ポンドを融資した。Zは、X銀行にこの目的を伝え、通常の取引口座とは別の口座を開設し、Yからの借入金を預けた。しかし、Zが配当金を支払わずに清算手続に入ったため、Xは、当該口座の金員とZの別の口座の当座貸越額との相殺を主張した。貴族院は、Zが清算手続に入り配当金の不払いが確定したとき、当該口座内の金員を信託財産としYを受益者とする結果信託が発生したと認定し、Xの相殺権を否定した。

⑦　*Carreras Rothmans Ltd v Freeman Mathews Treasure Ltd* [1984] 3 WLR 1016：Xは、広告代理店Yとの契約において、製作代理店やメディアに対するXの債務をYがXに代わって支払うことを依頼し、この支払のための資金を、Yの銀行口座に入金した。数か月後、Yは清算手続に入った。債権者からの請求を受け、Xは債務を自分で弁済のうえ、Yの清算人に対し、資金の返還を求めた。裁判所は、上記⑥判決の原則を用い、口座内の金員は特別な目的のために入金され、その目的が実現しなかったので、これを信託財産とし、Xを受益者とする結果信託が発生したと判示し、Xの請求を認めた。

⑧　*Re Abbott* [1900] 2 Ch 326：極貧の姉妹がケンブリッジにあるロッジで慎ましい生活を続けるための募金運動の結果、相当の寄付金が集まり、姉妹の没後も財産が残った。裁判所は、残余金について寄付者を受益者とする結果信託が生じていると判示した。

(3)　擬制信託（constructive trust）

ある者が特定の財産について不当な行為（unconscionable act）をし、その結果当該財産に関する他人のエクイティ上の財産権が害されたとき、裁判所が、正義と公平の原則に基づいて設定する信託であり、当該不当行為者に受託者としての義務が発生する[7]。

擬制信託は、受託者、代理人（agent）、取締役（director）など、他の者（beneficiary、principal、company）に対して信認関係（trust relationship）に基づくエクイティ上の忠実義務（fiduciary duty）を負う者（忠実義務者、fiduciary）がその義

---

7)　*Westdeutshe Landesbank Girozentrale v Islington LBC* [1996] AC 669．

務に違反したとき、これを原因として発生することが多い。たとえば、忠実義務者がその地位を利用して個人的な利益を得た場合は、受益者を害する意図があったかどうかにかかわらず、当該利益及びこれを処分して得た対価や利益を信託財産とする擬制信託が成立する（⑨）。忠実義務者がその地位に基づいて賄賂その他の不正な利益を受領した場合も、賄賂等の金銭を信託財産とする擬制信託が成立する（⑩）。

⑨ *Keech v Sandford* [1726] Sel Cas Ch 61：受託者Ｙは、未成年の受益者Ｘのための信託財産に属するリース契約を更新しようとしたが、未成年者のＸは契約できないので、Ｙ自身の名で契約を更新した。裁判所は、忠実義務を負う者は、自己の利益と衝突する地位に自らを置いてはならないことを理由に、新しいリース契約から生ずる収益は、Ｘを受益者とする擬制信託の信託財産であると判示した。

⑩ *Attorney-General for Hong Kong v Reid* [1994] 1 All ER 1：元香港法務長官Ｙは、職務に関連して受け取った賄賂をニュージーランドの土地投資につぎ込んだ。その後、ニュージーランドの土地価格は大きく下落した。裁判所（PC）は、賄賂を受領したときにこれを信託財産とする擬制信託が生じたので、賄賂を投資したことによる収益がＸに帰属するだけでなく、投資による損失についてＹはＸに対し責任を負うと述べた。

また、忠実義務者が義務に違反して信託財産等を処分した場合、そのことを知りながら当該財産を受領した者（knowing recipient）は、当該財産について擬制信託の受託者としての義務を負う。この場合の「知りながら受領した」とは、受託者の義務違反を意図的に知ろうとしなかった者、及び合理的な人間が行うべき調査を意図的又は不注意により行わなかった受領者を含んでいる（⑪）。

⑪ *Re Montagu's Settlement* [1987] Ch 264：Ｙ（第10代公爵）は、先代公爵が生前に設定した信託の生涯受益者（life tenant beneficiary）だった。信託条項は、Ｙは生存中に信託財産から生ずる収益のみを受け、死後は次世代に引き継ぐべきものと定めていた。受託者Ｚは、信託財産に属する物品をＹに引き渡し、Ｙはその一部をオークションに出品して処分した。Ｚの行為は信託条項違反だったが、ＹもＺもそのことを知らなかった。Ｙの死後に受益者となったＸ（第11代公爵）は、Ｚの信託違反により物品を受領したＹは、物品に対する擬制信託の受託者であるとし、Ｙの遺産管理人に対し、残存品の返還と処分した物品の時価相当額の賠償を求めた。裁判所は、擬制信託が成立するのは、信

第17章　信託（Trust）

託財産の受領者が信託違反であることを（ⅰ）知っていたか、（ⅱ）意図的に知ろうとしなかったか、又は（ⅲ）合理的で誠実な人間が行うはずの調査を故意又は不注意により怠っていた場合であると述べ、Yはどれにも当たらず、擬制信託の受託者としての責任を負わないと判示した。ただし、Yは、受け取った信託財産の未処分品及び処分した物品の代金の残存額を、信託に返還すべきものとされた。

忠実義務違反による財産処分に不正（dishonest）に協力した者も、当該財産に関し擬制信託の受託者となり、義務違反をした忠実義務者と同じ責任を負わなければならない（⑫）。不正な協力（dishonest assistance）をしたかどうかは、協力者本人及び合理的な一般人を基準に判断する（⑬）。協力者に不正行為との認識があれば、忠実義務違反の具体的な内容まで知らなくてもよい（⑭）。

⑫　*Royal Brunei Airlines v Tan* [1995] 2 AC 378：航空会社Xは、Zをチケット販売のための総代理店に指名した。Zは、チケット売上を全てXのための信託財産として管理する義務を負っていたが、信託に違反し、売上をZ自身の当座口座に入金し、自己目的で費消し、その後、破産した。Xは、Zの取締役兼株主のYに対し、未払金を請求した。裁判所（PC）は、受託者の忠実義務違反を知りながらこれを助長又は援助した者は、それによって受益者が被った損害を賠償する義務を負うことを根拠に、Xの請求を認めた。忠実義務違反をした受託者Zに不正行為をした認識があるかどうかは、要件とはされなかった。

⑬　*Twinsectra Ltd v Yardley* [2002] UKHL 12（HL）：Xは、Yに対する融資に合意し、Yの弁護士Sに、特定の財産を取得する目的だけに使うよう指示して融資金を交付した。しかし、Sは指示に反し、これを他の弁護士Lに渡し、LはYの指示により別の目的に費消した。Xは、Yから返済がないので、Y、S及びLを訴えた。Lに対する請求は、Sの信託違反への不正な（dishonest）協力を根拠としていたが、貴族院は、被告の不正行為の証明には、（ⅰ）被告は合理的で誠実な通常人の基準に照らし不正行為をしたこと（客観的基準）及び（ⅱ）被告自身が当該基準に照らして不正行為をしたと認識していること（主観的基準）の両方の立証が必要であるとし、本件のLは、金員を不正に受領して費消したのではないと判示した。

⑭　*Barlow Clowes International Ltd (In Liquidation) v Eurotrust International Limited* [2006] 1 All ER 333（PC）：Zは、Xを通じて詐欺的なオフショア投資スキームを運用し、投資家から集めた金員は、Z自身のために費消した。Zが訴追され投獄された折、

投資金の一部はYを通じて払い出された。Xの清算人は、Y及びYの取締役に対し、Zによる投資金の着服を不正に援助した責任を追及した。裁判所（PC）は、Yらは信託違反における自己の正確な役割を知らなくても、不正に援助している事実は知っていたと認定し、上記⑬判決の基準を適用してXの請求を認めた。

エクイティ上の伝統的な諸原理（doctrine）が擬制信託の発生原因となることも少なくない。たとえば、不当な行為によって財産を得た者は、制定法上は返還義務を負わない場合であっても「エクイティは制定法を詐欺に利用することを許さない。(Equity will not allow a statute to be used as an engine for fraud)」の原理により、受託者としての義務を負う（⑮）。また、売買契約の売主は、「エクイティは行うべき行為の実施を監視する。(Equity regards as done that which ought to have been done)」の原理に基づき、目的物を引き渡すまでの間、当該目的物を買主の擬制信託の受託者として管理しなければならない。

⑮ *Rochefoucauld v Boustead* [1897] 1 Ch 196：Xはセイロン島に所有する土地でコーヒー豆を栽培していたが、土地は譲渡抵当権の対象になっていた。Xは、担保実行を避けるため、Yに、Xの土地を売り渡し、Xのための信託財産として所有してもらった。その後、Yは、「本件信託の設定に関しYの署名がある書面が存在しないので、1925年財産権法が定める土地信託の法定要件を充たさない」と主張し、Xのエクイティ上の財産権を否定したが、裁判所は、「エクイティは制定法を詐欺の口実に利用することを許さない。」との原則により、Yの主張を認めなかった。

3．受託者の義務

信託成立後の受託者は、受益者に対し、以下のような義務を負う。なお、信託設定者は、信託設定時に一定の権限を留保した場合を除き、信託財産に関して何らの権利義務を有していない。

(1) **善管注意義務**（equitable duty to take reasonable care）

受託者は、信託条項に特別な定めがある場合を除き、信託財産の管理者として、その能力や経験に応じた合理的な注意をもって財産を受益者のために管理し、その価値を守るために適切な投資運用を行う義務（2000年受託者法

(Trustee Act 2000) 1条1項、⑯)、及び、信託財産から生ずる収益を受益者に適切に分配し、信託が終了したときは残余財産を受益者に引き渡す義務等を負う。

> ⑯ *Bartlett v Barclays Bank* [1980] Ch 515： Y（銀行）は、信託業者として、不動産会社Zの過半数の株式を受益者のために管理していたが、会社の経営に積極的に関与したり、定期的に情報を求めたりせず、年度末のZの会計報告だけに依存していた。Zの取締役は、Zの投資のポートフォリオを再構築したが、その大失敗により、Zの株式価値は大幅に下落した。裁判所は、信託財産の合理的な管理を怠ったYの責任を認めた。

(2) **信託条項に基づく義務**（duties under terms of trust）

明示信託の受託者は、信託財産の管理や分配に関し、信託設定者が定めた信託条項に従って誠実公正に行動する義務を負う（受託者法3条)[8]。受託者が信託条項の定めに反する管理・投資行為、財産分配等をするためには、裁判所の許可や命令を求めなければならない[9]。

(3) **忠実義務**（fiduciary duty）

受託者は受益者に対し、エクイティに基づいて以下のような忠実義務を負う。なお、この義務は、信託以外でも、代理人と本人、取締役と会社など、信認関係（trust relationship）が存在する当事者間に発生する。

（ⅰ） 自己利得行為・利益相反行為の禁止

受託者たる地位を利用して自己の利益を図る行為、及び信託の利益に相反する行為は許されない（上記⑨）。そのような行為により利益を得た場合は、受益者に損失が発生したか否か、受託者に不正な意図があったか否かなどにかかわらず、当該利益分は受益者に帰属し、受託者は引き渡さなければならない[10]。その活動に関して賄賂や秘密の手数料を受領した場合も同様である（上記⑩）。

（ⅱ） 報告義務（duty to account of his dealings）

信託財産やその収益の分配に関して必要な帳簿帳票を作成保存し、受益者に

---

8) *Clough v Bond*（1838）3 My & Cr 490.
9) Trustee Act 2000 s57、Variation of Trust Act 1958.
10) *Boardman v Phipps* [1967]〈第16章の⑨事件〉.

正確に開示・報告しなければならない[11]。ただし、受託者が財産の管理や分配上の裁量権を有する裁量信託（discretionary trust）において受益者が他の受益者や第三者の秘密に属する事項の開示を求めた場合、受託者は、裁判所が諸事情を斟酌して開示を命ずべき旨を決定した場合を除き、開示を拒むことができる（⑰）。

> ⑰ *Schmidt v Rosewood Trust Ltd* [2003] 3 All ER 76：Xを含む受益者集団のため、マン島に裁量信託が設定された。Xは、自分の財産権を確認するため、受託者Yに対し、他の受益者とYとの間の交信その他信託財産に関する情報の開示を求めた。Yは、裁量信託の受益者は、利益を受ける期待権を有するだけで、情報開示請求権を有さないとして、Xの請求を拒んだ。裁判所（PC）は、裁量信託の場合、裁判所が信託財産の管理を監督する本来的な権限を有し、受益者の情報開示請求権と秘密保持の必要性とのバランスを裁量により決定できると述べ、Xの請求を認めなかった。

（ⅲ） 再委託の禁止（duty to personally）

原則として、受託者の業務を他の者に再委託してはならない。ただし、営業として財産管理を受託する受託者の場合はその個性を重視する理由がないので、法令上、例外が広く認められている[12]。

（ⅳ） 秘密保持義務（confidentiality）

受託者が信託の情報を開示・漏洩することや他の目的に利用することは許されない[13]。また、信託会社や法律事務所が複数の信託の受託者を兼任する場合は、それぞれの担当者を別人にし、チャイニーズ・ウォールを設けなければならない。

4．信託違反（Breach of Trust）と救済措置（Remedies）

受託者が上記3の義務に違反したとき、受益者は、裁判所に対し、受託者の行為の取消し、更なる違反行為の差止め、受託者の解任、代替者・管理代行者

---

11) *O'Rourke v Darbishire* [1920] AC 581.
12) Trustee Act 2000, Part IV、Trustee Act 1925 s25.
13) *Boardman v Phipps* [1967]〈第16章の⑨事件〉.

第17章 信託（Trust）

の選任、信託の終了などを求めることができる。さらに、これらの手続を経ずに以下のような救済手段をとることができる。

(1) **損失補償**（compensation）

受益者は、信託財産の損失やその運用により生ずべき逸失利益が生じたとき、受託者に対し損失補償を請求することができる。ただし、この請求は、信託財産に経済的な損失が発生していない場合は認められない。また、請求の対象は、信託違反の結果として生じた損失に限られる（⑱）。

⑱　*Target Holdings v Redferns* [1995] 3 All ER 785：Xは、土地の売主Sの「時価200万ポンド相当の土地である」との詐欺的な助言を信頼し、77万ポンド余の価値しかない土地の買主Pに対し、購入資金152万ポンド余を貸し付けた。弁護士Yは詐欺には加担していなかったが、X、P双方を代理した。取引の際、YはXから受領したPへの貸付金を、Pが土地に対する譲渡抵当権の登録をする前にPへ渡してしまった。これは信託違反に当たる行為だった。後日Pは破産し、Xは抵当にとった土地から50万ポンドしか回収できなかった。Xは、Yを信託違反で訴えた。貴族院は、Xの損害はYの信託違反が原因ではないとし、Yの責任を否定した。

(2) **追求権**（tracing）

受託者が権限なく信託財産を第三者に交付した場合、受益者は、当該第三者やその者からの転得者等に対して信託財産の返還を請求できる（⑲）。また、受託者や受領者、転得者らが信託財産を売却して売買代金等を受領した場合、返還請求に代えて、そのような代替物の引渡しを求めることもできる。信託財産やその代替物に関するこのような請求権は、追求権（tracing）と呼ばれる。

⑲　*Re Diplock* [1948] Ch 465：Y（慈善事業団体）は、故人Zの遺言執行者WからZの遺産の遺贈を受けた。後日、貴族院は、Yへの遺贈は無効と判断した。Zの相続人Xは、Yに対しYがWから受領した金員の返還を求めた。裁判所は、金員の最初の受取人（W）による不正行為又は無権限の行為の結果としてXにエクイティ上の財産権が生じた場合、そのことを知らずに当該金員を受領した第三者に対しても、その特定又は区分けが可能な限りは追求できるが、本件の金員はYの一般財産に混入しもはや特定できないと認定し、Xの請求を認めなかった。

追求権は物権的な権利（財産権）であり、受領者らの倒産等の影響を受けず、その一般債権者にも対抗できる。また、受託者や受領者が、たとえば信託の金銭を個人口座に入金するなど、信託財産と他の財産とを混合させた場合でも、受益者は、当該混合財産に対して追求権を行使し、信託財産相当額を受託者の一般債権者に優先して引き渡すように求めることができる（⑳、㉑）。

　⑳　*Re Hallett's Estate* (1880) 13 Ch D 695：弁護士Hは、彼自身のための信託財産の受託者となっていた。Hは、彼個人の銀行口座に信託資金の一部を振り込み、また、顧客の預かり金も同じ口座に振り込んでいた。その後、彼個人の投資のための様々な支払にこの口座の資金を充てた。Hの死後、銀行口座には、信託への返還及び顧客預かり金の返済のために十分な資金が残っていたが、H個人の債権者への返済には足りなかった。債権者は、Hが投資目的で口座から引き出した金員は信託資金であると主張し、残金を債権者への返済に充てるよう求めた。裁判所は、受託者が個人資金のための口座に信託資金を入れた場合、当該口座の金員を引き出す際には誠実に行動していると推定されると述べ、Hが口座から引き出したのは、信託資金ではなく彼自身の資金であると判示した。「受託者が正しい行動がとれたのに、間違った行動をとったと主張することは許されない。」との原則の適用例である。

　㉑　*Foskett v McKeown* [2001] 1 AC 102：受託者Zは、Yら（Zの子供たち）を受取人とする生命保険に個人で加入し、保険料の一部を信託財産で支払った。Zが自殺した後、受益者Xは、生命保険金の一部は信託財産に属すると主張した。貴族院は、たとえYらがZの信託違反に関与していなくても、Xは、信託財産から支払われた保険料の割合に応じて保険金に対してエクイティ上の追求権を有すると判示した。

　ただし、コモンロー上の財産権の善意の買受人（bona fide purchaser）に対しては、原則として追求権を行使できない[14]。善意の買受人とは、受益者の存在を知らず、かつ誠実な調査をすれば受益者の存在を合理的に知り得たであろう状況を知らずに、価値ある対価を伴う取引（契約）によってコモンロー上の財産権を取得した者をいう。現実に知らないだけでなく、擬制通知（constructive notice）も受けていないことを要する。

　上記の例外に当たらない場合も、受領者が完全な財産権の移転を受けたと信

14）　*Westdeutshe Landesbank Girozentrale v Islington LBC* [1996] AC 669.

第17章　信託（Trust）

じて新たな行動をした場合（change of position）は、そのように信じさせた点について受益者に原因があるなど、返還義務を負わせるのは公平に反すると認められる事情があるときは、エクイティによる制限を受けることがある[15]。

(3) 忠実義務違反による利得の請求（account of unauthorized profit）

受託者が忠実義務違反の行為により得た利得や賄賂等について当該利益を信託財産とする擬制信託が成立し（上記2(3)）、受益者は、経済的損失の有無にかかわらず、当該利益の引渡しを請求することができる（上記⑨）。また、受託者がこれを投資した結果として損失が生じたときは受託者の負担となる（上記⑩）。

(4) 第三者の責任（liability of stranger to account）

上記2(3)のとおり、受託者が忠実義務に違反して信託財産を第三者に移転し、当該第三者が受託者の義務違反を知りながら当該財産を受領した場合は、当該財産について受領者を受託者とする擬制信託が成立する。よって、受益者は、受領者に対し、移転を受けた信託財産、その代替財産、それらから生じた利得、信託財産が被った損失等について、上記(1)乃至(3)と同じ引渡請求や補償請求をすることができる（㉒）。信託財産を譲り受けた後に受託者の義務違反を知った者に対しても、その者に不正行為の認識（dishonesty）がある場合は同様の責任を追及できる。

さらに、第三者が受託者の忠実義務違反に不正に協力した場合やそそのかした場合も、当該第三者に対して、単独責任又は受託者との共同責任を追及することができる（上記⑬、上記⑭）。

> ㉒　*Agip (Africa) Ltd v Jackson and Others* [1991] 3 WLR 116：Xの会計士Pは、Yと共謀のうえ、チュニジアのT銀行に対し、ニューヨークのL銀行にあるR（Yの運営する会社）の口座への送金をXの名で指示し、L銀行には他の銀行への送金を指示した。決済システム上、L銀行がPの指示に従って資金を送金したのは、T銀行からの入金より前だった。金員はマン島の銀行を通じてYのダミー会社に流された。事件発覚後、Xは、

---

15)　*Lipkin Gorman v Karpnale* [1991] EWHC 1188.

RがL銀行から受領してYに渡した金員は、T銀行が送金した資金と同じであると主張し、Yに返還を求めた。裁判所は、Xに対して忠実義務を負うPの詐欺を理由に、Xは、金員の同一性の特定ができなくても、ダミーを通じてYが手にした金員に対するエクイティ上の追求権を有すると判示した。忠実義務に違反したP、事情を知りながら資金を受領したRその他の加担者も同様の責任を負わされた。

第18章　取引に伴う財産権の移転
——土地財産権譲渡（conveyance）、物品売買（sale of goods）、債権譲渡（assignment）

1. 財産権（Property）とは

　財産権（property）とは、土地（land）、動産（goods and chattels）、株式（stock）、社債（debentures）、知的財産権（intellectual property）、債権（chose in action）その他財産を支配（使用・収益・処分等）する権利を意味する。なお、「property」の語は、財産権の対象となる財産自体の意味でも用いられる。

　財産の移転を目的とする取引において、契約の成立や効力と共に、対象財産の財産権がいつどのような方式で移転するのかは重要な問題である。財産権移転の原因には相続、合併、贈与、信託設定等もあるが、ここでは、売買（sale）による財産権の移転を中心に扱う。

　この問題の前提として、イギリス法上の財産権の種類を確認しておく。財産権は、その対象財産に応じて以下のような方法で分類できる。

(1)　**不動産権（immovable property）と動産権（movable property）**

　不動産権は、土地及びその定着物（土地上の建物や樹木、農作物等）を支配する権利であり、自由土地保有権（freehold）と定期不動産賃借権（leasehold）の2つがある。動産権は、土地以外のあらゆる有体財産に対する財産権である。この分類は、国際私法（private international law）上、財産権の準拠法決定基準である財産所在地の法（*lex situs*）を判断する際に用いられる。

(2)　**物的財産権（real property）及び人的財産権（personal property）**

　伝統的に、イギリス財産法は、自由土地保有権（freehold）を物的財産権（real property）に、定期不動産賃借権（leasehold）を人的財産権（personal property）の1つである人的不動産権（chattel real）に分類している。しかし、現在

の法律は両者を同等に扱い、どちらも土地利用権（estate in land）と呼ばれている。土地に対するその他の財産権（minor interests）としては、土地利用権（estate）に課される負担（charge）としての地役権（easement）、譲渡抵当権（mortgage）、入会権（rights to entry）等がある。なお、イギリスの土地の所有権（ownership）は女王（Crown）に帰属し、取引の対象ではない。

定期不動産賃借権（人的不動産権）以外の人的財産権は、純粋人的財産権（chattels personal）と呼ばれ、動産的財産権（choses in possession）と債権的財産権（choses in action）に分けられる。一般的な売買取引の対象となる動産の所有権（ownership）は前者に属する。

(3) **有体財産権（tangible property）及び無体財産権（intangible property）**

財産権は、土地（建物を含む）や動産等の有体物（tangible）に対する財産権とそれ以外の無体財産（intangible）に対する財産権（intangible property）に分類できる。有体財産権の取引は、原則として占有（possession）の引渡しを伴う。無体財産権の中にも、株式（stock）、債券（debenture）のように証書化されて占有を移転できるものがある。

(4) **債権的財産権（chose in action）と動産的財産権（chose in possession）**

債権的財産権は、物理的な支配にはなじまず、原則として訴訟等の法的手続による金銭支払請求の形でしか実現できない財産権のことである。なお、特許権（patent）、著作権（copyright）、商標権（trademark）等の知的財産権（intellectual property）は、分類上は債権的財産権だが、移転の方法はそれぞれ異なる。

(5) **コモンロー上の財産権（legal interest）とエクイティ上の財産権（equitable interest）**

イギリス法上、全ての財産に、コモンロー上の財産権とエクイティ上の財産権という2種類の財産権（property）が存在する（第17章1）。コモンロー上の財産権は、判例法と制定法が定めている類型的な財産権であり、財産の種類に応じてその要式、内容、移転の方法等が異なる。

エクイティ上の財産権は、コモンローや制定法の要式・内容を逸脱又は欠落

した全ての財産権を意味し、その典型例は、信託財産（trust property）に対する受益者の権利である。受益者は信託財産に対するエクイティ上の財産権を第三者に譲渡（assign）することができる。ただし、1925年財産権法（Law of Property Act 1925）によれば、エクイティ上の財産権を第三者に移転するには、譲渡人（transferor）が署名した書面によらなければならない（同法53条1項(c)）。

2．土地利用権原の移転（Transfer of Title to Estate in Land）

(1) 土地利用権原（title to estate）とは

イギリス法上、コモンロー上の土地利用権（legal estate in land）を第三者に対して主張できる法的地位のことを土地利用権原という。土地の売買は、正確には、土地利用権原（title）の移転を目的としている。1925年財産権法及び2002年土地登録法（Land Registration Act 2002）により、イギリスの土地に対する土地利用権原のうち、自由土地保有権（freehold）及び期間7年を超える定期不動産賃借権（leasehold）は、取引の都度、土地登録所（land registry）に登録される（土地登録法4条）。現在、教会や大学の敷地を除くほとんどの土地の利用権原は登録済みなので、以下はこれを前提に説明する。

(2) 土地利用権原の移転

登録された土地の売主が買主に土地利用権原を移転するためには、書面によって売買契約を締結し[1]、権利譲渡に関する捺印証書（deed）を作成し（土地登録法26条1項、2項）、かつ土地登録所に登録しなければならない（同法27条1項、2項(a)、別表2第2(1)項）。土地利用権原はこの登録完了時に移転する。なお、近い将来、全ての土地の売買は、電子署名を用いた電子譲渡（electronic conveyance）によることが必要となる（同法93条1項、2項）。この制度が導入されると、電子譲渡の登録は、土地売買契約の成立要件であると同時に土地利用権原移転の効力発生要件となり、契約書や捺印証書は不要となる。

---

1) Law of Property (Miscellaneous Provisions) Act 1989 s2(1).

(3) 登録可能な権利及び優先的権利

　土地利用権原に負担や影響を与える財産権のうち、コモンロー上の譲渡抵当権（legal mortgage）は土地登録所に登録しなければ効力を生じない（土地登録法27条2項(f)、59条2項）。その他の財産権のうちにも、地役権（easement）、入会権（rights of entry）、エクイティ上の譲渡抵当権（equitable mortgage）、土地利用制限約款（restrictive covenant）等、土地登録所に登録できるものがある（同法32条、33条）。登録済みのこれらの権利は買主に対抗できる。また、登録されていない権利や登録できない権利でも、期間7年以下の定期不動産賃借権、土地占有者の占有権原（rights of actual occupiers of land）等は、一定の条件の下に買主に優先権（overriding interest）を主張できる（同法29条、30条、別表3）。

　土地に対する信託受益権（equitable interest）は登録できないが、信託財産である土地を現実に占有していた受益者は、原則として、土地の買主にエクイティ上の財産権を対抗できる（同法29条2項(a)、別表3(2)）。ただし、当該土地を2名以上の受託者が管理し、彼らが土地を適法に売却して共同で代金を受領した場合、土地に対するエクイティ上の財産権は消滅し、売買代金が信託財産に転換（overreaching）する（財産権法27条）。

3．物品に対する財産権の移転

(1) 所有権（ownership）と権原（title）

　一般に、物品に対するコモンロー上の財産権（legal interest）といえば所有権（ownership）を意味する。所有権は、物の支配に関する包括的かつ究極的な権利である。物品の売買契約における売主の中心的な義務は、その所有権の買主への移転である（物品売買法（Sale of Goods Act 1979）2条1項）。

　通常、「売買契約における売主の義務は、買主に目的物に対する権原（title）を取得させることである」という表現が用いられる。権原とは、物品を占有、管理及び利用する権利を第三者に主張できる法的地位を意味する。ただし、イギリス法上の権原は、主として民事裁判上、財産権を主張して争う者の間の優劣を定める概念であり、所有権（ownership）とは次元が異なる。たとえば、物品の占有者（possessor）も所有者以外の者に対しては所有者と同等の正当な権

原（good title）を有するので、占有（possession）のみの移転を受けた者も権原を取得するが、これは売買に当たらない。よって、一般的な売買契約における売主の義務は、正確にいえば「全ての人に対して目的物の財産権を主張できる完全な権原（absolute title）を買主に取得させること」である。

(2) 売買による所有権の移転

物品売買における所有権の移転は、物品が滅失毀損した場合の危険負担や第三者に対する権利の主張の可否に関連する重要な問題である。その移転時期は、契約当事者間の合意による（物品売買法17条）が、特約がない場合は以下のとおり推定される。

（ⅰ） 特定物（specific goods）の売買

売買契約締結時に物品（goods）が引渡可能な状態（deliverable state）である場合、所有権は、原則として契約と同時に買主に移転する（同法18条 Rule 1）。引渡可能な状態とは、目的物が物理的に引き渡せる状態を意味し（①）、欠陥があるかどうかは関係がない。ただし、目的物について売主が事前検査、修理義務を負うなど、引渡しのための前提条件が合意されているときは、売主が前提条件を整えた旨を買主に通知するまで移転しない（同 Rules 2, 3）。また、買主の承認を引渡条件とする合意（delivery on approval）又は買主に返品解約権を付与する合意（delivery on sale and return）があるときは、所有権は、物品受領後に買主が承認したとき、承認を前提とする行為（たとえば、目的物の質入れ等）をしたとき、又は承認せずに合理的期間が経過したときに移転する（同 Rule 4）。ただし、これらの規則は、所有権留保特約付の売買契約には適用されない[2]。

① *Underwood Ltd v Burgh Castle Brick & Cement Syndicate* [1922] 1 KB 343：Xは、Yに凝縮発動機を売却する合意をした。契約締結時、発動機はXの施設内のコンクリート床にボルトで固定されていたが、引渡しのための分離作業中に破損したことにより、Yは受領を拒絶した。Xは、発動機の所有権は契約締結時にYに移転したと主張したが、裁判所は、発動機は、契約時は土地の付着物であり引渡しが可能な状態ではなかったと述べ、これを否定した。

---

[2] *Weiner v Gill* [1906] 2 KB 574.

（ⅱ）　不特定物（unascertained goods）の売買

　不特定物売買における所有権は、特約がある場合を除き、売買契約の目的物が確定（ascertain）したときに移転する（物品売買法16条）。売買契約の目的物は、原則として、一方当事者が、相手方の同意（assent）の下に、引渡可能な状態にある物品を指定したときに確定する（同法18条 Rule 5 (1)）。相手方の同意は、事後における黙示の同意（implied assent）でも構わない（②）。

②　*Pignataro v Gilroy* [1919] 1 KB 459：YはXに米140袋を売却した。Yは、Xの要求により125袋を引き渡し、残る15袋はYのロンドン事務所で渡す旨を告げたが、Xは1か月以上受け取りに来なかったため、15袋の米は盗まれてしまった。Yに保管上の落ち度はなかった。裁判所は、米15袋は、Xの行動による黙示の合意により特定しているので、Xに所有権が移転し、Xが危険を負担すると判示した。

　売主が契約条項に従って目的物を買主又はその運送人（carrier）等に引き渡したときも目的物が確定する（同 Rule 5 (2)）。ただし、契約数量を超える物品を運送人に引き渡しただけでは足りない（③）。

③　*Healy v Howlett & Sons* [1917] 1 KB 337：XはYにサバ20箱の売却を合意し、イタリアからロンドンへ向かう列車に190箱を積み、そのうちの20箱をYに渡すよう、運送人Zに指示した。列車の遅延により、ロンドンに着いたとき魚が腐っていたため、Yは、商品価値なしとして受領を拒絶した。Xは、Yに渡す魚は、イタリアでZに渡したときに特定したので、危険はYに移転した」と主張した。裁判所は、「ZがYに引き渡す魚を取り分けるまで特定していない」と述べ、Xの言い分を斥けた。

　なお、場所と種類によって特定可能な物品群（bulk）のうちの一定数量の不特定物を売買する場合は、当該物品群に含まれる物品が契約数量までに減少したとき、当該物品群について他にも買主がいる場合を除き、残存物品が売買の目的物となり、その財産権が買主に移転する（同 Rule 5(3)(4)）。

（ⅲ）　所有権留保条項（retention of title clause）

　売主が売買代金の支払を確保するために、売買契約に、代金完済まで目的物の所有権を留保する旨の条項を設けることがある（同法19条）。所有権留保条

項は、担保としての効力を有しないが、目的物が買主の下に留っている間は一般債権者や破産管財人に対抗できる（④）。さらに、買主に忠実義務（fiduciary duty）を課す旨を定めておけば、目的物の転売代金に対して優先権を主張できる（上記④）。継続的な取引関係がある場合に、売却済の全商品の所有権をそれらの代金を含む全債務が完済されるまで留保することもできる（⑤）。ただし、目的物が他の物の素材に用いられたときは、特定及び分離が可能な場合を除き、所有権を主張できない（⑥）。

④ *Aluminium Industrie Vaassen BV v Romalpa Aluminium Ltd* [1976] 1 WLR 676：XはYに対し、以下の条件でアルミホイルを売却した。「(a)製品の所有権は代金完済時に移転する。(b)Yは代金完済まで製品を他の商品と分けて保管する。(c)Yが商品を売却した場合、Xの要求しだい代金をXに引き渡す。」Xは、Yが支払不能となったので、契約に基づき、転売分の代金引渡し及び残存ホイルの返還を請求した。控訴院は、所有権留保条項により、製品及びその売却代金はXに帰属するので、Yはその受託者として、契約に基づく忠実義務を負っていると判示し、Xの請求を認めた。

⑤ *Armour v Thyssen Edelstahlwerke AG* [1991] 2 AC 339：YはZに対し、売買契約に基づきスチール管を引き渡した。契約には、Y及びその関連会社に対する全債務が完済されるまで製品の所有権は留保する旨の条項があった。Zが支払不能となった後、債権者が選任した管財人Xは、当該条項は動産譲渡抵当権の設定を目的としているので、担保登録がされていない以上無効であると主張した。貴族院は、動産譲渡抵当権は設定者が所有していない物品には設定できないことを根拠に、Xの言い分を斥け、物品売買法17条及び19条により、Yは全債務完済まで所有権を留保していると判示した。

⑥ *Clough Mill Ltd v Martin* [1985] 1 WLR 111：XはZに生地を織るための織り糸を売却した。売買契約は、代金完済まで所有権を留保する旨を定めていた。Zが支払不能となった後、Xは、債権者が選任した管財人Yに対し、織り糸の返還を求めたが、Yはこの請求を無視し、織り糸を生地の製造に使用させた。控訴院は、Xは返還請求時に特定され未使用だった織り糸に対する所有権を有していると判示し、その価格相当額の支払をYに命じた。なお、傍論として、買主が購入した物品を素材として使用し適法に他の製品を製造した場合は、買主に所有権が帰属すると述べた。

(3) **物品の権原証券（documents of title to goods）**

国際物品売買における物品に対する権原の移転は、当事者間の合意により船荷証券（bill of lading、B/L）を用いることが多い。B/L とは、海上運送人が署名して荷送人（売主）に物品の受取証として交付する書面で、運送契約及び物品の内容を表示する証拠であると共に、物品の権原（title）を表章する証券（document of title）としての機能を有する。B/L を用いた典型的な物品売買取引は、以下の手順で実行される。

（ⅰ）売買契約に基づき、買主は自己の取引銀行（A銀行）に信用状（letter of credit、L/C）の開設を依頼。A銀行は依頼に基づき売主のための L/C を開設し、売主の取引銀行（B銀行）を通じて売主に通知する。

（ⅱ）（ⅰ）の通知を受けた売主は、海上運送人に物品を預け、運送人は B/L 及びその他の船積書類（保険証券等）を売主に交付する。

（ⅲ）売主は、買主を支払人、自己を受取人とする為替手形（documentary bill、荷為替手形）を発行し、これを B/L 等と共に B銀行を通じて A銀行に呈示する。A銀行は、L/C に基づいて代金相当額を支払い、引換えに手形・B/L 等を受領する。

（ⅳ）買主は A銀行に、手形・B/L 等と引換えに代金相当額を支払う（代金決済完了）。

（ⅴ）買主は、海上運送人に B/L を呈示して、物品を受け取る（引渡完了）。

(4) **危険の移転（passing of risk）**

契約違反以外の理由により目的物が破壊、紛失、損傷した場合の危険（risk）は、特別な合意がある場合を除き、引渡しの時期にかかわらず、所有権が移転するまでは売主、所有権移転後は買主が負担する（物品売買法20条1項）。ただし、これには多くの例外がある。

第1に、売主が引渡しに必要な行為を全て完了したときは、所有権の移転がなくても買主に危険が移転する（⑦）。

⑦ Sterns Ltd v Vickers Ltd [1923] 1 KB 78：Yは、Zの貯蔵用タンクに保管された軽油20万ガロンを購入し、うち12万ガロンをXに転売し、品質保証書をXに交付した。しか

し、Xは数か月間引取りに行かなかったため、引渡しを受けたときには、タンク内の軽油の品質は著しく劣化していた。Xは、Yの保証違反の責任を追及した。控訴院は、Yは売主としての措置を全てとったのだから、軽油の所有権がXに移転していないとしても、危険はすでに移転していたと述べ、Xの請求を認めなかった。

第2に、買主が受領拒絶権を有する間は、所有権移転の有無にかかわらず、危険は移転しない（⑧）。

⑧ *Head v Tattersall* (1871) LR 7 Ex 7：YはXに、ビセスター地方で狩猟に用いた馬であると保証して1頭の馬を売却した。その後、Yの保証違反が判明したので、Xは、契約に基づいて代金払戻しを求めたが、馬は、X占有中にXの過失によらず負傷していた。裁判所は、馬の所有権はXに移転したが、この状況下では危険は移転していなかったので、Yは怪我をした馬を引き取らなければならないと判示した。

第3に、契約の一方当事者の責めに帰すべき事由によって引渡しが遅延した場合、当該事由がなければ発生しなかったはずの損失は、原因となる事由を起こした当事者が負担する（同法20条2項、⑨）。

⑨ *Demby Hamilton & Co Ltd v Barden* [1949] 1 All ER 435：XはYとの間で、30トンのリンゴジュースを毎週一定量ずつ引き渡す条件で供給することを合意した。Xは、大量のリンゴを潰してジュースにし、引渡しの準備のため貯蔵樽内に保管した。20トン分の引渡しが済んだ頃、Yは、別途指示するまで、残りの引渡しを受けられないと申し渡した。Xの再三の要求にかかわらず、Yは引渡しの指示をしなかったため、貯蔵樽に残ったジュースは腐敗し、廃棄された。XはYに対し代金支払と損害賠償を求めた。裁判所は、物品売買法20条2項に基づき、受領を遅滞したYが商品の危険を負担すると判示した。

第4に、物品売買法20条は、特別な合意により排除される。特に、国際物品運送を伴う売買の場合、危険の移転に関しては、国際商業会議所（ICC）作成のインコタームズ（Incoterms、貿易用語解釈のための国際規則）が定める売買条件のうちの1つを選択する方法で特約することが多い。たとえば、契約当事者がF.O.B（free on board、荷積渡し）を合意した場合、売主の港で売主が船積みをした時点で危険が買主に移転する。

4. 無権原者との取引による物品に対する権原の移転

(1) 無権原者の原則（*nemo dat* rule）とその例外

イギリス法上、物品の買主は、原則として、売主が有していた権原以上のものを取得することができない（物品売買法21条1項）。すなわち、売主が所有者ではない場合、買主は所有権を取得できない。これを「何人も自ら持たざる物を与えず（*nemo dat quod non habet*）」の原則という。

ただし、売主に権原がないことを知らされていない状態（without notice）で誠実な取引（act in good faith）により物品を買い受けた者、すなわち、誠実な買受人（good faith purchaser）は、以下のいずれかの条件、状況を充たす場合において、所有者に対して正当な権原（good title）を主張できる。誠実な買受人であるためには、「売却権限がないことを知らされていない（without notice）」こと、すなわち、合理的な人間であれば売主の売却権限に疑いを抱いて調査を行うであろう事項について現実の通知（actual notice）を受けていないことを要する。この概念は、信託財産の受益者に対抗できる善意の買受人（bona fide purchaser、第17章4(2)）とは異なる[3]。

（ⅰ） 所有者の代理人からの買受け

代理人が所有者の授権に基づいて物品を売却した場合はもちろん、現実の授権を受けていない表見代理（apparent agency）の場合も、所有者は代理人の無権限を主張できないので、買主に権原が移転する（同法21条1項、62条2項、第16章2(3)）。

（ⅱ） 商事代理人からの買受け

所有者の同意の下で物品を占有している商事代理人（mercantile agent）がその営業行為としてその物品を売却したとき、所有者から売却権限を付与されていたか否かにかかわらず、誠実な買受人は、物品に対する権原を所有者に主張できる[4]。商事代理人とは、物品の売買や販売委託等の代理を業として行う者である（同法26条）。

（ⅲ） 表示による禁反言（estoppel by representation）

---

3) *Feuer Leather Corpn v Frank Johnson & Sons* [1981] Com LR 251.
4) Factors Act 1889 s2(1)、Sale of Goods Act 1979 s61(3).

第18章　取引に伴う財産権の移転

　所有者の行動や発言（by words or by conduct）により無権限者が物品売却権限を有するかのような外観が生じ、買主がその外観を信じて無権限者から物品を購入した場合、禁反言の原則（estoppel）に基づき、所有者は買主に対し、その者に売却権限がないことを主張できない（同法21条1項、⑩）。その反射的効果として、物品の所有権は買主に移転する（⑪）。

⑩　*Henderson & Co v Williams* [1895] 1 QB 521：詐欺師Rは、Zに対し、Zの顧客の一人の代理人と偽り、Zから砂糖を購入した。砂糖はYの倉庫に保管されていたので、ZはYに、今後はRのために保管し、Rの要求により引き渡すよう指示した。Rは、砂糖をXに売却し、Xは、Rが所有者であることをYに確認してから代金を支払った。後日、YはRの詐欺を知り、砂糖はZの物であるとして、Xへの引渡しを拒んだ。裁判所は、禁反言により、ZはYに対して砂糖に対する権原を主張できないので、YはXへの引渡しを拒絶できないと判示した。

⑪　*Eastern Distributors Ltd v Goldring* [1957] 2 QB 600：Pはクライスラー車（C車）を販売店Qから購入したかったが、頭金を支払う資金がなかった。そこで、Qと共謀し、Pが所有していたトラックとC車の両方をQから購入するふりをして、金融会社Xに2台分の融資金を貸し出させ、トラックの融資分でC車の頭金を賄うことにした。自動車購入資金の融資のための購入賃貸契約（hire-purchase agreement）は、金融会社が販売店から車を購入した上で買主にリースし、買主は賃貸料の名目で分割払により金融会社に融資金を返済する仕組みの取引である。Pは、トラック及びC車の購入資金のため、購入賃貸契約の申込書2通を作成してXに申し込んだが、Xはトラックのみ認め、C車購入のための契約は拒絶した。Pはこれを知り、C車購入を諦め、トラックはYに売却した。ところが、Qは、P作成書類を用い、Pに無断でトラックのみの購入賃貸契約をXと結び、融資金を着服した。Xは、Pが分割払金（賃貸料）を支払わないので、Yに対し車の引渡しを求めた。裁判所は、Xは、Pの行動により、Qにトラックの売却権限があると信じたので、PはXに権原を主張できず、トラックの所有権者はXであると判示した。

　所有者の行動や発言ではなくその過失（negligence）を根拠として禁反言を主張するには、(a)所有者が外観を信じた買主に対して注意義務（duty of care）を負うこと、(b)注意義務違反（breach of duty）があること、及び(c)当該注意義務違反が虚偽の外観による購入の直接の原因（proximate cause）であることの立証

223

を要する。所有者が権利保護のための通知や登録等を怠っただけでは足りない（⑫）。

⑫ *Mercantile Credit Co Ltd v Hamblin* [1965] 2 QB 242：Yは、Rに騙されて、RがYのために金策をしてくれると信じ、自動車をRに預けると同時に、自動車を担保にローンを受けるために必要な書類に署名してRに渡した。Rは、これらを用いて自分に売却権限があるように装い、車をXに売却した。売買代金を騙し取られたXのYに対する損害賠償請求訴訟において、控訴院は、Xの損失はRの詐欺によって生じたので、Yに過失責任はないと判示した。(*Moorgate Mercantile Co Ltd v Twitchings* [1977] AC 890も同旨。)

(iv) 取消可能な権原に基づく売買

物品の買主からその転売を受けた者は、買主が当該物品を取得した際の売買契約に瑕疵があるとき、すなわち、買主の詐欺（fraud）、不実表示（misrepresentation）、強迫（duress）等により売主が契約を取り消す可能性（voidable）があるときでも、売主が取り消す前にそのことを知らずに買主から購入（purchase in good faith）した場合は、完全な権原を取得する（物品売買法23条）。取消しの通知は、原則として買主に到達（communicate）することを要するが、買主の行方不明等により通知できないときは、売主が物品取戻しのためにできる限りの行為をすれば取り消したことになる（⑬）。なお、取消後に転売を受けた誠実な買受人（good faith purchaser）は、物品売買法25条により保護される（後記（vi））。

⑬ *Car & Universal Finance Co Ltd v Caldwell* [1964] 2 All ER 547：Xは自動車をPに売却したが、Pが代金支払のために渡したのは偽造小切手だった。Xはこの事実を知り、直ちに警察に届け出をし、自動車協会に捜索を依頼した。Pは、自動車を悪意のディーラーQに売却し、Qは金融会社Rに売却した。RはこれをYに転売した。裁判所は、Xが警察に届け出た時点で売買契約は取り消されたと認定し、取消後のQ、R及びYへの売買では権原が移転していないとし、Yの権原を否定した。

(v) 物品引渡前の売主からの買受け

売主が物品の売買契約を締結した後に当該物品の占有（possession）を続けて

いた場合、そのことを知らずに買い受けた誠実な買主は、先行する譲受人に対し権原を主張できる（同法24条）。

(vi) 引渡しを受けた買主からの買受け

物品の買主が、当該物品の占有を取得した後にこれを他の者に売却した場合、たとえ当該物品の権原が元の売主の下に留保されていたとしても、当該買主から物品の転売を受けた者が誠実な買受人であるとき、元の売主に対して権原を主張できる（同法25条1項）。元の売主が売買契約を詐欺等により取り消した場合も、そのことを知らずに買主から転売を受けた誠実な買受人は所有権を取得する（⑭）。

⑭ *Newtons of Wembley Ltd v Williams* [1965] 1 QB 560：詐欺師RはⅩの車を購入した。Xは売買契約を取り消し、警察に車を見つけるよう頼んだ。取消しの後、Rは車をYに売却した。裁判所は、Rは車を購入し、Xの同意の下に占有していたので、物品売買法25条に基づき誠実な買受人であるYに対して権原を移転することができると判示した。Xは、⑬判決を主張したが、同事件の取消後の最初の買主は売主の無権原を知っていたので、本件とは異なるとされた。

(vii) 自動車の売買

自動車の買主の多くは、代金の一部（頭金）のみを販売店に支払い、残金は、金融会社と購入賃貸方式（hire-purchase arrangement）により金融会社から融資を受ける。購入賃貸方式とは、対象車を金融会社に販売店から買い取ってもらい、買主は金融会社から買取選択権付のリース（賃借）を受ける方式である。この方式で金融会社から自動車をリースしている者が、当該自動車を誠実な買受人に売却したとき、金融会社が有していた権原は当該買受人に移転する[5]。

(2) **国外における誠実な買受け**

イギリスの裁判所は、物品取引により財産権が移転したかどうかを判断するに際し、当該取引のときに物品が所在した国の法律を適用する[6]。したがって、即時取得制度を採っている国において物品を善意で購入して所有権を得た者は、

---

5) Hire-Purchase Act 1964 ss27-29.
6) *Cammell v Swell* (1858) 3 H&N 617.

イギリス法上も、原則として、当該物品の所有者となる（⑮）。ただし、外国の即時取得制度を利用するために盗品をわざとイギリス国外で売却して買い戻した場合や適用される外国法がイギリスの公共政策（public policy）に反する場合は、当該外国法を適用しない（⑯）。

⑮　*Winkworth v Christie, Manson and Woods Ltd* [1980] Ch 496：イギリスでXの美術品が盗まれ、イタリアへ持ち出され、同地でイタリア法に準拠した売買契約に基づいてYに売却された。Yはロンドンのオークションに美術品を出品したので、Xは返還請求訴訟を提起した。裁判所は、物品の権原の移転は、取引をした地の法、すなわち、イタリア法に従うので、Yは同法に基づく正当な権原を取得していると判示した。ただし、傍論において、この原則は（ⅰ）物品が運送中の場合、（ⅱ）買主が誠実（bona fide）に行動していなかった場合、（ⅲ）財産所在地法がイギリスの公共政策（public policy）に反する場合等は適用しないと述べた。

⑯　*Kuwait Airways Corporation v Iraqi Airways Co (Nos 4 & 5)* [2002] 2 AC 883：1990年にイラクがクウェートに侵攻した際、X（クウェート航空）所有の民間航空機は、全て差し押えられイラクに没収された。イラクは、これら全てをY（イラク航空）の財産とする旨の法律を制定した。Xは、Yによる不法な権原の侵害を根拠にイギリスで損害賠償請求訴訟を提起した。Yは、財産所在地の法による所有権取得を主張したが、裁判所は、航空機没収に関するイラク法は、不当であり国際法に反するので、イギリスの公共政策（public policy）に反し、適用できないと判示し、Xの請求を認めた。

(3)　出訴期間制限による権原の取得

物品の占有（possession）を奪われた者は、現在の占有者（possessor）に対する正当な権原を有し、不法行為に基づく物品の返還や損害賠償を請求できる[7]。この請求権は、原則として、発生後6年を経過したときに消滅し（1980年出訴期間制限法（Limitation Act 1980）2条）、同時に請求権者の物品に対する権原も消滅する（同法3条2項）。その結果、その時の占有者（possessor）は、請求権を失った元占有者に対する権原を主張できる。

ただし、物品が窃盗、横領、強迫、詐欺等によって侵害された場合は、誠実な買受人が現れるまで時効期間は進行を開始しない（同法4条1項）。盗品等に

---

7)　Torts (Interference with Goods) Act 1979 s3.

対する権原は、誠実な買受人が購入した日から6年を経過したときにその時の占有者に移転する。

なお、物品を外国で紛失した者がイギリスで返還請求する場合は、イギリスの出訴期間制限に加え、物品を盗まれた国の消滅時効制度も適用される（1984年外国出訴期間制限法（Foreign Limitation Periods Act 1984）1条1項）。ただし、外国法の適用がイギリスの公共政策に反する場合は、裁判所はその適用を認めない（同法2条1項、⑰）。

⑰　*City of Gotha v Sotheby's and Cobert Finance* [1998] 1 WLR 114 (QB)：X（ドイツの都市ゴータ）が所有する絵は第2次大戦中に紛失し、1946年に（おそらく戦利品として）ソ連に渡った。1980年の中頃、この絵は西ドイツ在住のPに売却されたが、Pへの搬送を依頼されたQ又はQからドイツで絵を受け取ったRにより横領され、1988年にSに売却された。翌年、SはこれをロンドンのサザビーズでY（パナマ会社）に売却した。XのYに対する返還請求訴訟において、Yはドイツ民法に基づく返還請求権の消滅時効を援用した。同法によれば、占有者の善意悪意にかかわらず、30年の占有（前主、前々主等の占有を合わせてよい）により所有権返還請求権は消滅する。なお、P、Q、R、Sは全て悪意なので、イギリスの出訴期間制限法上は、Xの権原は消滅しない。裁判所は、1984年外国出訴期間制限法によりドイツの消滅時効の適用があることを確認したうえ、横領があったときに時効は中断されたとし、時効の成立を否定した。裁判所は傍論において、仮に中断がなかったとしても、ドイツの消滅時効は泥棒や悪意の購入者に有利な制度であり、イギリスの公共政策に反するので適用できないと述べた。

5．契約上の権利の移転（Assignment of Contractual Right）

契約上の権利（contractual right）は、財産権の1つとして取引され、第三者に売却できる。この債権的財産権（chose in action）の売買は、契約上の権利を有する者が、当該権利の譲渡人（債権譲渡人、assignor）として、当該権利の買主（債権譲受人、assignee）に対して、債務者（debtor）に直接契約上の義務履行を請求することができる地位を移転すること（債権譲渡、assignment）を目的とする。イギリス法において、債権譲渡の方法には、制定法上の債権譲渡（statutory assignment / legal assignment）とエクイティ上の債権譲渡（equitable assignment）の2つがある。

(1) **制定法上の債権譲渡（statutory assignment）**

20世紀初頭まで、コモンロー上の債権（legal choses）の譲渡は不可能とされていたが、1925年財産権法[8]が初めてこれを認めた。同法上の債権譲渡の要件は、以下のとおり極めて厳しい。

（ⅰ）完全な譲渡（absolute assignment）であること

債権譲渡人は、一切の財産権（interest）を留保してはならない。したがって、条件付債権譲渡（conditional assignment）や担保のための債権譲渡（assignment by way of charge）はできない[9]。また、債権の一部の譲渡（partial assignment）も認められない[10]。

（ⅱ）書面性

法律上の債権譲渡は必ず債権譲渡人が作成した書面によらなければならない（by writing under the hand of the assignor）。また、取引上の売掛金など特定の債権の譲渡は、登録しない限り、破産手続の際に効力を生じない[11]。

（ⅲ）譲渡の意思表示（communication）

債権譲渡人から債権譲受人に譲渡の意思が伝達されていなければならない。

（ⅳ）譲渡通知（notice）

債権譲渡人又は債権譲受人のいずれかが債務者に対して書面により譲渡通知をしなければならない[12]。

通知の時期は、譲渡債権の弁済前であればいつでもよい[13]。

また、二重、三重債権譲渡があった場合の優先順位は、通知の先後による[14]。

---

8) Law of Property Act 1925 s136(1).
9) *Jones v Humphreys* [1902] 1 KB 10、*Bank of Liverpool v Holland* (1926) 43 TLR 29、*The Balder London* [1980] 2 Lloyd's Rep 489.
10) *Forster v Baker* [1910] 2 KB 636、*The Mount I* [2001] EWCA Civ 68.
11) Insolvency Act 1986 s344 (Book debts of a business).
12) *Herkules Piling Ltd v Tilburyfield Trust Ltd* [1942] 2 KB 530.
13) *Walker v Bradford Old Bank* (1884) 12 QBD 511.
14) *Dearle v Hall* (1828) 3 Russ 1、*Ellerman Lines Ltd v Lancaster Maritime Co Ltd* [1980] 2 Lloyd's Rep 497.

(2) エクイティ上の債権譲渡 (equitable assignment)

　法律上の債権譲渡には、上記(1)のとおり多くの制約があるので、全要件の充足が不可能な場合、特に、担保のための債権譲渡（security assignment）、債権の一部譲渡（partial assignment）、条件付債権譲渡（conditional assignment）が必要な場合には、エクイティ上の債権譲渡の方法が用いられる。上記(1)の要件の一部を欠いた債権譲渡であっても、エクイティ上の債権譲渡としては完全に有効である。ただし、エクイティ上の債権譲渡における債権譲受人や譲渡人による権利行使には、以下のような制約がある。

（ⅰ）　権利行使上の制約

　原則として債権譲受人は自己の単独名義で債務者に訴訟上の請求をすることはできず、債権譲渡人との共同名義で請求しなければならない[15]。これは、権利者の不確定によるリスクから債務者を保護し、かつ重複訴訟を防止するためである。

　これに対し、債権譲渡人は、債権譲受人の受託者（trustee）としての地位に基づいて、単独で債務者に対して訴訟上の請求をすることができる。

　ただし、債権譲渡人が債権の一部譲渡をした上で、譲渡していない債権の一部を請求する場合、債権譲受人と共同で訴訟を提起しなければならない。

　債権に関するエクイティ上の財産権は、エクイティ上の債権譲渡の方法による譲渡しか認められない。また、必ず書面によらなければならない（財産権法53条1項(c)）[16]。

（ⅱ）　手続（通知の要否）

　債務者への通知は、エクイティ上の債権譲渡の成立要件としては不要である[17]。

　ただし、通知がない場合、債務者は、債権譲渡人に対して債務履行をして、債務を免れることができる[18]。また、書面による通知をしておけば、二重、三重の債権譲渡があった場合における優先権を確保できるので[19]、一般的に

---

[15]　*The Aiolos* [1983] 2 Lloyd's Rep 25、*Three Rivers DC v Bank of England* [1996] QB 292、*Cator v Croydon Canal Co* (1841) 4 Y & C Ex 405．

[16]　*Oughtred v IRC* [1960] AC 206．

[17]　*Holt v Healtherfield Trust Ltd* [1942] 2 KB 1、*Gorringe v Irwell India Rubber, etc., Workers* (1886) 34 Ch D 128．

は通知した方が望ましい。

(3) 譲渡制限 （exclusion of assignment）

制定法上、エクイティ上のいずれの方法であっても、労働契約（employment contract）その他における一身専属的性質の権利（personal contractual right）は譲渡できない[20]。

契約当事者間で債権譲渡を禁ずる旨の明示の合意（non-assignment clause）をした場合、この合意は、イギリス法上拘束力を生じ、債権者がこれに違反して債権譲渡をしても、債務者との間では譲渡の効力を生じない[21]。ただし、債権譲渡人と譲受人との間では債権譲渡は有効であり[22]、債権譲受人は譲渡人に対して債権譲渡契約違反の責任を追及することができる[23]。なお、債権譲渡禁止条項は、債権者が第三者のためにエクイティ上の権利を信託譲渡（declaration of trust）することまでは制限していない（⑱）。

⑱ *Don King Productions Inc v Warren* [2000] Ch 291：XとYはいずれも著名なボクシングのプロモーターである。両者はプロモーション及びマネジメント事業を共同で行うためのパートナーシップ契約を締結し、それぞれがボクサーと締結しているプロモーション契約を信託財産とし、パートナーシップを受益者とする信託を設定し、XYはパートナーシップの利益のために各契約を管理する旨を合意した。Yが締結していたプロモーション契約の一部には譲渡禁止条項が定められていたので、Yはこれらの契約は信託財産に含まれず、Yが独占しても信託に違反しないと主張した。裁判所は、債権譲渡禁止条項のあるプロモーション契約に関しても、それらに基づく債権を信託財産とする信託が設定できると判示し、Yの主張を斥けた。

---

18) *Warner Bros Records Inc v Rollgreen Ltd* [1976] QB 430、*Herkules Piling v Tilbury Construction* (1992) 61 Build LR 107.
19) *Dearle v Hall* (1828) 3 Russ 1.
20) *Nokes v Doncaster Amalgamated Collieries* [1940] AC 1014.
21) *Helstan Securities Ltd v Hertfordshire CC* [1978] 3 All ER 262、*Linden Gardens Trust Ltd v Lenesta Sludge Disposals Ltd* [1994] 1 AC 85 (HC).
22) *Re Turcan* (1888) 40 Ch D 5、*Re Westerton* [1919] 2 Ch 104.
23) *Bawejem Ltd v MC Fabrications Ltd* [1999] 1 All ER (Comm) 377.

(4) 債務者の抗弁権

 制定法上、エクイティ上のいずれの方法による場合でも、債権譲渡人は自己の権利以上のものを譲渡できない[24]。よって、債務者は、譲渡人に対抗、主張できた抗弁や契約の欠陥を譲受人に対しても対抗、主張することができる。

（ⅰ）　当該契約から生じた権利の主張

 債務者は、債権譲渡された権利に係る契約に関する債権者に対する権利を債権譲受人に対しても主張できる[25]。ただし、債務者は、契約に基づいて相手方（債権者）に対して有することになった損害賠償請求権を債権譲受人に対して主張することはできない。たとえば、相手方の詐欺によって義務を負担した場合、債権の譲受人に対して当該義務の取消し（resccession）を主張することは可能だが、詐欺による損害賠償請求権をもって債権譲受人に対して相殺を主張することはできない（⑲）。

 ⑲　*Stoddart v Union Trust* [1912] 1 KB 181：Yは、Rの詐欺により新聞社を1000ポンドで購入させられ、内金200ポンドをRに支払った。Rは、残金800ポンドの債権を、事情を知らないXに譲渡した。Xの請求に対し、Yは、詐欺行為をしたRに対し800ポンド以上の損害賠償請求権を有しているので、残代金債権と相殺すると主張した。裁判所は、Yの損害賠償請求権は、Rに対する人的請求権に過ぎないとし、債権譲受人Xに対する相殺の抗弁を認めなかった。

（ⅱ）　他の契約から生じた権利の主張

 債務者と債権譲渡人との間における他の契約に基づく債権との相殺は、債権譲渡通知前に発生したものに限り主張できる[26]。

（ⅲ）　譲渡債権の範囲

 債権譲受人は、債権譲渡がなかったとしたら債権譲渡人が行使できたはずの権利以上のものは行使できない（assignee cannot recover more than assignor）[27]。た

---

24)　*Tooth v Hallett* (1869) LR 4 Ch App 24.
25)　*Graham v Johnson* (1869) LR 8 Eq 36.
26)　*Stephens v Venables* (1862) 30 Beav 625、*Business Computers Ltd v Anglo-African Leasing Ltd* [1977] 1 WLR 578.
27)　*Dawson v Great Northern & City Ry* [1905] KB 260.

だし、不動産や物品の売買に伴って売主が目的物に関連する権利（当該物件を侵害した第三者に対する損害賠償請求権等）を買主に譲渡した場合は、買主は、売買と債権譲渡の双方がなかったとしたら売主が行使できた権利を行使できる(⑳)。

> ⑳ *Offer-Hoar v Larkstore Ltd* [2006] EWCA Civ 1079, [2006] 1 WLR 2926：Yは、土地の持主Zの委託により、土地開発のための土壌調査報告書を作成した。ZはXに対し、この土地を売却すると同時に、調査委託契約に基づくZのYに対する権利を譲渡した。Yの調査報告結果は間違っていたため、開発工事中に土砂崩れが生じ、Xは損害を被った。Yは、Xからの損害賠償請求に対し、Xから売買代金を受領したZに損害が生じていないので、ZはYに対して調査委託契約上の損害賠償を請求できない、よって、Zの契約上の地位を譲り受けたXも損害賠償を請求できないと主張して争った。控訴院はこの議論を斥け、Xは、Zが債権譲渡及び土地の売却の双方をしなかったとしたら有していたはずの損害賠償請求権を行使できると判示した。

6．更改（Novation）

債権譲渡（assignment）は、契約上の権利を移転する手段であり、契約上の債務、義務は譲渡できない。通常、債務を第三者に移転したい場合は、更改（novation）の方法が用いられる。

更改とは、契約の当事者の一方と第三者との間で、現存する契約の代わりに新契約を締結することをいう。たとえば、AとBとの間の契約において、Bは、当該契約上の債権債務を解除することに合意し、かつAとCとの間で、ACの間の契約と全く同一の権利義務を生じさせることを内容とする新契約を締結することについて合意すれば、契約上の地位がBからCへと移転した状態となる。更改は、経済的には債権債務の一括譲渡と同一の結果を生じさせる。

その要件は次のとおりである。
（ⅰ） 全当事者（債権者、原債務者及び新債務者の3者）の関与、合意があること[28]。
（ⅱ） 新たに契約に加わる第三者から約因（consideration）が提供されている

---

28) *Tito v Waddell (No.2)* [1977] Ch 106.

こと。更改は3者間の契約なので、それぞれの義務が法的拘束力を生ずるには、他の二者からの約因が必要である。通常、債権者は、原債務者の債務を免除して新たな契約に合意することにより、また、原債務者は新債務者を債権者に対して提供することにより、それぞれ約因を提供している[29]。

---

29) *Customs & Excise Commissioners v Diners Club Ltd* [1989] 1 WLR 1196.

第19章　寄託（Bailment）

1．寄託とは

　寄託は、ある者（受寄者、bailee）が他の者（寄託者、bailor）の動産（chose in possession）を占有（possession）することによる両者間の法律関係である。受寄者の占有に関する寄託者の同意の有無は問わないが、受寄者は、誰が寄託者かを認識していることを要する。無権利者を所有者と信じて引渡しを受けた者は、当該無権利者の受寄者に過ぎない（①）。

> ①　*Marcq v Christie Manson & Woods Ltd* [2003] EWCA Civ 731：ヤン・ステーンの名画がXの元から盗まれた。その後、第三者からこの絵を購入したZは、Yにオークションによる絵の売却を委託した。絵はYのオークションで買手がつかず、Zに返却された。Xは、Yは、所有者の寄託者として、販売委託者に正しい権原があるかどうかを合理的な注意をもって確認する義務を負っていたと主張し、Yの責任を追及した。控訴院は、Yは所有者がXであることを知らずに占有していたので、ＸＹ間に寄託の法律関係は生じていないと判示した。

　寄託には、（ⅰ）動産の賃貸借（hire）、質入（pledge）、有償保管（custody for reward）、修繕・運送等の役務提供（hire of work）その他有償の契約に基づく引渡しを原因とする有償寄託（bailment for reward）と（ⅱ）使用貸借（commodatum）、無償保管（depositum）、役務の無償引受け（mandatum）等、契約以外の原因による無償寄託（gratuitous bailment）とがあり、前者の場合は、契約関係と寄託が併存する。寄託は代理関係（agency）と併存することもある。たとえば、物品の所有者（owner）が販売代理人（agent）に販売委託契約に基づき物品を預託した場合、契約（contract）、代理（agency）及び寄託（bailment）の関係が並立するので、代理人の下で物品が滅失毀損したとき、所有者は代理人に対し、契約責任、

代理人の責任、受寄者の責任及び過失責任（negligence）のうちのどれでも追及できる。なお、受寄者は占有以外の財産権を有しないので、信託（trust）と寄託が両立することはない。物品の売買契約において売主が所有権を留保した場合、売主は、契約締結から引渡しまでの間、買主の擬制信託の受託者となり（第17章2(3)）、引渡後は、買主が、代金完済まで売主の受寄者となる（第18章3(2)）。

2．受寄者の権限

受寄者は、目的物の占有を有することにより、寄託者以外の全ての者に対して権原（title）を有し、所有者と同じ権利を主張できる（第18章3(1)）。占有を侵害する者に対しては、目的物の返還や所有者と同等の損害賠償を請求することができる（不法行為（物品侵害）法（Tort（Interference with Goods）Act 1977）3条）。また、受寄者は目的物の全価値について損害保険を付すことができ、保険金を受け取った場合は、自己の損害分を補塡した残金を寄託者のための受託者（trustee）として管理する。

寄託終了時に寄託者が目的物の引取りを拒んだとき又は所在不明のときは、裁判所の許可を得てこれを売却し、代金を維持・保管等の費用に充てることができる（同法12条、13条）。

3．受寄者の義務

(1) 善管注意義務（duty of care）

受寄者は、寄託の発生原因、当事者間の関係、受寄者の能力、経験、専門性等に照らして合理的な注意をもって目的物を管理する義務を負う。寄託期間中に目的物が紛失又は滅失毀損した場合、寄託者は受寄者に対し、善管注意義務違反に基づく損害賠償を請求できる。目的物が紛失又は全損した場合の損害賠償責任は、その時価だけでなく、売却機会の喪失による遺失利益にも及ぶ（②）。受寄者は、合理的な注意をもって管理したことを立証しない限り、責任を免れることができない。ただし、受寄者が目的物を占有していた事実は、寄

託者が立証責任を負う（③）。なお、寄託者は、過失責任（negligence）も追及できるが、その場合は寄託者の側が注意義務（duty of care）の存在、注意義務違反（breach of duty）及び因果関係（causation）を立証しなければならない。

② *Jabir v H Jordan & Co* [2011] EWCA Civ 816：Xは、その所有する高価な真珠を、指輪に加工するためにYに寄託したが、真珠はその間に紛失した。XはYに対し、真珠の購入代金50万ドル及びこれを用いた指輪の転売により得べかりし収益15万ドルの損害賠償を求めた。裁判所は、真珠の購入及び指輪の売却に関する契約がいずれも締結済みであった事実を認定し、Xの請求を認めた。

③ *Hardy v Washington Green Fine Art Publishing Co Ltd* [2010] EWCA Civ 198：Pは、著名な絵をZから購入したが、直ちに引渡しを受けず、Zの事務所で保管するよう依頼した。数か月後、Zは解散・清算し、Zの事務所に保管されていた物品は、Zの大株主となっていたYが管理することになった。Pの死後、Pの遺産を相続したその妻Xは、Yから絵の紛失を知らされた。XはYに対し、X（P）の所有物の寄託者（bailee）としての善管注意義務違反等を理由に、時価相当額の損害賠償を求めた。裁判所は、絵はZが占有していた間に紛失していた可能性があるので、YがP又はXの受寄者だった事実は立証されていないとして、Xの請求を認めなかった。

(2) 逸脱行為（deviation）による厳格責任（strict liability）

受寄者は、寄託者の同意がない限り、占有物を預かった目的以外に利用したり、第三者に再寄託（sub-bailment）する等の逸脱行為（deviation）をすることができない。逸脱行為をしている間に目的物が滅失毀損した場合、受寄者は注意義務を尽くしたとしても損害賠償義務を免れることができない（④）。

④ *Edwards v Newland* [1950] 1 All ER 1072：YはXの家具を有償で預かる合意をした。その後、Yは、Xに知らせず、家具をZに再寄託した。Zの倉庫は爆発により損壊したため、Xが家具の返還を受けたときはその一部が紛失していた。裁判所は、Yは、Xが合意した権限の範囲を逸脱してZに再委託をしたので、Yが無過失であったとしても、Xに対して損害賠償義務を負うと判示した。

(3) 不争義務

受寄者が寄託者の所有権を争うことは許されない（⑤）。ただし、寄託者が

受寄者に対し不法行為に基づく請求をした場合、受寄者は、第三者が寄託者に勝る権原（title）を有することを主張して争うことができる[1]。

⑤ *Rogers, Sons & Co v Lambert & Co* [1891] 1 QB 318：Xは、Yから銅を購入したが、その引渡しは受けず、Yの倉庫に残していた。Xはこの銅を第三者に売却した。その後、XはYに対し、銅の引渡しを求めたが、Yは、Xが既に所有権を失っているとして、これを拒んだ。裁判所は、Yは受寄者（bailee）なので、真の所有者から授権されて主張していることを証明できない限り、寄託者（bailor）であるXに権原がない旨の抗弁を主張できないと判示した。

(4) 返還義務

契約の終了やその目的の達成により寄託が終了したとき、受寄者は目的物を寄託者又はその指定する者に引き渡さなければならない。ただし、受寄者が目的物を修理、改良するなどして債権を有するときは、コモンロー上のリーエンを主張して引渡しを拒むことができる（第20章9(2)、⑥）。

⑥ *Spencer v S Franses Ltd* [2011] EWHC 1269 (QB)：Xは、故人Zの部屋を清掃中に、非常に古い刺繡布2枚を発見した。彼は、どのくらいの価値があるかを知りたかったので、Yに調査研究を委託した。6年間の調査の後、YはXに対し、これらに対するXの権原に疑問を持っていることを伝え、権原の正当性が確認されるまでXに返還しないと宣言した。裁判所は、Yの調査のために受寄物を留置する権利は、合理的な期間の経過により消滅したと認定した。ただし、Yの調査は刺繡布の価値を高める上で貢献しているので、その対価が支払われるまで、Xは、コモンローに基づくリーエンを有していると判示した。

(5) 契約に基づく受寄者の義務

寄託が目的物の修繕、運送等の役務提供を目的とする有償の契約により開始した場合、受寄者は寄託者に対し、コモンロー及び1982年物品・サービス提供法（Supply of Goods and Services Act 1982）に基づき、合理的な注意と技能を用いてサービスを提供する義務を負う（同法13条）。

---

1) Tort (Interference with Goods) Act 1977 s8(1).

4．寄託者の義務

(1) 寄託者は通常の状態で目的物を受寄者に占有させる義務を負い、目的物が受寄者に損害を与えた場合は賠償しなければならない。

(2) 寄託の原因が賃貸借（hire of goods）の場合、寄託者が賃貸権限を有すること、受寄者の占有が害されないこと、目的物が表示に合致し、通常の品質を有し、目的に適合すること等が黙示条項（implied term）となる[2]。

---

2) Supply of Goods and Services Act 1982 ss7-10.

第20章 担保 (Securities)

1. 担保の種類

担保 (security) は、取引相手の倒産・無資力リスクに備えて、契約の履行や損害賠償の執行のための財産を予め確保しておく手段である。担保には、人的担保 (personal security) と物的担保 (real security) の2種類があるが、本章は後者を扱う。人的担保は保証人と債権者の間の契約による保証 (guarantee) を指し、その要件、内容、効果は契約法に従う（第4章乃至第13章）。物的担保は、特定の財産権に対する優先権を確保する手段で、財産権を対象とすることから、契約とは異なる方式・要件・救済方法が定められている。物的担保は、以下のような方法で分類できる。

(1) 約定担保と法定担保

担保設定者と担保権者の間の契約により成立する約定担保 (contractual security) は、譲渡抵当権 (mortgage)、質権 (pledge)、チャージ (equitable charge) 及び約定リーエン (約定留置権、contractual lien) の4つである。当事者の意思にかかわらず法律（コモンロー、エクイティ又は制定法）に基づいて成立する法定担保 (non-contractual security) の代表は、様々な種類の法定リーエン (先取特権、non-contractual lien) である。

(2) 対象となる財産権の種類による分類

土地利用財産権（自由土地保有権及び定期不動産賃借権）を対象とする担保は譲渡抵当権であり、動産的財産権 (choses in possession) に対する担保は、譲渡抵当権、質権、チャージ及び約定・法定リーエンである。債権的財産権 (choses in action) に対する担保は、債権譲渡 (assignment) による。

(3) 設定根拠法の種類による分類

譲渡抵当権には、コモンローに基づく譲渡抵当権（legal mortgage）とエクイティに基づく譲渡抵当権（equitable mortgage）があり、それぞれ成立・実行の手続要件が異なる。質権はコモンロー上、チャージはエクイティ上の担保である。約定・法定リーエンには、様々な種類があり、それぞれの要件や内容は、コモンロー、エクイティ又は制定法が定めている。

2．コモンロー上の土地譲渡抵当権（Legal Mortgage of Land）

(1) 意義、成立要件

譲渡抵当権は、債権者に財産権を移転する方式の担保を意味し、土地利用財産権を担保の対象とする際は、かつては土地に定期不動産賃借権（leasehold）を設定（移転）する方法がとられていた。しかし、現在は、譲渡抵当権設定者（mortgagor）と債権者（mortgagee）の間で、財産権の移転に代えて担保（charge by way of legal mortgage）を設定する合意をし、その旨の捺印証書（deed）を作成する方法による（2002年土地登録法（Land Registration Act 2002）23条、24条）。コモンロー上の譲渡抵当権は、土地登録所への登録を要し、登録完了時に効力を生ずる（同法27条1項、51条）。なお、近い将来、コモンロー上の譲渡抵当権の設定は電子譲渡担保（electronic mortgage）によることとなり、捺印証書の作成は不要となる（同法93条）。

(2) 譲渡抵当権設定者（mortgagor）の権利

譲渡抵当権設定者は、被担保債務残額及び利息を支払うことにより、いつでも譲渡抵当権を消滅させて土地を受け戻すことができる。この権利（受戻権、right of redemption）は、債務の弁済期経過後であっても譲渡抵当権者が土地を売却するまで（後記(3)(iv)）、又は受戻権喪失手続（foreclosure）完了まで（後記(3)(v)）は行使することができる。譲渡抵当権者と設定者の間の受戻権を制限する合意（clog on the equity of redemption）は無効である。設定者に受戻後も一定の義務を負わせる合意は、受戻権の制限と解される（①）。

① *Noakes v Rice* [1902] AC 24：Yは、酒造会社Xからパブの土地建物を購入する資金を借り、これに譲渡抵当権を設定し、さらに、借入条件として、譲渡抵当権消滅後も、YはXだけから酒類を購入し続ける旨の独占的供給契約を締結した。借入金返済後、Yは独占的供給契約の終了を求めた。裁判所は、ＸＹ間の契約は受戻権を制限する合意（clog on the equity of redemption）に当たり無効であると判示した。

(3) 譲渡抵当権者の権利、債務不履行（default）の際の救済手段

(ⅰ) 即時占有権

譲渡抵当権者は、反対の合意をした場合を除き、裁判所の関与なしに、いつでも担保対象土地（及び土地上の建物）を占有することができる。ただし、譲渡抵当権者は、占有した土地を誠実に管理し、合理的に運用する義務を負い、これに違反した場合は、合理的な運用により得べかりし収益との差額を譲渡抵当権設定者に支払わなければならない（②）。

② *White v City of London Brewery Co* (1889) 42 Ch D 237：X（酒造会社）は、Yが経営するパブを担保としてYに融資していたが、Yが利息を支払わないのでパブを占有し、第三者に、酒類の独占的供給権をXに付与する条件で貸与した。後日、Xはパブを売却して貸金を回収したので、YはXに対し、通常賃料で賃貸した場合に得られたはずの賃料収入との差額を請求した。裁判所は、独占的供給条件のないパブ（free house）の賃料は、当該条件付パブ（tied house）よりも高額だったはずであるとして、Xに対し、その差額分の支払を命じた。

(ⅱ) 設定者に対する返済請求権

譲渡抵当権設定者に債務不履行（default）が生じたとき、譲渡抵当権者は、譲渡抵当権の条件に従って残金及び利息を訴求することができる。譲渡抵当権の実行後に回収できなかった残金を請求することも可能である。ただし、元金の請求権は支払期から12年、利息は発生後6年以内に訴求しないと消滅する（出訴制限法（Limitation Act 1980）20条）。

(ⅲ) 財産保全管理人（receiver）選任権

債務不履行（default）が生じたとき、譲渡抵当権者は、担保対象土地の財産保全管理人（receiver）を選任して、これを管理させることができる（財産権法（Law of Property Act 1925）109条）。財産保全管理人は、不動産から生ずる収益を

受領し、被担保債務の弁済に充て、残金があれば譲渡抵当権設定者に返還する。
　（iv）　売却権の行使

　譲渡抵当権設定者が(a)催告後3か月以内に被担保債務を履行しないとき、(b)2か月分以上の利息の支払を懈怠したとき、又は(c)その他の義務に違反したときは、譲渡抵当権者は、裁判所の関与なしで、土地を売却することができる（財産権法103条）。

　譲渡抵当権者は譲渡抵当権設定者の信託受託者ではないが、設定者の利益を考慮して最善の価格で売却するために合理的な努力をする義務を負う（③）。譲渡抵当権者が自己の関係者に売却した場合は、合理的な努力をしなかったと推定される（④）。

　売却代金が被担保債権及び手続費用を超えた場合、譲渡抵当権者は残金を設定者又は後順位担保権者に引き渡さなければならない（同法105条）。

> ③　*Cuckmere Brick Co Ltd v Mutual Finance Ltd* [1971] 2 All ER 633：Xは、譲渡抵当権の実行のため土地をオークションで売却した。当該土地は、建物建替計画が認可されていたが、Xはこれをオークションカタログに明記しなかったので、売却価格は評価額を下回った。裁判所は、Xの譲渡抵当権設定者に対する義務違反の責任を認めた。

> ④　*Tse Kwong Lam v Wong Chit Sen* [1983] 3 All ER 54：Yは譲渡抵当の実行として対象物件をオークションで売却したが、入札したのは、Yの妻Zだけだった。ライバルがいない中、Zはこれを最低売却価格（Xが定めた最低条件の価額で、Zは予め聞いていた）で落札した。落札価格は、YがZに融資して賄った。裁判所（PC）は、Yは、譲渡抵当権者として抵当物件が合理的な最高価格で売却できるように公正に行動して最善の努力を尽くしたことを証明できていないとし、落札価格と合理的な最高価格との差額分の譲渡抵当権設定者Xへの損害賠償を命じた。

　（v）　受戻権喪失手続（foreclosure）

　譲渡抵当権設定者が合理的な期間内に被担保債務を支払わない場合、譲渡抵当権者は裁判所に受戻権喪失命令を求めることができる。この命令により、譲渡抵当権設定者は受戻権（right of redemption）を失い、譲渡抵当権者が財産権を取得する。その価値が残債務額を超えても清算の必要はない。裁判所は、その裁量により、この命令に代えて土地の売却を命ずることができる。

第20章　担保（Securities）

(4) 優先順位

　コモンロー上の譲渡抵当権は、同一の財産権に重複して設定することができ、先に登録した方が先順位となる（土地登録法29条1項、2項(a)(i)、48条1項）。

　コモンロー上の譲渡抵当権の対象である土地利用権を制限する他の財産権が譲渡抵当権の登録前から土地登録所に登録されていた場合や登録なしで土地利用権に優先する権利（overriding interest）が発生していた場合（第18章2(3)）、譲渡抵当権者もそれらの権利の制約を受ける（同法29条1項、2項）。

　信託財産である土地にコモンロー上の譲渡抵当権が設定された場合、設定前から土地を占有していた受益者は、原則として譲渡抵当権者にエクイティ上の財産権を主張できる（同法29条2項(a)、別表3(2)、⑤）。ただし、譲渡抵当権の設定後に占有を開始した受益者（⑥）や譲渡抵当権の設定に同意していた受益者（⑦）は、譲渡抵当権者に対抗できない。

⑤　*Williams & Glyn's Bank Ltd v Boland* [1981] AC 487（HL）：夫Zと妻Yは、X銀行の譲渡抵当権が付された住居で暮らしていた。家の登録名義人はXだったが、Yは購入資金を一部負担し、結果信託（resulting trust）により、住居に対するエクイティ上の財産権を有していた。Zが借入金返済を怠ったため、X銀行が建物を売却しようとしたので、Yは異議を申し立てた。貴族院は、Yは建物を現実に占有していたのでエクイティ上の財産権をXに対抗できると判示し、異議を認めた。

⑥　*Abbey National Building Society v Cann* [1991] 1 AC 56（HL）：Zは、X銀行からの借入金で実母Yのための住居を購入し、これに貸主Xのための譲渡抵当権を設定した。Yは、購入資金の一部を負担したが、家に移り住んだのは、購入後しばらく経ってからだった。裁判所は、Yは譲渡抵当権設定以前から居住していないので、エクイティ上の財産権をXに対抗できないと判示した。

⑦　*Paddington Building Society v Mendelsohn* (1985) 50 P & CR 244（CA）：ZはXからの借入金で家を購入し、貸主Xのための譲渡抵当権を設定した。購入資金の一部は、Zの同居する母Yが負担した。Yは後日、結果信託（resulting trust）により発生したエクイティ上の財産権をXに対して主張した。裁判所は、Yは家を購入したときからXのために譲渡抵当権が設定されることを知り、かつこれを意図していたので、後になって優先権を主張するのは、禁反言の原則により許されないと判示した。

また、信託財産である土地を 2 名以上の受託者が共同管理し、彼らが新たな借入のために適法に譲渡抵当権を設定して共同で借入金を受領した場合、譲渡抵当権者は、受益者の存在を知っていたかどうかにかかわらず受益者に優先し、受託者らが受領した借入金がこれに代わる信託財産となる（財産権法27条、⑧）。これを転換（overreaching）という。

> ⑧　*City of London Building Society v Flegg* [1988] AC 54（HL）：Z夫妻は、妻の両親Yが住むための家屋を共有名義で購入した。Yは購入資金の大半を負担したので、家屋についてZ夫妻はその共同受託者、Yを受益者とする結果信託が発生した。その後、Z夫妻はYに無断で家屋にXのための譲渡抵当権を設定し、貸金返済を怠り破産した。貴族院は、Xは家屋を担保とする貸付金を 2 名の受託者（Z夫婦）に支払ったので、Yのエクイティ上の権利は、家屋から当該貸付金に対する権利に転換（overreach）した、よって、Yは家屋に対する優先権をXに主張できないと判示した。

3．エクイティ上の土地譲渡抵当権（Equitable Mortgage）

(1)　土地利用権に対するエクイティ上の譲渡抵当権

　債権者と債務者の間でコモンロー上の譲渡抵当権の設定を合意したのに上記 2 (1)の要件を欠いていた場合（たとえば、捺印証書が無効だった場合等）やコモンロー上の譲渡抵当権の要件を充たさない担保の設定を合意した場合（たとえば、土地登録所に登録しない合意をした場合）、裁判所はエクイティ上の譲渡抵当権の成立を認めている。

　エクイティ上の譲渡抵当権の設定者に債務不履行（default）が発生したとき、譲渡抵当権者が土地を売却するためには、裁判所の売却許可命令を得なければならない（財産権法90条 1 項、91条 2 項）。財産保全管理人に土地を管理させる場合も、原則として裁判所にその選任を求めなければならない[1]。

　エクイティ上の譲渡抵当権は、土地登録所に登録できる（土地登録法32条乃至34条）。登録済みのエクイティ上の譲渡抵当権は、登録後に現れたコモンロー上の土地利用権の買主やコモンロー上の譲渡抵当権者に優先する（同法29条 1 項、2 項(a)）。ただし、エクイティ上の譲渡抵当権が重複して設定された場

---

1)　Supreme Court Act 1981 s37(1), (2).

合の優先順位は、登録の有無にかかわらず、設定の先後による（同法28条1項）。

(2) エクイティ上の土地財産権に対するエクイティ上の譲渡抵当権

信託財産である土地における受益者のエクイティ上の財産権（equitable interest）に設定できる担保は、エクイティ上の譲渡抵当権だけである。この担保は、受益者がエクイティ上の財産権を条件付（すなわち、担保目的）で譲渡（assign）する方法で設定する。エクイティ上の財産権の譲渡は、受益者が署名した書面によらなければならない（財産権法53条1項(c)、第18章1(5)）。

この譲渡抵当権は土地登録所に登録できない。エクイティ上の抵当権の対象である土地を2名以上の受託者が共同管理し、彼らがコモンロー上の土地利用権を第三者に適法に売却した場合、売買代金が当該抵当権の対象財産に転換する（overreaching、同法2条1項(ii)）。

4．質権（Pledge）

(1) 意義・成立要件

質権は、債務者の財産を債権者が占有（possession）する方法による担保である。占有以外の財産権を移転しない点において譲渡抵当権とは異なる。動産的財産権（choses in possession）の対象である物品等の動産（goods and chattels）以外でも、物品を表章する権原証書（documents of title to goods）や有価証券（negotiable instruments）は占有できるので、質権を設定できる。

質権は当事者間の質権設定契約及び目的物の占有の移転を成立要件とする。占有の移転は、目的物を現実に引き渡す方法の他、目的物を保管する倉庫の鍵を渡すなど、独占的に管理する権限を債権者に与える方法でもよい（⑨）。ただし、占有移転の合意だけでは足りない[2]。

⑨ *Wrightson v McArthur and Hutchisons (1919) Ltd* [1921] 2 KB 807：Yは、Yの家の施錠した部屋の中にある物品を、債権者Xに対する担保とすることにし、Xに部屋の鍵を手渡し、「物品は、あなたが占有する鍵で施錠した部屋の中にあります。いつでも運

---

2) *Dublin City Distillery v Doherty* [1914] AC 823.

び出して結構です。」と書いた書面を交付した。その後、Yが清算手続に入ったので、Xは物品の引渡しを求めた。裁判所は、物品の引渡しは、施錠した部屋の鍵を手渡したときになされたので、Xは物品を搬出する権利を有すると判示した。

(2) 質権者の義務・権限・債務不履行（default）の際の救済手段

質権の設定により、質権者（pledgee）は質権設定者（pledgor）の受寄者（bailee）となり、善良な管理者の注意をもって目的物を占有する義務を負う（第19章）。

質権者は、目的物に対する転質権（subpledge）の設定や質権者としての地位の譲渡（assign）をすることができる。

債務不履行（default）があったとき、質権者は、裁判所の関与なしで目的物を売却し、代金を債務弁済に充当する権限を有する。代金が債務額に満たないときは差額を請求することができ、債務額を超えるときは残金を質権設定者に支払う義務を負う。

質権者は、債務が完済されたときは直ちに目的物を返還しなければならない。質権設定者は、質権者が目的物を売却するまでは、いつでも債務を弁済してこれを受け戻す権利（right of redemption）を有する。

5．コモンロー上の動産譲渡抵当権（Legal Mortgage of Goods）

土地以外の財産にコモンロー上の譲渡抵当権を設定するには、債権者に財産権を担保のために移転する旨を契約する方法がとられる。この担保は、物品等に限らず、全ての純粋動産権（chattels personal）に設定できる。

株式、社債、特許権等、所有権移転のために登録を要する財産権に設定するには、移転の登録が必要である。

物品、家具等の動産の所有権（ownership）移転は、通常は特別な方式を要しないが、コモンロー上の譲渡抵当権を設定するために移転する場合は、売買証書（bill of sale）と呼ばれる書面を法定の書式に従って事務弁護士（solicitor）の下で作成して認証（attest）を受け、これを高等法院（債務者が個人の場合）又は会社登録所（債務者が会社の場合）に登録しなければならない[3]。この要件を欠

くと、コモンロー上の譲渡抵当権としての効力を生じない。

6．チャージ（エクイティ上の動産担保権、Equitable Charge of Goods）

(1) 動産に対するチャージ（equitable charge of goods）

　チャージは、債権者と債務者の間で、目的物の占有（possession）や所有権（ownership）を移転せずに、担保（charge）の設定のみを契約する方式の担保権である。この担保はエクイティ上の制度だが、設定者（chargor）の債務弁済により終了する点、及び担保実行までは全ての収益が設定者に帰属する点において、信託とは異なる（第17章2(1)）。しかし、設定者が担保設定の意思と目的を明確にしていれば、その目的に限定されたエクイティ上の財産権が債権者に移転する。担保権者（chargee）は、設定者の債権者や破産管財人に対して優先権を主張できるが、目的物の善意の買受人（bona fide purchaser）には対抗できない（第17章4(2)）。設定者に債務不履行（default）が生じた際、担保権者は、裁判所に売却命令又は財産保全管理人（receiver）の選任を求めることができる[4]。

(2) 浮動担保（floating charge）

　チャージは、現存する特定物だけでなく、担保設定後に取得する可能性のある一定の種類・範囲の集合物も対象となる。たとえば、物品販売業者は、適宜に仕入れて販売する現在及び将来の商品にも浮動担保（floating charge）を設定することができる。そのような担保の場合、設定者は通常の業務の範囲内で目的物を自由に処分することができ、担保実行の段階、又は設定者が破産等により取引の自由を失った段階で担保物が確定（chrystalise）する。

　イギリスの有限責任会社が浮動担保を設定した場合は、会社登録所に登録しなければならない（2006年会社法（Companies Act 2006）860条）。設定後21日以内に登録しない場合は、他の会社債権者や破産管財人に担保の効力を主張できない（同法874条）。

---

3) Bills of Sale Acts 1978-1982、Companies Act 2006 s860.
4) *Swiss Bank Corporation v Lloyds Bank Ltd* [1980] 2 All ER 419.

(3) 株式等に対するチャージ

　株式（stock）、社債（debenture）等にチャージを設定する場合は、株主名簿、社債名簿等の記載は変更せず、設定者が担保権者に対し、株券等及び名義書換に必要な書類を交付する。設定者に債務不履行（default）が発生した場合、担保権者は、交付を受けた書類を利用して、裁判所の関与なしで株券等を売却し、代金を債務弁済に充てる。

7. 債権的財産権に対する担保（Security over Choses in Action）

　債権等に対する担保の設定は、エクイティに基づく債権譲渡（equitable assignment）の方法による（第18章5）。なお、債務者が債権者に対する反対債権を有する場合の担保としては、両者間で相殺契約（set-off agreement）を締結する方法が最も効果的である（第13章4(7)）。

8. 船舶及び航空機の譲渡抵当権（Mortgage of Ship and Aircraft）

　イギリスで登録された船に対する譲渡抵当権は、法定の書式の書類によって設定し、船舶登録所に登録しなければならない[5]。譲渡抵当権が重複するときは、先に登録した方が先順位となる。債務不履行（default）が生じたとき、譲渡抵当権者は、裁判所の関与なしで船を売却する権限を有する。

　イギリスで登録された航空機に対する譲渡抵当権は、民間航空局（Civil Aviation Authority）に登録することができる[6]。

　船舶や航空機の譲渡抵当権が未登録の場合も、エクイティ上の譲渡抵当権としては有効である。ただし、その効力は登録された担保権に劣後する。

---

[5] Merchant Shipping Act 1995 s16, Sch 1.
[6] Civil Aviation Act 1982 s86、Mortgaging Aircraft Order 1972.

9．リーエン（先取特権、約定留置権、Lien）

(1) リーエンとは

譲渡抵当権や質権が契約によって設定される担保であるのに対し、リーエンには、契約による約定リーエン（contractual lien）の他、コモンロー、制定法、エクイティなどを根拠として当事者の意思に関係なく発生するものがある。リーエンは、その発生根拠に応じて様々な種類があり、それぞれの要件・効果が異なる。取引上重要なリーエンには以下のものがある。

(2) コモンロー上のリーエン（legal lien）

（ⅰ） 意義、種類

コモンロー上のリーエンは、債権者がすでに占有している他人の財産を、債務の履行があるまで占有し続ける権利であり、契約、判例法又は制定法により発生する。目的物を占有（possession）する担保である点は質権と共通するが、原則として、担保権者（lienee）は債務弁済があるまで目的物の引渡しを拒めるだけである。ただし、契約や法律により担保権者が目的物の売却権限を有する場合もある。

コモンロー上のリーエンには特定リーエン（particular lien）と包括的リーエン（general lien）の2種類があり、両者が重複する場合は前者が優先する。

（ⅱ） 特定リーエン

債権者が占有している物品を、当該物品に関連する債務の支払があるまで留置する権利である。売買代金担保のための売主の物品留置権（物品売買法（Sale of Goods Act 1979）41条）、宿泊料担保のためのホテルの手荷物留置権[7]、物品の修理人、査定人、保管・倉庫業者等の報酬・手数料担保のための物品留置権[8]、運送人の運賃担保のための物品留置権、船主の傭船料（freight）のための貨物留置権などがこのリーエンの例である。このうち、売主、ホテルのリーエンは、法律により、一定の条件の下で目的物を売却して債権を回収する権限が付与されている[9]。

---

7) Innkeepers Act 1878.
8) *Spencer v S Franses Ltd* [2011] EWHC 1269 (QB).

リーエンは債務者以外の者に帰属する財産に対して成立することもある（⑩）。

⑩ *Robins v Gray* [1895] 2 QB 501：Xは、Zを、ミシンの販売代理人に指名した。Zは、Yの宿屋に2か月滞在し、その周辺地域の顧客を開拓し、Xのミシンの販売活動をしていた。Yは、Zが宿泊費と食費の支払を怠ったので、XからZに送られてきた販売用のミシンをリーエン（手荷物留置権）により留置した。裁判所は、当該ミシンがXの財産であることをYが知っていたかどうかにかかわらず、Yはミシンに対してリーエンを行使することができると判示した。

（iii） 包括的リーエン

債務者の財産と債務との関連性にかかわらず、全債務の支払まで債権者が占有物を留置する権利である。このリーエンは、当事者間でその旨を契約した場合、慣習がある場合に加え、判例法により、事務弁護士（solicitor）、銀行（banker）、債権取立人（factor）及び株式仲買人（stock broker）が顧客から預かった財産に対して有する。

(3) エクイティ上のリーエン（equitable lien）

目的物の占有や契約とは無関係に、裁判所が公平の原則に基づいて、特定の債務を担保するために特定の財産に対する優先権を認める制度である。たとえば、土地の売主は、買主に権原と占有を移転した土地に対して未払代金のためのエクイティ上のリーエンを有し、不払の場合は裁判所に売却命令を求めることができる。このリーエンは、土地登録所に登録することができ、登録後の買受人に対抗できる。

(4) 海事リーエン（maritime lien）

（i） 意義、種類

海事リーエンは、コモンローに基づき、船長の立替金、船員の給料、海難救助人（salvor）の救助料、衝突事故（collision）の損害賠償請求権等、特定の船に関連する特定の債務の担保のため、その船及び貨物を差し押える権利である。

---

9) Sale of Goods Act 1979 s48, Innkeepers Act 1878 s1.

船や貨物の占有とは無関係に発生し、債権者は、裁判管轄（admiralty jurisdiction）が認められる国の港に船が寄港したときに差し押えることができる。

(ⅱ) 優先順位

海事リーエンは、原則として船舶譲渡抵当権（ship mortgage）に優先する。ただし、どのリーエンが優先するかは、当該船舶を差し押えた地の裁判所が適用する法律及び加盟条約によって異なる。海事リーエンの対象である船が売却された場合、リーエンは買主の権利に優先する。

海事リーエンが競合する場合は、海難救助費用のためのリーエン（salvage lien）が最も緊急性を要するので、船員給料のためのリーエン（liens for wages）に優先し、後者はその他の全てのリーエンに優先する。海難救助費用のためのリーエンが競合するときは、後に発生した方が優先する。同一の事故による損害賠償請求権についてのリーエン（liens for claims for collision damages）は同順位である。

第21章　国際取引訴訟
(International Commercial Litigation)

　国際取引に関する紛争を法的手続により解決しようとする場合、(1) どの国の裁判所に訴訟を提起すればよいか（国際裁判管轄）、(2) 裁判ではどの国の法律を適用して解決するのか（準拠法の選択）、及び(3) 勝訴判決を得た後にはどのようにして執行するのか（判決の執行）という問題に直面する。本章では、これらに関するイギリスの規則を概説する。ロンドンは、国際取引紛争の解決地として広く利用されている。その理由としては、(1) 国際取引紛争を熟知した専門家と中立的で効率のよい紛争解決制度が備わっていること、(2) イギリス法は準拠法としての予測可能性が高いこと、(3) 執行可能な財産と有効な保全制度・執行制度があることなどが挙げられる。

1．国際裁判管轄（Jurisdiction）

　イギリスの国際裁判管轄法には、EU加盟国の共通法であるブリュッセルⅠ規則[1]（BI規則）、及びコモンロー及び民事手続規則[2]（CPR）に基づく国内規則の2つがある。BI規則は、民事・商事訴訟であって被告の本拠地（domicile）がEU加盟国のいずれかにある場合、常に適用される（BI規則1条、2条1項）。本拠地とは、個人の場合は、居住しかつ密接な関係を有する地（イギリスに3か月以上居住する場合はイギリスが本拠地と推定される）、会社の場合は、登録事務所、経営本部又は主たる事業所の所在地をいう（同規則59条、60条）。国内規則は、BI規則の適用を受けない場合にのみ適用される（同規則2条2項）。

---

1) Council Regulation (EC) No 44/2001 ('Brussels Ⅰ') of 22 December 2000 on jurisdiction and the recognition and enforcement of judgments in civil and commercial matters.
2) Civil Procedure Rules 1998.

(1) ブリュッセルI規則による裁判管轄
　（ⅰ）　普通裁判管轄
　被告の本拠地がイギリスである場合、イギリスの裁判所は普通裁判管轄を有する（BI規則2条1項）。これが排除されるのは、下記（ⅲ）又は（ⅳ）により他の国に専属裁判管轄がある場合だけである。
　（ⅱ）　特別裁判管轄
　イギリスに普通裁判管轄がない場合でも、物品売買契約に関する訴訟は当該契約に基づく物品の引渡場所がイギリスのとき、役務提供契約に関する訴訟は役務の提供地がイギリスのときは、特別裁判管轄を有する（同規則5条1項(b)）。どちらにも当たらないその他の契約の場合は、当該訴訟で請求する義務の履行地に特別裁判管轄がある（同項(a)）。製造物供給契約のように役務と物品引渡しの両要素を含む契約の場合は、どちらが契約の性質を特徴づけているかで判断するが、原則として、注文者が主な原材料を提供する場合を除き、物品売買契約と解される（①）。引渡場所が2か所以上ある場合は、最も多量に引き渡す場所を義務履行地とする（②）。
　上記の例外として、消費者契約の場合、消費者は自分の本拠地又は被告の本拠地で訴訟を提起でき、相手方は消費者の本拠地でしか提起できない（同規則15条、16条）。

① Case C-381 *Car Trim v Key Safety Systems* [2010] All ER(D) 286：ドイツの部品製造者Xは、イタリアの自動車メーカーYのため、Yが指定する仕様の部品をY指定の原料を用いて製造しYに継続的に販売していたが、Yが契約を解除したので、ドイツでYを訴えた。裁判所は、国際物品売買条約の条項を参考に、注文者が原材料の主要部分を提供している場合を除き、契約を特徴づける性質は物品の供給、すなわち売買であると判示し、さらに引渡場所とは、買主が物理的に物品を受け取る場所、すなわちイタリアであるとしてドイツの裁判管轄を否定した。

② Case C-386/05 *Color Drack v Lexx International* [2007] ECR I-3699：オーストリアの会社Xは、ドイツの会社Yにサングラスを注文し、オーストリア国内の複数の都市で引渡しを受けた。その後商品の一部を返品したが、代金の払戻しがないので、オーストリアで返金を求めて訴訟を提起した。Yは、引渡場所が複数の場合はBI規則5条1項(b)ではなく(a)が適用されるので、代金返還義務の履行地であるドイツに管轄があると主張

第21章 国際取引訴訟 (International Commercial Litigation)

した。欧州裁判所は、引渡場所が複数の場合は、主要な引渡場所、すなわち、最も引渡数量が多い地が同条1項(b)の引渡場所であると判示した。

不法行為に基づく訴訟の場合は、不法行為地がイギリスである場合に管轄を有する（同規則5条3項）。加害行為地と損害発生地が異なるときは双方に管轄がある（③）。ただし、二次的、後発的に財産上の損害が発生した地は損害発生地に含まない（④、⑤）。

③ Case 21/76 *Bier v Mines de Potasse d'Alsace* [1976] ECR 1735：フランスの採掘会社Yがライン川に産業廃棄物を流したため、下流のオランダで果樹園を営むXは損害を被り、Yに対し、オランダで損害賠償請求訴訟を提起した。欧州裁判所は、加害行為地と損害発生地が異なる場合、ブリュッセル条約（現BI規則）5条3項の不法行為地は、その両方を指すと述べ、オランダの裁判管轄を認めた。

④ Case C-220/88 *Dumz v Hessische Landesbank* [1990] ECR I-49：フランスの会社Xは、ドイツの銀行YがXのドイツ子会社Zへの融資を拒絶したため、Zは倒産し、親会社であるXが損害を被ったとし、フランスで損害賠償請求訴訟を提起した。欧州裁判所は、③判決における損害発生地には、間接的に経済的損失が生じたに過ぎない地は含まないと判示し、フランスの管轄を否定した。

⑤ Case C-364/93 *Marinari v Lloyds Bank* [1995] ECR I-2719：Xは、ロンドンのY銀行で呈示した約束手形が疑われ、警察に通報されたため不当に逮捕され、手形を失った。彼は、イタリアに帰国した後、Yによって手形と信用を失ったとし、イタリア裁判所に損害賠償請求訴訟を提起した。欧州裁判所は、ブリュッセル条約（現BI規則）5条3項の損害発生地は、原告が直接の損害発生後に発生したと主張する経済的損失の発生地国は含まないと判示した。

(ⅲ) 合意専属管轄

少なくとも一方の当事者がEU域内に本拠地を有し、当該当事者間に裁判地に関する書面による合意があるとき、特別な定めをしない限り合意に基づく専属管轄が認められ、上記（ⅰ）及び（ⅱ）による管轄は排除される（同規則23条）。ただし、消費者契約の場合を除く（同規則17条）。

合意管轄条項を含む契約自体が取り消されても、管轄合意には影響しない[3]。

(ⅳ)　財産所在地の専属管轄

　EU域内の土地に関する財産権上の請求を目的とする訴訟は、当該土地所在国が専属管轄を有し、他の全ての裁判所の管轄は排除される（BI規則22条）。

　(ⅴ)　二重訴訟

　同一の請求に関する同一当事者間の訴訟がEU加盟国の他の国で先に提起されている場合、イギリスの裁判所は、当該裁判所が管轄の有無について決定するまで手続を停止し、当該裁判所が管轄ありと決定したときは訴えを却下する（同規則27条）。たとえイギリスを専属管轄地とする合意があったとしても、手続を進めることはできない（⑥）。

　⑥　Case C-116/02 *Erich Gasser GmbH v MISAT Srl* [2003] All ER(D) 148 (Dec)：オーストリアの会社Xは、イタリアの会社Yに長年、子供服を販売していた。Yは、イタリアの裁判所に、売買契約の終了、Yに義務違反がないことの確認及びXの契約違反による損害賠償を求めて提訴した。その後、Xは、オーストリアの裁判所に、売買代金の支払を求めて提訴し、「オーストリアを専属管轄裁判所とする合意があるので、イタリア裁判所に管轄はない」と主張した。欧州裁判所は、加盟国間の裁判の調和と相互信頼のため、BI規則21条（現27条）に基づき、先に訴訟が提起されたイタリアの裁判所が管轄の有無について判断するべきであると判示した。前訴の審理が人権条約に反するほどに遅かったとしても、XはBI規則に従わざるを得ない。

(2)　コモンロー及び民事手続規則（CPR）による裁判管轄

　被告がEU域内に本拠地を有さず、上記(1)(ⅲ)、(ⅳ)の専属管轄も認められない訴訟の場合、イギリスの裁判所の管轄は、原告が、裁判所の認証印を受けた訴状（claim form）を以下のいずれかの方法で被告に送達したときに発生する（BI規則2条2項、CPR Part 6)。

　(ⅰ)　国内における送達による管轄

　被告が個人の場合は、イギリス内にいる被告に訴状が手渡されたときに裁判管轄が生ずる（CPR 6.3）。観光旅行でたまたまイギリスに立ち寄っただけでもよい。被告が会社の場合は、国内に支店その他何らかの事業所、又は締約代理権を有する代理人の下に呼出状が到達したときに管轄が生ずる（CPR 6.9）。当

---

3)　Case C-269/95 *Benincasa v Dentalkit Srl* [1998] All ER(EC) 135.

第21章　国際取引訴訟（International Commercial Litigation）

該事業所又は代理人の活動が訴訟の目的となる請求と無関係でもよい。

　ただし、被告が裁判所に対し裁判権の停止（stay）を申し立て、当該訴訟を審判するうえでイギリスよりも適した裁判地が存在することを立証した場合は、原告がイギリスの裁判所で審判しなければ正義に反することを立証しない限り、裁判所はその裁判権を行使しない（⑦）。これをフォーラム・ノンコンヴィニエンス（forum non-convenience）という。最適裁判地（natural forum）の判断は、費用、利便性、証人の所在、言語、準拠法その他あらゆる事情を総合して行う。イギリス国外の裁判所を専属管轄とする合意があるときは、原則としてその地が最適裁判地と認められる。

　ただし、被告がイギリス国内に本拠地を有する場合は上記(1)のBI規則が適用されるので、フォーラム・ノンコンヴィニエンスの適用はない（⑧）。

⑦　*Spiliada Maritime Corp v Cansulex Ltd* [1987] AC 460：リベリアの会社Xは、インドの会社から借りた船でカナダからインドに穀物を運搬したが、運送人Yの過失により穀物が浸水し劣化したとして、ロンドンを裁判地とする管轄合意に基づいてYを訴えた。Yは訴状送達許可の取消しを求め、管轄を争った。裁判所は、被告が他にイギリスより明らかに適切な裁判地があることを証明した場合は、原告がイギリスで裁判することが正義のために必要であることを証明しない限り、管轄権を行使すべきではないと判示した。

⑧　Case C-281/02 *Owusu v Jackson* [2005]ECR I-1383, [2005]QB 801：X（イギリスに本拠地がある個人）は、ジャマイカ旅行の際、遠浅の海に飛び込み、海底に頭をぶつけて大怪我をした。Xは、帰国後、十分な警告をしなかった旅行代理店Y（イギリス会社）、ジャマイカのビーチ管理者Zらを被告とし、過失責任を追及する訴訟をイギリスの裁判所に提起したが、裁判所はフォーラム・ノンコンヴィニエンスの法理を用い、最適裁判地はジャマイカであると判断した。Xは上訴し、Yの本拠地がイギリスである以上、裁判管轄はブリュッセル条約（現BI規則）により定まると主張したので、この問題は欧州裁判所に付託された。欧州裁判所は、ブリュッセル条約は、加盟国間の調和と共に、加盟国が本拠地の者を不安定な管轄から保護することを目的とするので、被告の本拠地が加盟国内である以上、イギリス国内の裁判にも条約が適用され、国内規則（フォーラム・ノンコンヴィニエンス）は適用できないと判示した。

（ⅱ）　国外への送達による管轄

　国外の被告への訴状の送達は裁判所の許可を要する（CPR 6.36）。原告が送

達許可を得るには、裁判所に対し、(A)法的に成り立つ請求であること、(B) CPR 施行指令（CPR PD (Practice Direction)）が定める事由のうちのどれかに該当すること、及び (C) イギリスが最適裁判地であることを立証しなければならない（CPR 6.37、上記⑦、⑨）。CPR PD が定める (B) の事由は、契約に関する請求の訴状に関し、当該契約が(a)イギリスで締結され、(b)イギリス法に準拠し、(c)イギリスの裁判管轄が合意され、又は(d)契約違反がイギリスで発生したこと、不法行為に基づく請求の訴状に関し、加害行為又は何らかの実質的損害がイギリスで発生したことを挙げている。不法行為請求における損害発生地は、BI 規則と異なり、間接的な損害の発生地でもよい（⑨）。上記 (C) の要件はフォーラム・コンヴィニエンス（forum convenience）と呼ばれ、原告が最適裁判地の立証責任を負う点がフォーラム・ノンコンヴィニエンスと異なる。これらの証明は、一応の確からしさ（good arguable case）の程度で足りる。

　送達許可の申請は原告が一方的に行うが、被告は、訴状が届いた後に異議を申し立て、許可の取消しを求めることができる。この手続において、被告がイギリス以外に最適裁判地が存在することを証明した場合は、原告がイギリスの裁判所で審判しなければ正義に反することを立証しない限り、送達許可は取り消される（上記⑦）。

⑨　*Cooley v Ramsay* [2008] IL Pr 27：Xは、オーストラリアでバイク走行中にYの車に衝突され、重傷を負い、脳の損傷による後遺障害が残った。事故がYの過失を原因とすることについては争う余地がなかった。Xは就労ビザでオーストラリアを訪問していたが、介護のため両親がイギリスに引き取った。Xがイギリスで訴訟を提起したところ、Yは事故発生地がオーストラリアであることを理由に訴状送達許可の取消しを求めた。裁判所は、直接の損害発生地はオーストラリアだが、事故による苦痛と経済的損失の多くがイギリスで生じているので、CPR PD が定める送達許可事由に当たると判示し、更に、主要な争点である損害額の立証に必要な証人はイギリスにいること、Xの状況に鑑み彼と両親が国外へ出るのは困難であることなどを斟酌し、イギリスが最適裁判地であることを認めた。

(iii)　訴訟禁止命令（anti-suit injunction）
イギリスの裁判所が管轄を有するにかかわらず被告が外国で訴訟を起こそう

第21章　国際取引訴訟（International Commercial Litigation）

としている場合、原告は、イギリスの裁判所に、被告に対し、外国における訴訟提起又はその継続を禁止する旨の命令（anti-suit injunction）を出すように求めることができる。この命令に違反した被告は、裁判所侮辱罪として、過料、拘禁等の制裁を受ける。

ただし、EU 域内の他の裁判所に提起された訴訟に関しては、訴訟禁止命令を求めることができない（⑩）。

> ⑩　Case C-159/02 *Turner v Grovit* [2004] ECR I-3565：若手弁護士 X は、Y が経営するロンドンの会社 Z で働いていたが、その後マドリッドの関連会社に転籍になった。その折、X は、Z が労賃を搾取して多額の脱税をしている事実を知り、退社してロンドンへ戻り、Z の不当な行為を追及する労働審判を起こし、勝訴した。その後、Y は、マドリッドで、X の就労放棄等を理由に50万ポンド相当の損害賠償を求める訴訟を起こした。X は、Y の訴訟は X への嫌がらせだけのための不当目的（bad faith）訴訟であるとして、イギリスの裁判所に、X に対する訴訟禁止命令（anti-suit injunction）の発令を求めた。貴族院は EU 加盟国内の訴訟に関して訴訟禁止命令を出すことが BI 規則上許されるかどうかについて、欧州裁判所に付託した。欧州裁判所は、BI 規則の目的は、加盟国内の裁判の調和であり、他の加盟国裁判所への信頼を基調とするので、たとえ不当訴訟であったとしても、他国の裁判の進行を妨げてはならないと述べ、加盟国内の訴訟に関する禁止命令を禁じた。

2．法の選択（Choice of Law）

(1)　契約準拠法の選択

イギリスの裁判所は、契約準拠法の決定基準として、EU 加盟国の共通法である2008年ローマ I 規則[4]（RI 規則）を用いている。RI 規則は民事・商事契約に関し、当事者自治主義（party autonomy）の原則に基づき、契約当事者が明示又は黙示の合意により選択した法律を準拠法と定めている（同規則3条）。保険、運送、商品取引など、通常イギリス法を用いる分野の契約で英文の標準書式を使用している場合、イギリス法選択の黙示の合意が推定される。当事者間に合意が存在しない場合、物品売買契約は売主の常居所地、役務提供契約は提供者

---

4)　Regulation (EC) No 593/2008 of the European Parliament and Council ('Rome I') of 17 June 2008 on the aw applicable to contractual obligations.

の常居所地、不動産の財産権に関する契約は不動産所在地、フランチャイズ契約はフランチャイジーの常居所地、オークションの場合はその開催地、その他の場合は、基本的に、特徴的給付をする当事者の常居所地の法律が準拠法となる（RI規則4条1項、2項）。常居所地とは、会社の場合は経営本部の所在地、個人事業主の場合はその事業所を指す（同規則19条）。

この例外として、これらの地よりも明らかに契約に密接に関連することが認められる地があるときは、その地の法律が適用される（同規則4条3項）。伝統的に、イギリスの裁判所は、原則と例外を逆転し、特徴的給付者の常居所地よりも請求の対象である義務の履行地の方が契約との関連性が密接であると判断してきた（⑪）。2010年から施行されているRI規則は、これを牽制するため、4条3項に「**明らかに（manifestly）密接に関連する地**」と定めたが、イギリス裁判所が態度を改めるかは、まだ不明である。

以上の適用により外国の法律を準拠法に決定した場合も、イギリスの絶対的強行法規（overriding mandatory rule）や公共政策（public policy）に反する法は適用されない（同規則9条2項）。違約罰（penalty）禁止の原則や独占禁止法、欧州指令に基づく代理商規則[5]（⑫）等がこれに当たる。また、契約上の義務履行地の絶対的強行法規に反し、その履行がその地で違法となる場合は、イギリス法に反していなくても当該強行法規が適用される（同条3項）。

⑪　*Definitely Maybe v Marek Lieberberg GmbH* [2001] 1 WLR 1745：イギリスの会社Xは、ドイツの会社Yとの間でポップス・グループ（Oasis）のコンサートをドイツで開催する契約を締結した。コンサートは開催されたが、グループの主要メンバーが参加しなかったので、Yは契約報酬の支払を一部拒絶した。Xは、イギリスで支払請求訴訟を提起し、Yは管轄を争った。当時、裁判管轄を定めるブリュッセル条約には、BI規則5条1項(b)に相当する規定がなく、請求に係る義務履行地の裁判所に管轄を認めていた。契約準拠法がイギリス法の場合、代金支払場所は債権者（X）の所在地、ドイツ法の場合は債務者（Y）所在地となるので、準拠法がどちらであるかが争われた。本契約上の特徴的給付はコンサートの開催であり、その義務者（X）の常居所地はイギリスだが、裁判所は、義務者の所在地よりもコンサート開催地であるドイツの方が契約と密接に関連していると判示し、ドイツ法を準拠法と決定したうえ、裁判管轄は、代金債務の支払

5）　Commercial Agents (Council Directive) Regulations 1993, SI 1987/2117, reg 17-19.

第21章　国際取引訴訟（International Commercial Litigation）

地であるドイツに認められるとして、イギリスにおけるXの訴えを却下した。

⑫　Case C-381 *Ingmar v Eaton* [2000] ECR I-9305：イギリスの会社Xは、カナダの会社Yから、イギリス及びアイルランドにおける代理人に指名されていたが、一方的に解約されたので、イギリスで訴訟を提起し、1993年代理商規則に基づいて損害賠償を求めた。Yは、契約準拠法はカナダ法なので、当該規則の適用はないと主張して争った。欧州裁判所は、代理商規則は、EU域内の商事代理人を不利な立場から保護することを目的とするので、準拠法にかかわらず適用すべき絶対的強行法規に当たると判示した。

(2) 不法行為、財産権の準拠法

不法行為は、原則として、損害発生地の法によって決定する[6]。この場合の損害発生地は、間接損害や二次的な財産的損失の発生地を含まない。

物品売買契約等に伴って財産権が移転したか否かは、原則として、契約時における当該財産の所在地法によって決定する[7]（第18章4(2)）。また、契約上の権利（債権的財産権）が債権譲渡（assignment）に伴って移転したかどうかは、原則として、当該契約の準拠法によって決定する（RI規則14条）。

3．判決の執行（Enforcement of Judgment）

金銭の支払を命ずる勝訴判決を得たにかかわらず相手方が任意に支払おうとしない場合は、強制執行の方法によって回収する他ない。その場合には、まず相手方がどのような資産をどこに持っているのかを調査し、それぞれの資産に対して有効な方法で強制執行の手続をとる必要がある。なお、強制執行手続は、2007年成立の審判廷、裁判所及び執行に関する法律（Tribunals, Courts and Enforcement Act 2007: TCEA）により、近々改正される（2014年2月時点では一部未施行）。

(1) 財産の調査

被告がイギリスに有している財産を調査する場合の通常の手順としては、先

---

6) Rome II Regulation (Regulation 864/2007) Art 4.
7) *Winkworth v Christie Manson and Woods Ltd* [1980] 2 WLR 937.

ず公開されている登記、登録情報を入手することである。イギリスには不動産登録制度（land registry）、株式登録制度（stock registers）、会社登録制度（companies house）、判決登録制度（Register of Judgments, Orders and Fines）などがあり、不動産（freeholdかleasehold）、公開株式などの資産、これに対する担保（charge、mortgageなど）、会社の財務状況や会社が負担している社債（debentures）、個人が差押えを受けている負債、破産宣告の有無などの一般的な情報を得ることができる。また、確定判決を得た債権者は、債務者所在地の県裁判所（County Court）に、債務者に対する財産開示命令（order to obtain information）の発令を求めることができる（民事手続規則（Civil Procedure Rules 1998: CPR）71.2）。この申請を受けた裁判所は、債務者に対し、指定の日時に出頭し、宣誓の上、その資産や収入に関する質問に答えるべき旨の命令を発する。債務者が従わない場合は、裁判所侮辱罪により高等法院（the High Court）から公判付託命令（committal order）を受け、刑事手続を経て禁錮刑に処せられる。TCEA完全施行後は、裁判所に対し、第三者に対する情報開示命令及び政府等に対する情報提供を求めることも可能となる（TCEA 95条乃至105条）。

(2) **財産凍結命令（freezing order）**

　勝訴した原告が裁判所に被告の資産の凍結命令を申し立ててこれを得た場合、敗訴被告は、裁判所の命令に基づいて出頭し、宣誓の上、自己の財産に関する裁判所及び原告からの質問に答えなければならない。裁判所は更に、敗訴被告に対し、預金通帳等の銀行取引記録、過去2年間会計書類、当期会計帳簿などの書類の提出を命ずることもできる（CPR 25.1）。

(3) **物品に対する強制執行（execution）**

　勝訴判決を得た債権者は、裁判所に対して債務者の物品に対する強制執行を申し立てることができる。申立を受けた裁判所は、執行官に対し、債務者の物品の売却を命ずる[8]。執行官は、債務者の物品を取り上げて競売により売却し、代金から費用を控除した残金を債権者に交付する。現在、高等法院（the High

---

8) Court Act 2003 s99、County Courts Act 1984.

第21章　国際取引訴訟（International Commercial Litigation）

Court）の判決に基づく強制執行の執行官は高等法院執行官（the High Court Enforcement Officer）、県裁判所（County Courts）の判決の執行官は原則として執行補佐官（court bailiff）であるが、TCEA完全施行後、執行官の資格は執行代理人（enforcement agent）に統合される（TCEA 64条）。執行代理人は、債務者の住居に鍵を壊して侵入することはできないが、住居以外の建造物等（事務所、店舗、倉庫、公道上の車両等）については、裁判所の許可と事前通知を条件とし、強制立入権限を有する（TCEA 別表 para 17）。

(4) 土地、株式に対する強制執行（charging order）

勝訴判決を得た債権者は、裁判所に対し、債務者の土地、株式、信託受益権（債務者と第三者との共同名義の信託受益権なども含まれる）等に対する強制執行処分として、負担賦課命令（charging order）の申立をすることができる[9]。裁判所は、債権者が対象となる資産を特定して適式にこの申立をしたとき、債務者には通知せずに暫定的な命令（interim order）を発することができる（CPR 73.4）。債権者は、この暫定命令を登録することにより、その後に登録された担保や他の債権者が申し立てた負担賦課命令に対する優先権を確保することができる（CPR 73.6、73.7）。暫定命令を発した裁判所は、債務者も出頭した審問手続（hearing）を経た上で終局命令（final order）を発するかどうかを決定する。当該財産が離婚による財産分与の係争の対象であるとき、債務者が破産、清算手続中であるとき、当該財産が担保割れの状態（negative equity）であるときなどは、負担賦課終局命令を得ることができない。終局命令の効力は、エクイティ上の譲渡抵当権（第20章 3）と同一である。すなわち、債権者は、当該財産が売却されたときに、売却代金から優先的に債権回収を受けることができる。また、裁判所に対して、当該財産の売却命令を求めることもできる（CPR 73.10）。

ただし、分割払を命ずる判決の執行のために負担賦課命令を得た場合は、分割払金の支払が遅滞した場合を除き、売却命令を受けられない（TCEA 93条）。

---

9) Charging Orders Act 1979、Civil Procedure Rules 1998 73.3.

(5) **債権に対する強制執行**(third party debt order)

　債権者は、債務者が第三者に対する売掛金、賃料債権、報酬債権、銀行預金などの金銭債権を有していることを知ったとき、裁判所に対して、当該第三債務者が債務者に対して負担している債務を債権者に対して支払うように第三債務者に命ずることを求めることができる（CPR 72.2）。第三債務者弁済命令（third party debt order）の申立を受けた裁判所は、まず審問手続をせずに暫定的な命令（interim order）を発し、この送達を受けた銀行その他の第三債務者は、債務者に対する支払をすることができなくなる（CPR 72.4、72.5）。第三債務者は、命令を受けた後7日以内に、裁判所に対して口座番号、債権額等の情報を提示しなければならない（CPR 72.6）。その後に開かれる審問手続には、債務者、第三債務者、他の債権者など、命令に異議のある者が出頭することができる（CPR 72.7）。債権者は、終局命令を得た場合、第三債務者から直接取り立てて、自己の債権を回収することができる（CPR 72.9）。

(6) **賃金債権に対する強制執行**(attachment of earnings)

　敗訴判決を受けた債務者が労働者である場合、勝訴した債権者は、県裁判所に対して賃金差押命令（attachment of earnings order）の申立をすることができる[10]。この命令が下された場合、債務者の雇い主は、債務者に支払う給料、賃金のうちの裁判所が命じた一定の金額については、裁判所に支払わなければならない。裁判所は、受領した金額から諸費用を控除し、残金を債権者に交付する。

(7) **将来債権等に対する強制執行**(equitable execution)

　上記(1)乃至(6)のような通常の手続では金銭判決の執行が困難な場合、債権者は、裁判所に対して、エクイティ上の強制執行のための財産保全管財人（receiver by way of equitable execution）の選任を求めることができる（CPR RSC Order 51）。財産保全管財人（receiver）は、債務者の資産を管理して賃料収入、生命保険の満期還付金などを回収し、経費を控除した上で債権者に支払う。この方

---

10)　Attachment of Earnings Act 1971.

法によれば、将来債権や共有名義の預金口座などに対する執行が可能であるが、管財人の報酬が大きな負担となるので、債務者からの回収見込金額が相当に高額の場合でなければ利用できない。

(8) 破産申立による執行 (insolvency proceedings)

債務者に対する破産申立も債権回収のための選択肢の一つである。この申立は、750ポンド以上の債権者は誰でも行うことができる。債権者が勝訴判決を得ておくことは破産申立の要件ではないが、債務者が債権を争ってきた場合に立証しなければ申立が棄却されるので、判決確定後に申し立てた方が安全である[11]。破産手続は、債務者が破産申立通知を受けた後21日以内に債務を弁済しないときに開始される[12]ので、債務者が破産を嫌って弁済してきた場合には迅速かつ経済的に債権回収を実現することができる。債務者が弁済をせずに破産手続が開始した場合、債務者の全資産と負債が会計士等プロの公的破産管財人 (official receiver) によって調査、管理され債権者に分配されるので、少なくとも債権者平等の下の公平な手続が保障される。ただし、破産申立が棄却された場合は、債権者にとっては大きな費用負担となる恐れがある[13]。

4. 外国判決の承認・執行 (Recognition and Enforcement of Foreign Judgment)

外国判決の承認 (recognition) とは、判決の効力をイギリス国内で争うことができなくなること、執行 (enforcement) とは、上記3の強制執行手続に従った執行ができることをいう。イギリスは、EU加盟国の裁判所の判決とその他の国の判決とで、承認・執行の要件を分けている。

(1) EU加盟国の裁判所の判決の場合

EU加盟国の裁判所による民事商事に関する判決は、上記1(1)のBI規則に

---

11) *Anderson v KAS Bank NV* [2004] EWHC 532 (Ch).
12) Insolvency Act 1986 s123.
13) *Popely v Popely* [2004] EWCA Civ 463.

より自動的に承認される（BI規則33条）。判決をイギリスで登録すれば、裁判所は特別な手続を経ずに直ちに執行宣言をし、国内判決と同様に執行できる（同規則38条、41条）。この宣言の取消しを求めることができるのは、（ⅰ）イギリスの公共政策（public policy）に明らかに反する場合、（ⅱ）被告が適法な送達を受けず、訴訟に参加していなかった場合、（ⅲ）矛盾する判決があるとき、（ⅳ）他国の裁判所による矛盾する判決が承認要件を充たしているとき等に限られる（同規則35条、45条）。財産所在地の専属管轄違反及び消費者契約等の管轄違反の場合を除き、判決を下した裁判所に管轄がなかったことは争えない（同規則35条）。

欧州人権条約、特に裁判を受ける権利を侵害する手続により下された外国判決は、明らかな公共政策違反に当たる可能性がある（⑬）。

⑬　Case C-7/98 *Krombach v Bamberski* [2000] ECR I-1935：X（ドイツ居住者）は、ドイツでフランス国民（Yの娘）を殺害した容疑によりフランスで訴追を受けた。この刑事手続に付随して、Yは、フランスの民事裁判所に損害賠償請求訴訟を提起した。Xは、自らフランスに行くと逮捕されるので、民事訴訟を争うために弁護士を出頭させたが、裁判所は弁護士の弁論を認めなかった。フランス法上、犯罪容疑者は、自ら出頭せずに訴訟上の弁明をすることが禁じられていたためである。Y勝訴の判決確定後、Yはドイツで判決を執行しようとしたが、Xは、裁判権侵害であると主張し争った。欧州裁判所は、被告の弁明を禁じることは、欧州人権条約が定める裁判を受ける権利を侵害するので、ドイツの裁判所は、ドイツの公共政策に反することを根拠にそのような手続により下された判決の執行を拒むことができると判示した。

(2) その他の国の裁判所の判決の場合

日本、アメリカを含むEU加盟国以外の国の裁判所の判決は、コモンローに基づき、（ⅰ）裁判管轄権を有する裁判所が下したこと、（ⅱ）終局の確定判決であること、及び（ⅲ）固定額の金銭判決であることの3要件を備えた場合のみ執行できる。（ⅰ）の裁判管轄の要件に関しては、訴状の送達時に被告が管轄地の国内に所在していたこと（presence）、又は被告が管轄に合意しもしくは本案について応訴したこと（submission）が必要とされる。イギリス裁判所の管轄要件とは異なり、国外への送達許可事由やフォーラム・ノンコンヴィニエ

第21章 国際取引訴訟 (International Commercial Litigation)

ンスは考慮しない。

　被告は、(a) 判決が詐欺により下されたこと (⑭)、(b) 裁判手続がデュー・プロセス違反であること、(c) 判決の承認がイギリスの公共政策や欧州人権条約に反すること、(d) 税金、罰金その他公法に関する判決であること、(e) 他の矛盾する判決があることなどを主張立証して、承認・執行を拒絶することができる。

⑭　*Owens Bank v Bracco* [1992] AC 443, [1992] 2 WLR 621：Ｘは、カリブ海のセント・ビンセント島でイタリア人Ｙに対して貸金返還請求訴訟を提起した。Ｙは、Ｘが証拠として提示したローン契約書（ビンセント島の合意管轄条項がある）は、Ｙが署名した別の書類を張り合わせた偽造文書であることを主張したが、この主張は斥けられ、Ｘ勝訴の判決が確定した。Ｘがイギリスで判決の執行を求めたので、Ｙは再び偽造の主張をしたが、原裁判のときと全く同じ証拠しか提出できなかった。イギリスの裁判所は、同じ証拠に基づいて契約書が偽造文書であることを認定し、原判決は詐欺により取得されたことを根拠にその執行を拒絶した。

第22章 国際商事仲裁
(International Commercial Arbitration)

1. 仲裁 (Arbitration) とは

　裁判以外の紛争解決のための主要な手続 (ADR) としては、仲裁、調停、斡旋等がある。仲裁は、紛争当事者間の合意に基づいて、私的機関 (仲裁廷) が合意された事項に関して判断を下す手続だが、その判断が紛争当事者を法的に拘束し、公的機関により執行することができる点において、他の ADR とは大きく異なり、裁判に近い性質を有している。両当事者が契約において仲裁の合意をしていたときは、当該契約に関する紛争を解決するには原則として合意に従って仲裁の申立をしなければならず、この合意を無視して裁判所に訴えを提起した場合、相手方の申立により訴訟手続は停止される (仲裁法 (Arbitration Act 1996) 9条)。また、契約書に仲裁条項が定められていない場合でも、紛争発生後に両当事者間で仲裁地及びその手続について新たな合意をして仲裁による解決の方法を採ることができる。

　裁判との比較における仲裁の利点として、(ⅰ) 紛争の対象となっている取引や技術等を熟知した専門性の高い仲裁人を当事者自身が選べること、(ⅱ) 仲裁判断の承認及び執行に関するニューヨーク条約[1] (NYC) により外国での執行が比較的簡単なこと、(ⅲ) 公開法廷で行う裁判と異なり、秘密保持が可能なこと、(ⅳ) 裁判よりも柔軟な手続による迅速かつ妥当な解決が期待できること、(ⅴ) 三審制の裁判よりも費用を節減できること等が挙げられている。ただし、裁判手続による場合であってもその管轄裁判所の所在する国によっては、専門性を必要とする特別な事件に関する専門裁判所を設けている場合もあるし、また、必要に応じて非公開の法廷を開くことが認められる場合もある。

---

[1] UN Convention on the Recognition and Enforcement of Foreign Arbitration Awards (New York 10 June 1958).

また、手続の柔軟性、妥当性、迅速性、費用等の問題は、誰が仲裁人に選ばれるかにより大きく左右されるので、どちらが有利か一概には決められない。

国際取引実務上、特に、海事、商品取引、金融、造船、建設等の分野に関する商事紛争の場合は、国際商事裁判所（ICCA）、ロンドン商事仲裁協会（LCIA）等確立した商事仲裁機関のサービスを利用できること、及び取引や業界の慣行に詳しい仲裁人を選べることが重視され、裁判に代わる紛争の解決手段として仲裁が広く用いられている。ロンドンは、対象取引に関連する法制度が発達し、かつ洗練された仲裁手続や仲裁人候補者が揃っていること、執行可能な財産が所在することなどから、中立的な仲裁地としての人気が高く、紛争当事者や取引がイギリスとは無関係であっても、契約締結時又は紛争発生時において、イギリスにおける仲裁を紛争解決の方法とする旨を合意することが多い。

最近、国際取引に関し、裁判、仲裁等の法的手続に入る前に、調停、すなわち第三者を交えた話し合いによる解決を図る方法の有効性が注目されるようになり、このための手続を契約書において合意しておくことが増えている。調停前置の合意がある場合は、これを無視していきなり訴えを提起することができない。ただし、契約書において調停人の選任方法その他の調停のための手続や調停不成立の判定方法（たとえば、調停申立の後一定期間内に成立しない場合は不成立とみなす旨）を明記していない場合は不明瞭な規定として法的拘束力が認められないことがある（第6章4参照）。

2．仲裁の管轄（Jurisdiction of Arbitration）

仲裁は、当事者間の書面による合意によってのみ管轄を生ずる。契約に仲裁条項を設けて、仲裁地及び仲裁機関の規則（ICC規則など）によるべきことを合意する方法が一般的だが、機関には頼らず、自前の規則又はUNCITRAL仲裁規則[2]を用いる方法によるアドホック仲裁も少なくない。仲裁地は、中立的な第三国又は被告所在地とすることが多い。

---

2) UNCITRAL Model Law on International Commercial Arbitration (1985/2006).

第22章　国際商事仲裁（International Commercial Arbitration）

　ロンドンを仲裁地とする仲裁合意があるのに、相手方がこれに反して他国の裁判所に訴訟を提起した場合、当該裁判所に仲裁合意がある旨の申立をすれば、仲裁合意が無効とされた場合を除き、訴訟は停止又は却下される（NYC 2条3項）。訴訟に構わず仲裁手続を開始し、仲裁判断を得てしまうこともできる。仲裁廷は、中間判断又は終局判断により、自身の管轄について自ら判断することができる（仲裁法42条）。これを自己判断の原則（competence-competence principle）という。また、イギリスの裁判所に仲裁管轄の有効性に関する判断及び相手方に訴訟禁止命令を出してもらう方法も考えられる。ただし、仲裁合意違反の訴訟が EU 加盟国内で提起された場合は、訴訟禁止命令をとることができない（①）。

①　Case C-185/07 *Allianz SpA v West Tankers Inc* [2009]：Zがチャーターしていた Y 所有の船が、イタリアのシラクサ港の突堤に衝突し、Zの貨物に損害を与えた。YZ間の傭船契約は、準拠法をイギリス法と定め、仲裁地をロンドンとする仲裁条項を設けていた。Zは、損害保険会社Xから付保限度額までの保険金を受け取り、残額についてロンドンで仲裁を申し立ててYに請求した。Xは、Zに支払った保険金額について、Zに代位してYに請求するため、イタリアで訴訟を提起した。Yは、Xの訴訟提起は仲裁条項に違反すると主張し、ロンドンの高等法院に、当該事件はロンドン仲裁の管轄であることの宣言、及びZに対するイタリアの訴訟の禁止命令を求めた。Yの請求を認める旨の高等法院の決定に対し、Xは、EU 加盟国の裁判に対する訴訟禁止命令は BI 規則違反であると主張して上訴し、EU 裁判所に付託された。EU 裁判所は、仲裁合意違反かどうかはイタリアの裁判所が判断すべき事柄であり、これを理由とする訴訟禁止命令は EU 加盟国内の裁判制度の調和と信頼を害するので許されないと判示した。

　有効な仲裁合意がないのにロンドンで仲裁申立を受けた側の当事者は、他国で訴訟を提起する方法の他、仲裁廷において合意の無効を主張して争う方法、仲裁手続に参加し又は参加せずに、裁判所に仲裁管轄の有無に関する決定を申し立てる方法（同法67条、68条）、相手方に対する仲裁禁止命令の発令を求める方法などの対抗手段がある（②）。ただし、裁判所は、仲裁合意の有効性について一応の確からしさ（good arguable case）の証明があれば、仲裁廷の自己判断（competence-competence）に委ねる原則を採っている（③）。

② *Excalibur Ventures LLC v Texas Keystines Inc* [2011] EWHC 1624 (Comm)：イギリスの会社Xは、テキサス法人Y及びその関連会社を相手方とし、Yらが有しているイラクの石油採掘権に対し、Xも権利を有すると主張し、ニューヨークで仲裁手続を申し立てた。Yらは、XY間に仲裁合意は存在しないので、ニューヨークの仲裁廷には管轄がないと主張し、イギリスの裁判所に、Xに対する仲裁禁止命令を求めた。Xは、管轄の有無は「自己判断の原則」により仲裁廷自身で行うべきであると反論した。裁判所は、Xが主張する仲裁合意条項にYらの署名がないこと、及び契約関係の法理の例外に当たる事情が何ら認められないことを認定の上、外国仲裁手続の禁止命令は例外的な場合に限って発令すべきだが、本件はその例外的な場合に該当すると判示し、Xに仲裁禁止を命じた。

③ *Noble Denton Middle East v Noble Denton International Ltd* [2010]EWHC 2574：XYは共にアメリカの会社である。両社は、ドバイでの作業に関して紛争が生じた結果、YはXに対しアメリカで訴訟を起こした。Xは、両者間にロンドン仲裁の合意があるとして、ロンドンで仲裁を申し立て、Yがこれに応じないので、仲裁法に従って、イギリスの裁判所に仲裁人選任を申し立てた。Yは、仲裁合意は無効であると主張し、手続の停止を求めた。裁判所は、仲裁合意の有効性に関し、一応の確からしさ（good arguable case）が認められる場合は、裁判所ではなく仲裁人がその問題を判断すべきであると述べ、Yの主張を斥けた。

3．仲裁判断の準拠法（Applicable Law of Arbitration）

(1) 仲裁手続の準拠法

イギリスで行われる仲裁の場合、仲裁手続の準拠法は、1996年仲裁法及びNYCである。NYCは、外国仲裁の管轄及び外国仲裁判断の執行に関してのみ定め、その他の事項は仲裁法による。ただし、裁判所が関与する事項（裁判所への仲裁人選任申立、仲裁管轄等に関する裁判所への審査申立、証拠収集等に対する裁判所の協力等）を除き、当事者間の合意によって仲裁法の適用を排除できる。仲裁条項において、国際商事裁判所（ICCA）、ロンドン商事仲裁協会（LCIA）等の仲裁機関の規則による仲裁を合意した場合、当該規則は当事者間の合意に含まれて、仲裁手続の準拠規則となる。

第22章　国際商事仲裁（International Commercial Arbitration）

(2)　仲裁判断の準拠法

　仲裁判断のための準拠法の選択には、第21章2のRI規則は適用されない。仲裁廷は、当事者間に準拠法の合意があればこれに従って判断する（仲裁法46条1項）。両当事者は、国家が定めた法律以外の規則、たとえばユニドロワ契約原則を判断基準に指定することもできる。当事者間に合意がないときは、仲裁廷が適当と考える国際私法を適用して準拠法を決定する（同法46条3項）。なお、ICC規則などに従った仲裁の場合は、両当事者は、法律や規則ではなく「善と正義」に基づく判断を求めることもできる。

　仲裁人は、両当事者が合意する場合を除き、準拠法国以外の国の公共政策や強行法規に従って判断する必要がない。仲裁地法や当事者の本拠地法であったとしても同様である。

4．国内仲裁判断の執行（Enforcement of Arbitration Award）

　イギリスを仲裁地とする仲裁判断は、裁判所の裁可（leave）を得ることにより、判決と同じように執行できる（仲裁法66条1項）。裁判所から仲裁判断と同内容の判決を出してもらうこともできる（同条2項）。ただし、執行を受ける者が異議を申し立て、仲裁廷に管轄権がなかったことを証明した場合、裁判所の裁可を受けられない（同条3項）。

　仲裁当事者は、仲裁廷には管轄権がなかったこと、仲裁廷の手続違反・権限逸脱、詐欺による仲裁判断の取得、仲裁判断の公共政策違反その他、仲裁廷、仲裁手続又は仲裁判断に影響を及ぼす重大な異常事由があることを理由に、裁判所に対し仲裁判断の取消しを求めることができる（同法67条、68条）。

　更に、イギリス仲裁法は、仲裁判断から生ずるイギリス法に関する問題に限り、一定の審査を経て裁判所に上訴することを認めている（同法69条）。この上訴を排除するには、仲裁合意条項において、仲裁判断は終局的（final）である旨を明記する必要がある。

　イギリスの仲裁判断は、下記5の手続により他のNYC締約国でも執行できる。

5．外国仲裁判断の執行(Enforcement of Foreign Arbitration Award)

　イギリスで外国仲裁判断の承認・執行を受ける方法は、NYCによる方法、その他の条約による方法、仲裁法による方法、コモンローに基づく方法等の選択肢がある。仲裁地国がNYCの加盟国の場合は、この条約を利用する方法が最も簡便である。

　NYCによる承認・執行を受けるには、仲裁判断の原本又は認証謄本、及び仲裁合意書の原本又は認証謄本とその英訳を裁判所に提出しなければならない（NYC 4条、仲裁法101条）。この提出により、仲裁判断及び仲裁合意の適正及び有効性が推定され、裁判所の裁定（leave）を受けられる。これを争う者は、（ⅰ）仲裁合意が無効であること、（ⅱ）無能力者が合意したこと、（ⅲ）当事者が適正な仲裁手続通知を受けなかったこと、（ⅳ）仲裁廷が当事者が仲裁を申し立てていない事項について判断していること、（ⅴ）仲裁廷の構成又は仲裁手続が当事者の合意又は仲裁地法に従っていないこと、（ⅵ）仲裁判断が確定していないこと、又は（ⅶ）仲裁地の裁判所が仲裁判断を取り消したことを立証しなければならない（NYC 5条1項、仲裁法102条1項）。（ⅰ）の仲裁合意の有効性は、契約の準拠法にかかわらず、仲裁地法に基づいて判断される（④）。契約に取消し・無効事由があっても仲裁合意には直ちに影響せず、その有効性は独立（separability）に検討される（仲裁法7条、⑤）。

　④　*Dallah Real Estate and Tourism Holding Co v The Ministry of Religious Affairs, Government of Pakistan* [2010] UKSC 46：Xは、Y（パキスタン政府）に対し、サウジアラビアに巡礼者のための施設を建設することを提案し、XY間で交渉のうえ、Yが設立した行政法人ZとXの間で、XがZに融資した資金で土地を購入し、施設を建設する契約を締結したが、実行前にYの政権が交代し、Zは清算された。Xは、Yに対し、XZ間の契約に定めたパリを仲裁地とする仲裁合意条項に基づいてフランスで仲裁を申し立てた。Yは、仲裁合意をしていないと主張し争ったが、仲裁人はこれを認めず、Xの請求を認める仲裁判断が下された。Xは、仲裁判断をイギリスで執行するため、NYCに基づき、その承認・執行をイギリスの裁判所に求めた。裁判所は、仲裁合意の有効性は仲裁地法、すなわちフランス法によるとし、フランスの裁判所が仲裁合意の有効性の判断に用いているのは、同国の契約法ではなく、両当事者の共通意思（common intention of parties）であることを確認した上、これを適用した結果、Yは仲裁合意の当

第22章　国際商事仲裁（International Commercial Arbitration）

事者ではないと判示し、仲裁判断の承認・執行を拒絶した。

⑤　*Fiona Trust & Holding & Ors v Yuri Privalov* [2007] EWCA Civ 20：X（ロシア政府所有の会社、船主）は、Yとの間の傭船契約は、YがXの役員を賄賂で買収して締結させたと主張し、傭船契約を取り消し、Yに対し、イギリスで契約無効確認等を求める訴訟を提起した。Yは傭船契約にロンドンを仲裁地とする仲裁合意条項があることを根拠に訴訟の停止を求めたが、Xは、傭船契約は賄賂により取り消したので、仲裁条項も効力を失ったと主張した。裁判所は、仲裁合意は、契約の他の部分とは独立した合意であり、契約に署名していない等の場合を除き、契約の取消しや無効の影響を受けないと述べ、Xは「Yが賄賂によって仲裁合意をした」と主張しているわけではないので仲裁合意は有効であるとして、手続を停止した。

　裁判所は、仲裁判断が仲裁に適さない事項に関する場合、又は仲裁判断の承認・執行がイギリスの公共政策に反する場合は、自ら承認・執行を拒絶することができる（NYC 5 条 2 項、仲裁法103条 3 項）。典型例は、離婚や刑事罰を判断している場合である。かつては、独占禁止法違反や証券取引法違反のように国家政策上の法律に関わる問題は仲裁の対象外とされていたが、現在は、多くの国でこれらも仲裁事項として扱われている（⑥）。

⑥　*Mitsubishi Motors Corp v Soler Chrysler-Plymouth, Inc* (1985) USLW 5069：X（日本の自動車製造会社）は、Y（プエルトリコの会社）とアメリカの一定地域における販売代理店契約を締結していたが、Yの販売不振により紛争が生じた。契約には東京を仲裁地とする仲裁合意条項が含まれていたので、Xは、Yに対し東京での仲裁を行うことを求める訴訟を提起した。これに対し、Yは、代理店契約がアメリカのシャーマン法（独占禁止法）違反であることに基づく反訴を提起し、更に、アメリカの公共政策に関わるシャーマン法に関する判断は、仲裁の判断事項には含まれないと主張した。裁判所は、仲裁人は関係国の公共政策を尊重して判断することが期待されること、公共政策に反するか否かはアメリカにおける執行の段階でチェックできることなどを理由に、シャーマン法の問題も仲裁判断の対象となり得ると判断し、Xの請求を認めた。

第23章 国際契約交渉

1．契約交渉のスタイル

　契約交渉とは、一定の（継続的であるか1回限りであるかを問わない）取引関係に入ろうとする複数の者又は企業の間で、当該取引の条件その他当該取引に関連する当事者間の関係を規律するための約束事を取り決めておくために行う、対面及び通信による当事者間の話合いのことである。この定義から明らかなとおり、契約交渉の主要な目的は、取引の条件等に関する当事者間の合意を形成することである。しかし、この目的を達成するために行う交渉の方法や手段に関しては、国や企業の文化、交渉担当者の個性等に応じて様々である。典型的な契約交渉スタイルは、対決型（competing style）、同調型（accommodating style）、協同型（collaborating style）の3つに大別できる。対決型は、相手を叩きのめして有利な条件を勝ち取ろうとするスタイルであり、和解交渉でよく見受ける。同調型は、交渉相手との衝突を避けるため相手の提案に迎合的な姿勢で臨む方式であり、日本人が無意識に採用して誤解を招くことが多い。協同型は、攻撃的に自己主張しながら双方の利益となる協力関係を築こうとするスタイルで、英米人が好んで用いる。契約交渉の席では、これらの1つに固執せず、個々の交渉事項の重要度、譲歩の可能性、交渉の場面・段階、交渉相手の態度等に応じて柔軟にスタイルを変更した方がよい。複数の担当者が適宜に役割分担する方法（good guy, bad guy）も時には有効である。

2．契約交渉の準備

　交渉を担当する弁護士や企業法務部員は、違法又は無効な条件の提示や受入れを予防するため関連法規を調査確認すると同時に、依頼者や上司と以下の各

事項を打ち合わせる必要がある。
　（ⅰ）　契約の目的、タイムリミット、交渉上の強みと弱点
　特に重要な点は、交渉が決裂した場合において依頼者が採り得る次善の策の確認である。この次善の策は BATNA（Best Alternative To a Negotiated Agreement）と呼ばれ、他の会社と交渉するか、又は取引を諦めるかの選択、及びそれに要するコストを含む。有効な BATNA があれば有利な交渉が可能となり、その不存在は大きな弱点となる。
　（ⅱ）　個々の交渉事項に関する希望条件、及び妥協可能な最低条件
　希望条件と最低条件との間の差が交渉担当者の裁量権限ということになる。なお、個々の条件の内容・金額や結論だけでなく、その合理的な計算根拠、理由、証拠資料等の準備も必要である。交渉事項間の優先順位も決めておくべきである。
　（ⅲ）　希望条件・最低条件に関する依頼者の本音
　依頼者がなぜその条件、数値に拘るのかを知っておくべきである。これにより、当該条件の意味や重要性を把握し、代替提案を検討できる。
　（ⅳ）　個々の交渉事項が合意に至らない場合の代替提案
　たとえば、依頼者が一定金額以上の提案をできない理由がその資金繰りである場合、分割払や支払繰延べを組み合わせた代替提案を準備できる。
　（ⅴ）　相手方に関する情報の検討
　相手方の BATNA その他の強みと弱点、妥協可能な最低条件、その本音等を推測するための情報をできる限り入手するべきである。また、雑談に備え、交渉相手の関心事項や相手国にとってタブーな話題の確認も重要である。

3．契約交渉の方法

　国際取引における契約交渉は、書簡、Eメール等の交換と会議による対面交渉を組み合わせて行われる。

(1) 対面交渉の方法
　会議を主催する側の当事者は、交渉事項を明記したアジェンダを事前に準備

し、相手方の確認を得ておくべきである。交渉上の注意事項は以下のとおりである。

（ⅰ）　相手方の提案・意見を聞くとき

契約交渉は、相手方の譲歩可能な最低条件、その本音及びBATNAを探り出すことができれば成功したに等しい。このためには、相手方の提案とその理由に真摯に耳を傾け、不明瞭な点について確認・質問してその正確な把握に努めるべきである。また、返答を鵜呑みにはせず、適宜に質問の仕方を替えるなどして真意を探った方がよい。

（ⅱ）　当方の提案・意見を述べるとき

予め第2案、第3案までを準備し、状況に応じて柔軟に選択した方がよい。口頭での提案は、理由や計算根拠を先に述べてから提示した方が理解を得やすい。相手方から当方の弱点等に関する答えたくない質問を受けたとき、嘘をついたり隠したりすると信頼を損ねるだけでなく、不実表示として契約締結後に取消しや損害賠償請求を受ける恐れがある（第10章）。また、回答をはぐらかすと弱点を見抜かれる。互いの強みと弱点を開示し合って認識を共有した方が交渉成立の近道になることが多い。

（ⅲ）　議論するとき

相手方の提案理由やその根拠が誤解に基づくとき、及び当方の提案理由が正しく理解されていないときは、適宜に客観的な根拠資料を追加、補充して説得に努める必要がある。双方の事実認識が一致した上で意見の相違があるときは、それ以上議論しても意味はない。

（ⅳ）　譲歩案を提示するとき

譲歩案提示のタイミングは、交渉成立の見通しとBATNAによって異なる。通常、提案は、個々の項目ごとではなく、全ての交渉事項を議論した後で全事項に関してまとめて示す方がよい。また、無限定の譲歩はせず、前提条件、交換条件や仮定を付すべきである。譲歩案の合理的な理由や根拠を述べるときは、相手方の言い分の一部を利用する方法が効果的である。

（ⅴ）　会議終了のとき

会議は、成否にかかわらず適当な時間内に終わらせるべきである。終了時は、合意事項、未決事項及び今後それぞれが行うべき作業を確認のうえ明記した議

事録を作成し、両サイドの担当者が署名すべきである。

　会議終了後の催し（慰労会等）では、交渉事項を話題にすべきではない。会議に同席しなかった役員等が参加する場合は特に注意を要する。

(2)　**禁じ手（dirty tricks）への対応**

　弁護士が対決型の交渉を行う場合、以下のようなトリックで有利な状況を作ろうとすることがある。これらはアンフェアとみなされ信頼関係を損なうので、契約交渉に用いてはならない。ただし、交渉相手が仕掛けてきた場合に備えて知っておく必要がある。

　（ⅰ）　猫だまし（surprise attack）

　交渉中に突然感情を露わにしたり提案を撤回したりなどの不条理な言動をし、相手を驚かして反論を封じようとする者がいるが、かえって弱点が露呈することもある。これに動ずることなく冷静に対応し、目に余る場合は会議の中断・延期を申し入れた方がよい。

　（ⅱ）　頑固な上司（my boss is a bastard）

　外見上は協調的に振る舞いながら、その場にいない「頑固な依頼者（又は上司）」が承諾しないことを理由に実質的には譲歩を拒んで焦りを誘う戦法である。「頑固な依頼者」が同席しない以上、伝言方式で質問や代替案の提示を粘り強く続け、それらに対する反応から相手の本音を探る他ない。

　（ⅲ）　疑似餌（feinting）

　本当は関心の薄い事項なのに重視しているように見せかけて交渉し、その譲歩の見返りとして、重要事項の譲歩を迫る作戦である。周到な準備をして交渉に臨めば惑わされない。

　（ⅳ）　うそ期限（false deadline）

　期限を付した提案をし、期限を過ぎれば条件が悪化すると告げて合意を急かす戦法である。期限付である理由の説明に合理性を欠くことが多いので、見抜きやすい。

　（ⅴ）　おとり譲歩（limited authority on 'agreement'）

　交渉担当者間の互譲により一旦は合意しておきながら、交渉権限の踰越や状況の変更を理由にこれを反古にして、更なる譲歩を求める。交渉開始前の権限

の確認、及び交渉終了時の議事録作成により予防すべきである。
　（vi）　ノーサイド攻撃（last minute demand）
　長期に亘る厳しい交渉の末ようやく合意に達した後に、予期していない新たな申入れを追加し、相手の根負けを狙う。断固として拒否すべきだが、そのような卑怯な戦法をとる相手との取引は見直した方がよい場合もある。
　（vii）　地の利の悪用（environmental control）
　相手の事務所で会議する場合、空調の悪い部屋に長時間待たされるなど、不利な環境下での話合いを余儀なくされることがある。悪意ではない可能性もあるが、礼を失しない範囲で改善を求めた方がよい。

(3)　書面の交換による交渉
　当事者間で基本的な商業条件の合意ができた後の交渉方法として、ヘッズ・オブ・タームズ（heads of terms）又はタームシート（terms sheet）と呼ばれる書面を交換する方法で交渉を進めることがある。ヘッズ・オブ・タームズは、契約書に記載すべき全ての項目とそれらに対する一方当事者の希望条件をまとめて記載し、相手方に提案するための書面である。これに対し、相手方当事者は、合意できる項目には「agreed」と記載し、その他の項目は対案とその理由を追記して提案者に送り返す。このような書面交換を続けて全事項について合意できたとき、最終版のヘッズ・オブ・タームズに両当事者が署名し、これに基づく正式な契約書作成の作業に移行する。契約書草案の作成をどちらが担当するかも、駆け引き上の重要ポイントである。

4．法的交渉事項

　法的効果を定める条項の交渉に当たり、特に以下の点は注意を要する。

(1)　違法な条項
　違法な条項の提案や合意は避けるべきだが、取引相手国の法令上違法な条項であっても、工夫次第では執行可能な条項となり得るので、直ちにあきらめない方がよい。たとえば、相手国の輸出入規制や為替規制上禁じられている義務

の履行であっても、履行地をイギリスとし、準拠法をイギリス法、裁判管轄地をロンドンとすれば、執行可能となることがある（第21章2(1)）。

違法の疑いが指摘された条項でも、その部分の義務を分離可能（severable）な条項にし、あえて規定することもある（第11章2）。

(2) **不合理な提案**

相手方が不合理な条項を要求してきた場合、当該条項が不公正契約条項法（Unfair Contract Terms Act 1977）が定める合理性基準に適合しないことを指摘する方法も有効である。同法は、国際契約には適用されないが、多くの企業は、不公正（unfairness）と評価されることを好まない。

(3) **リスクの負担と保険**

契約上のリスクをどちらが負担するかについて交渉する場合、当該リスクを保険によって回避できるのはどちらの当事者か、及びその保険料は代金等に転嫁できる水準かを検討すべきである。

(4) **裁判管轄**

裁判管轄地を合意できない場合、妥協方法として、「被告所在地の裁判所」の管轄とする合意をすることがある。しかし、部分的にしろ、取引相手国の管轄を認める合意は、相手国の政治の安定性や司法の現状を確認しない限り行うべきではない。司法腐敗（裁判官の汚職、偏見等）や著しい訴訟遅延（裁判制度の非効率）の恐れがある場合は、ロンドン等の中立地を選ぶべきである。

(5) **仲裁合意**

仲裁合意をする場合は、仲裁地国がニューヨーク条約に加盟しているかどうかの確認が不可欠である（第22章5）。また、仲裁地国の国内仲裁法も事前に検討した方がよい。国内法により、ICC規則等による機関仲裁を排除している国や仲裁人、仲裁代理人を内国人に限定している国もある。

5. 契約交渉中に生ずる当事者の義務

(1) 信義誠実（good faith）義務と契約締結上の過失責任

イギリス法には契約交渉に関する一般要件としての信義誠実の原則が存在せず、原則として、契約交渉当事者は、信義則上の誠実義務を負うものではない。したがって、イギリスには、日本法上の契約締結上の過失責任に相当する法原則も存在せず、信義則に基づく契約締結協力義務や情報開示義務が発生することはない。

ただし、契約交渉の一方当事者が、相手方が一定の事実について誤解をしていることを知りながらこれを黙っていた場合、既に告げた事実について変更が生じたのにそのことを告げなかった場合、真実の内の一部だけ告げて不利な部分を告げなかった場合等、特別な事情があるときは不実表示の責任追及を受けることがある（第10章1）。

(2) 秘密保持義務

契約交渉の相手方に開示した情報が（ⅰ）秘密性を有し、（ⅱ）合理的な一般人を基準とし、秘密保持義務が当然に課されると判断すべき状況下において開示され、かつ（ⅲ）情報開示当事者が、当該情報の使用や漏洩に明示又は黙示の同意をしていない場合は、黙示の秘密保持契約（implied confidentiality agreement）が成立する（①）。

ただし、ある情報が秘密性を有するというためには、通常人が容易に知りえないような方法で管理されている情報でなければならず、情報を開示する際に秘密情報であると告げただけで、秘密情報として保護されるわけではない。また、たとえ製品の製造に必要な設計図書等が秘密性を有していたとしても、市販されている製品自体を分析すれば誰でも知り得るような技術は秘密情報とはいえない。当該情報を暗号化していたとしても、容易に解析可能なものであれば同様である（②）。

よって、契約交渉中に相手方に情報を提供する場合は、秘密保持契約書を締結しておくべきである（下記6(2)）。

① *Coco v AN Clark (Engineers) Limited* ［1969］RPC 41：XとYは、新型エンジンの製造に関する合弁事業を開始したが、程なく事業を解消した。その後、Xは、合弁事業期間中に提供したXの情報をYが無断で使用したとして、損害賠償を求めた。ＸＹ間には、秘密保持に関する契約は存在しなかった。裁判所は、明示的な合意がない場合でも、（ⅰ）当該情報が秘密性を有し、（ⅱ）当該情報を提供した時点の状況に照らし、秘密保持義務を課されていたことが合理的に推認でき、かつ（ⅲ）当該情報受領者が無権限で、情報提供者に損害を与える方法で使用又は開示した場合は、秘密保持義務違反の責任を追及できると判示した。

② *Mars UK Ltd v Teknowledge Ltd* ［1999］All ER（D）600：Xは、新式の人物識別装置を開発し販売していた。Yは、当該装置を市中で購入し、リバースエンジニアリングに成功した。Xは、暗号化された情報を解読したYを、秘密保持義務違反で訴えた。裁判所は、秘密保持義務違反の責任を追及するには、当該情報が秘密性を有し、かつ受取人に秘密保持義務を課す方法で提供されていなければならないと述べ、Xの本件情報は、誰でも装置を購入でき、また暗号解読技術がある者なら誰でも入手できる情報なので、秘密性を有するとはいえないし、また受取人に秘密保持義務を課す方法で提供したともいえないと判示した。

6．契約交渉中に交わす書面

(1) 秘密保持契約書（confidentiality agreement）

　ライセンス契約や企業買収契約の交渉に先立ち、ライセンサーや売主は、相手方に対し、秘密保持契約書や情報開示禁止契約書（non-disclosure agreement）への署名を求めるのが通例である。

　秘密保持契約書においては、契約交渉中に相手方から情報の開示を受ける当事者に対して、当該情報及びこれに関する一切の資料に関する秘密を保持すべき義務、これらを目的外に使用しない義務、及び許可なく第三者に開示・漏洩しない義務が定められる。更に、秘密保持義務の範囲・内容を明確にするため、（ⅰ）秘密情報の定義、（ⅱ）適用除外（公知の情報、第三者から適法に受領した情報、自ら開発した情報等）、（ⅲ）開示が許可される者（関連する業務に従事する役員、従業員、社外の専門家、コンサルタント等）及び秘密保持期間を定めた方がよい。

情報を受領した当事者が秘密保持契約に違反した場合、違反者に対して契約違反による損害賠償を請求することができるが、これに合わせて、将来の当該情報の使用や開示を禁ずるために差止命令（injunction）を求める訴えを提起すると共に、暫定的な差止命令（interim injunction）を発してもらう必要がある。差止命令及び暫定的差止命令は、裁判所の裁量によるエクイティ上の救済手段だが、秘密保持義務違反に関しては、認められる可能性が高い。裁判所を説得する材料として、情報受領者は差止命令を受け入れる旨を契約に明記することもある。

　暫定的な差止命令は、原告が、当該命令が間違っていた事実が後日（本案に関する裁判の際）判明したときに被告の損害を賠償することを約すること、及び一定の期間内にそのための保証金や担保を提供することが条件として付される。

(2)　**レター・オブ・インテント（letter of intent）**

　レター・オブ・インテント等の契約締結前書面（第6章3）を交わす目的は、取引の種類、内容、契約交渉の経緯、特にどの段階で締結されるか等により様々であり、その内容も目的に応じて異なる。上記3(3)のヘッズ・オブ・タームズも契約締結前書面の一つである。

　最も典型的なレター・オブ・インテントは、契約成立に向けて交渉を行う意思があることの確認、及び当事者間で了解している契約の目的や合意済みの事項の記録を目的とし、最低限その旨の記載がされる。更に、契約締結に影響を及ぼす可能性のある、当事者や契約目的物に関する事項の開示義務、契約交渉中に知り得た相手方の情報に関する秘密保持義務、契約交渉に要した費用の分担（たとえば、契約準備費用は各自弁とする合意）等に関する条項を設けることもある。

　契約締結前書面が法的拘束力のある書面として作成され、かつ約因の定めがある場合、当該書面は契約となり、これに違反した者は契約違反による損害賠償責任を負う。この場合の損害額は、交渉によって締結されたであろう本来の契約が締結されなかったことによる損害ではなく、契約交渉中に要した費用や経費に基づいて算定される。

契約締結前書面により正式契約や付帯的契約の成立が認定されることもあるので、法的拘束力を生じさせない意図の下に作成する場合は、慎重にドラフトする必要がある（第6章3）。書面の文言が明らかに法的拘束力を生じない記載内容になっていれば、イギリス法上、作成者は信義則その他の一般原則を根拠とする法的義務を負担することはない。ただし、当該書面を作成した時点において虚偽の事実や真意に反する意思表明を記載した場合は、作成者は不実表示を根拠として責任を追及されることがある（第10章1）。

　契約締結前書面が法的拘束力を生じない場合も、合意した事項を遵守すべきことが道義的な義務となり、覆すことが事実上困難になる。したがって、法的拘束力を生じさせない意図を明らかにした上での合意であったとしても、不用意な表明や約束を無条件で行わないように注意する必要がある。

(3) ロックアウト契約（lock-out agreement）

　イギリス法に基づいて独占的契約交渉権が発生するには、明示的又は黙示的に、一定の交渉期間中、同一事項に関して第三者とは交渉しない旨の法的拘束力ある合意、すなわち、ロックアウト契約（lock-out agreement）を締結する必要がある。ロックアウト契約における第三者と交渉しない旨の合意（agreement not to negotiate with a third party）は、(1) 交渉禁止期間が明定されていて、かつ (2) 約因があるか又は捺印証書（deed）によって合意されている場合に限り法的拘束力を有する[1]（第6章2(1)）。これにより、売主は当該期間中、第三者と交渉に入ることが禁じられる。ロックアウト契約は、書面によることが通常だが、口頭の合意であってもその成立が立証されれば法的拘束力を有する[2]。

　売主がロックアウト契約にかかわらず第三者と交渉に入った場合の救済方法は、（ⅰ）交渉の差止・禁止命令（injunction）やそのための仮処分命令（interim injunction）を求める方法と（ⅱ）契約違反による損害賠償を求める方法とがある。（ⅰ）は契約違反を是正し義務を履行させるための差止・禁止命令だが、裁判所は、事後的な損害賠償だけでは被害者に対して適正な救済を与えることができないと判断した場合にしかこの救済措置を与えない（第13章8）。（ⅱ）

---

1) *Walford v Miles* [1992] 2 AC 128 (HL).
2) *Pitt v PHH Asset Management Limited* [1993] 4 All ER 961.

の損害賠償は、契約違反から予見可能な範囲内での損害に限られる。違反の結果として取引が成立するに至らなかった場合は、交渉期間中に支出した費用や経費を請求できるが、取引が成立しなかったことによる遺失利益までも予見可能な損害として賠償請求するのは、通常は難しい。

7．Subject to Contract と Without Prejudice

「subject to contract」という語句は、契約交渉中の両当事者がまだ完全な合意には達していないことを表すために用いられる（第6章1）。両当事者がレター・オブ・インテント等の交換をせずに口頭及び書面による交信だけで契約交渉をしている場合は、交渉の途中における相手からの申込や反対申込（counter-offer）に対する返信だけで契約が成立したと解されることがないように（第4章参照）、会議や交信文において、「subject to contract」の提案であることを明記すべきである。上記3(3)のヘッズ・オブ・タームズを送付する際も、この文言は不可欠である。

レター・オブ・インテント等の契約締結前書面を交わす場合は、当該書面に「subject to contract」の語句を記載しておけば、契約成立の法的拘束力を生じさせる意思がなかったものと一応推定されるが、当該書面を作成した時点までの交渉状況や合意内容、その後の事情等を総合し、契約が成立したものと認定される場合もあるし、付帯的契約（collateral contract）の成立が認められる場合もある（第6章3）。一切の法的拘束力ある合意をしない意図の場合は、「subject to contract」の文言に加え、その旨を明記した方が安全である。

「without prejudice」は、厳密に言えば、紛争中又は和解交渉中の当事者間において、解決のために現に交渉している問題や事項に関する書面や会議における議論に対して用いられる表現である。紛争中又は和解交渉中に、意見や提案が「without prejudice」として提示された場合、和解交渉等を失敗し両当事者間で裁判上の争いとなったときに、当該書面、意見、提案や相手方の言動を裁判手続において相手方の不利益に用いることは許されない。このように、「without prejudice」と「subject to contract」とは、その使用すべき場面と機能を異にしているが、実務上はよく混同して用いられている。

289

8．契約交渉の準拠法

　契約交渉の準拠法に関し、RI 規則の適用はない（RI 規則 1 条 2 項(i)）ので、伝統的なイギリスの抵触法（conflict of laws）により決定される。コモンロー上、契約交渉の準拠法について当事者間で合意がある場合はそれに従うのが原則であるが、契約交渉中や契約締結前書面においては、実務上、準拠法の合意までは行われない。当事者間で特別な合意がない限り、対象となっている取引と最も密接で現実的な関連性を有する法制度が準拠法となるので、契約交渉及び契約締結前書面の解釈やこれに関する紛争は、原則として、当該契約を締結した国の法律に準拠することとなる。契約締結までに至らなかったとしても、主たる契約交渉地がイギリスである場合や契約の準拠法にイギリス法が選択されることが予定されていた場合は、契約交渉及びこれに伴う責任の有無や内容、範囲等は、イギリス法に基づいて判断されることになる可能性が高い。

第24章 英文契約書の作成

1. 契約書作成の目的

　国際取引に関する契約は、契約の両当事者が契約書を作成の上これに署名する方法で締結するのが通例である。ただし、イギリス、日本を含む多くの国の法制度上、一部の特別な契約（土地財産権に関する契約、保証契約等）を除き、契約書の作成は契約締結に必要な要件、方式ではない（第6章5）。そうであるにかかわらず契約締結のためにわざわざ契約書を作成する主たる目的は、以下の2つである。
　（ⅰ）　様々な権利義務を含む複雑な取引関係に関する合意をした当事者間において、契約上いかなる義務を負担し、また権利を取得したかを記録しておくこと。
　（ⅱ）　後に争いが生じた場合に備えて、契約が成立していること及び契約当事者が法的拘束を受けている義務の内容に関する証拠を残しておくこと。
　契約当事者又はその代理人の立場で契約書をドラフトする際は、この2つの目的に適合するような内容及び表現の契約書として作成することを心がけなければならない。すなわち、契約書においては、両当事者が確かに合意している事項を漏れなく盛り込み、これを誰にも誤解されないような表現でわかりやすく正確に記載することが肝要である。

2. 契約書作成の方法

　契約書、あるいはこれから相手方に提示するための契約書草案（ドラフト）を作成する方法には、（ⅰ）法律事務所の標準書式や市販の書式集に基づきこれを修正しながら作成する方法、（ⅱ）当事者が過去に締結した契約書に基づ

きこれを修正しながら作成する方法、(ⅲ) 全く参考となる書式がない状態でスクラッチから作成する方法の3つがある。いずれの方法による場合も、契約書草案の作成者が最初になすべき作業は、これから作成しようとする契約書の骨子となる基本的な構成、各構成部分において一般的に定めておくべき事項及び各事項において通常規定しておくべき内容を予測し、これらをまとめたチェックリストを作成することである。この作業が済んだ後で、当該チェックリストに基づいて契約当事者に質問をして、各項目における当事者が求めている内容、あるいは両当事者間で既に合意した内容を確認することになる。上記1で述べたとおり、契約書（案）は、合意成立前の事項に関しては当該書面を作成する側の当事者の意向や要望を、合意成立後に関しては当事者間の合意内容を、それぞれ正確かつ明瞭に示すものでなければならない。契約書（案）作成中にチェックリストや当事者からの聴取内容が不完全であったことがわかった場合は、躊躇なく当事者に補充の質問をすべきである。

3．契約書の構成

　契約書の基本構成を策定する上でも、上記1の目的に照らして、当事者の意向や合意内容をわかりやすく表現する上で最も適した構成になるよう心がけるべきである。このための注意事項として、第1に、契約書の各条項は、記載漏れや重複や矛盾が生じることがないよう、論理的な順序に従って規定した方がよい。第2に、同種又は同一概念に基づく事項があるときは、それらはできるだけ分散させずに同じグループに分類して規定すべきである。第3に、異なる事項を定める規定や異なる概念に基づく規定はなるべく同一の条項に含めず、適宜に枝条項（sub-heading、sub-clause）を用いてわかりやすく整理すべきである。

　一般的な商取引に関する契約書の基本構成は、以下のような順序、内容になっていることが多い。

(1)　**表紙（front cover）**
　契約書の表紙には、通常当該契約の表題（title）、契約当事者名、契約書を作

成した法律事務所の名称、契約締結日及び（ドラフトの場合は）当該ドラフト作成日が記載される。

契約書の表題は、単に、DEED とか AGREEMENT とのみ記載されることもあるが、原則として、そのような一般的なタイトルにするより、他の契約書と明確に区別できるように当該契約書が規律している取引の種類（sale、distribution、licensing 等）に関する表示を含めた方が望ましい。

契約当事者名の表示については、一方当事者と他方当事者（たとえば seller と buyer）の間に AND を入れるべきである。いずれか一方の当事者（たとえば buyers）が複数の場合は、契約におけるそれぞれの立場を明確にするため、その末尾に(1)、(2)などの番号を挿入して示す方法が用いられる。

当該書面が最終版ではないこと及び契約交渉中における最新のドラフトであることを明らかにするために、冒頭又は末尾にドラフト作成日を必ず記載すべきである。

(2) 目次 (contents)

目次は契約書に不可欠とはいえないが、20ページを超える程度の契約書の場合は、設けておいた方が望ましい。なお、草案の段階ではドラフトが改訂されるごとにページも変更されることになるので、通常は最終版が確定するまで目次のページ番号を記入しない。

(3) 頭書 (commencement)

契約書本文の冒頭に、契約書の表題、契約日、当事者名を記載する。当事者が会社の場合は、会社の登録番号も記載した方がよい。契約締結後に当事会社の一方の合併や企業買収により会社名が変更されることがあるので、契約当事者の特定上の混乱を避けるためである。なお、頭書において、当事者をその名称の略語や取引上の役割（"Distributor"、"Licensor"等）により定義しておくことが多い。

(4) 前文 (recitals)

契約の内容に入る前に前文を設けて両当事者が契約締結に至った背景事情を

説明する形式の契約書もあるが、最近は、むしろ前文を省略し、ただちに各条項を規定する方が一般的である。前文を設ける理由は、契約締結の目的を明確にしておくこと、契約締結の前提事実（たとえば、売主が売買目的物の所有者であること）について後日争われないようにすること、修正契約や補足契約等の場合は、原契約との関係を明らかにしておくこと等である。

　イギリス法の解釈原理上、契約書の前文は契約条項の一部ではないが、主要な契約条項の意味内容が不明瞭である場合は、その解釈を補充するために用いられる可能性がある（第8章1）。そのような可能性を排除したい場合は、契約条項において、「前文は契約条項の解釈に影響を与えるものではない」旨を明記する必要がある。これとは逆に、前文の記載内容を契約条項の一部としておきたい場合は、その旨を明記した方がよい。

(5) 定義（definition）

　たとえば当事者名や他の契約書の名称、特定の出来事や商品等が契約書にたびたび現れる場合は、これらを1つか2つの単語だけで表示できるようにしておいた方がその都度繰り返すよりも便利である。また、契約書において用いられている特定の語句に関する一般的な意味内容が必ずしも明瞭とはいえない場合や当該契約書の中だけで通常の意味内容とは若干違った意味で用いたい場合にも、契約書における語句の意味を定義して明らかにしておく必要がある。このような語句が2つ以上の契約条項中に出てくる場合は、登場したときに定義するよりも、定義条項を設けて各用語の意味をまとめて規定しておいた方がわかりやすい。

　一般に、定義には、'means' definitions と 'includes' definitions の2種類がある。'means' definitions は、「AAA means...」とする定義であり、その語句の意味を当該定義条項に記載されたものだけに限定し、それ以外の解釈を排除したい場合に用いる。他方、「AAA includes...」と 'includes' definitions を用いた場合は、当該語句が定義条項に規定した意味を有することが明らかにはなるが、それ以外の意味が当該語句に含まれる可能性を排除するものではない。いずれを用いるかは、各語句を定義する目的に応じて使い分けるべきである。語句の意味を明確化するために、'means' definitions をした場合でも、当該語句に必ず含まれ

るものを念のために明記しておきたいことがある。このような場合は、'means' definitions の中で、'including but without prejudice to the generality of the foregoing ...' の文言を加えて具体例を示す方法が用いられる。

　definitions の規定は、語句の意味を明確化することに徹し、この条項の中で当事者の権利義務その他契約の履行に関連する定めをするのは、できる限り避けるべきである。たとえば、「"Price" means the price set out in the price list attached hereto, which may be changed by the Seller at any time by giving three months prior written notice to the Purchaser.」と規定するよりも、「"Price" means the price set out in the price list attached hereto or its revisions, amendments or alterations made by the Seller in accordance with Clause 6.」と規定し、Clause 6 において Seller の price list を修正する権利及び修正手続について規定した方が望ましい。

(6)　**主たる権利義務に関する条項（operative clauses）**

　定義条項の後に、当該契約の中心的な権利義務を定める規定（たとえば、ライセンス契約における実施許諾条項、売買契約における目的物の引渡しと代金の支払に関する条項等）及び当該中心的な義務の実施に関連する付随的な権利義務を定める条項が設けられる。これらの規定は operative clauses と呼ばれている。operative clauses の内容は、取引の種類、性質、内容、当事者間で合意した取引条件等に応じて大幅に異なる。たとえば、売買契約の場合は、特定された目的物の引渡義務、引渡しの時期・方法その他の引渡条件、代金額、代金支払条件等、ライセンス契約の場合は、ライセンスを付与すること、付与されたライセンスの内容、範囲、制限、ライセンス料、ロイヤルティの支払義務、計算方法、支払条件等が operative clauses に含まれる。

(7)　**停止条件（condition precedent）**

　契約の一方当事者は、ある一定の事態が発生しない限り、又は相手方当事者がある一定の行為をしない限り、契約上の主要な義務を負担したくないと望むことがある。そのような場合は、当該義務に関する停止条件（condition precedent）の合意をし、契約書にその旨の規定を設ける必要がある（第6章4）。停止条件に関する条項は、契約の目的となる主要な義務に関わる条件の場合は、

上記(6)の operative clauses の直前又は直後に規定するのが論理的でわかりやすいが、当該条件に当たる事態の発生が契約解除権の発生原因にもなっている場合は、権利義務条項（operative clause）や保証条項（warranty clause）の後に定めることが多い。

(8) 所有権留保（retention of title）、保証金（security deposit）

売買契約その他の財産権の移転を伴う契約では、代金等の支払を確保するため、所有権留保条項が設けられる（第18章3(2)）。代金完済までの所有権留保だけではなく、債務不履行時の返還義務、分別管理義務、転売代金を売主のために受託者（trustee）として分別管理する義務等まで明記すれば、目的物のみならず、転売代金に対する優先権も主張できる可能性がある。ただし、担保設定の合意と解されると、登録要件を欠いて無効となるので、慎重なドラフトを要する。債権確保のために物的担保（real security）の設定を受ける場合は、その旨をドラフトに加え、その種類に応じた効力要件・対抗要件を備えるための手続をとらなければならない（第20章）。

契約の履行を確保するその他の手段として、債務者に保証金（security deposit）を差し入れさせることがある。この場合は、差入れの合意だけではなく、債務不履行時の相殺権に関する条項も定めておくべきである。契約によらない相殺権の行使は様々な制約を受ける（第13章4(7)）。

(9) 表明保証（representations and warranties）

表明保証条項は、契約の一方当事者が相手方に対して、契約の対象となる取引、目的物、契約当事者に関する事実や約束その他、契約の締結及びその履行に影響を与える可能性のある事項について保証（warrant）する旨を規定している。この条項は、契約締結前における事実や意見の表明や約束を契約条項として取り込んでおくことを目的とし、法律意見、税務上の意見その他、本来専門家にしか述べられない事項も対象とする。また、違反した場合の救済方法（損失補償、契約解除等）も契約に明記し、契約法上の不実表示や付随的条項の適用は排除する。

⑽ 損失補償 (indemnification)

損失補償条項は、一般に、「hold harmless clause」と共に規定されるが、両者の意味はほとんど同じである。契約条項に違反した契約当事者は、法律上当然の損害賠償義務を負う（第13章1）が、この条項は、損害賠償の範囲（当事者に限らずその従業員、役員、代理人、請負人、顧客の損害を含むこと、第三者への賠償金や訴訟提起を受けた場合の弁護士費用その他の訴訟費用を含むこと、二次的損害を含むこと等）を明記することを目的としている。

⑾ 期間 (term) 及び解除 (termination)

ライセンス契約、販売店契約、合弁契約その他一定の期間継続することが予定されている取引に関する契約には、契約期間（term）及び期間満了後の更新手続（renewal）に関する規定が設けられる。

解除条項には、契約違反その他契約を終了できる事由が列記される。契約法上、ある契約条項が付随的条項（warranty）であると認定されると、当該条項違反を理由とする契約解除（rescind）ができなくなるので、これを避けるため、どのような規定に違反した場合に解除権が発生するかを契約書に明記しておく必要がある（第7章3(5)）。契約違反以外の解除事由として、破産その他支払不能事由の発生、解散・事業廃止、親会社や役員の交代等がよく規定される。また、一定の予告期間の経過を条件とし、当事者の一方又は双方の解約権を定める場合もある。

⑿ 雑則 (boilerplaters)

不可抗力条項、秘密保持条項、通知条項、完全合意条項、修正条項、譲渡禁止条項等は、あらゆる種類の契約書に共通に設けられる。これらは、雑則条項（miscellaneous clauses）又は定型条項（boilerplate clauses）として契約書の後方にまとめて規定される。雑則という呼び名にかかわらず、イギリス法の法原理との関係上いずれもきわめて重要な条項であり、十分な配慮をして作成しないと後日重大な問題を生ずる恐れがある。

　（ⅰ）　不可抗力条項（force majeure clause）

当事者の支配の及ばない、予期せぬ事情による契約不履行について責任を負

わないようにするための条項である。イギリス法に準拠する契約において、そのような事態が生じた場合は、フラストレーションの法理が適用される可能性があるので、これを排除するために不可欠な条項である（第12章3(6)）。契約の履行を経済的に困難とする事情による責任を回避するためには、別途にハードシップ条項を設ける必要がある。

（ⅱ）　秘密保持条項（confidentiality clause）

契約に基づき、又は契約に関連して相手方に開示、提供した秘密情報、契約締結の事実、契約内容等に関して第三者への開示や漏洩を禁ずる旨の条項である。ノウハウ・ライセンス契約等の場合は、契約の根幹をなす重要な規定である。秘密情報の範囲や開示が認められる第三者（従業員、子会社等）をどのように定義するかについて特に注意を要する。この規定に基づく義務は、契約終了後も存続する旨を明記する必要がある。

（ⅲ）　通知条項（notice clause）

契約に基づいて一方から他方に通知や連絡をする場合の宛先、宛名人（担当者）名及び通知の方法（書留郵便、ファックス、Eメール等）を定める。

（ⅳ）　完全合意条項（entire agreement clause）

当該契約書が当事者間の合意を定める唯一の契約であり、それ以前の合意や交信等は契約の内容とはならない旨を定める条項である（第8章3）。イギリス法上の口頭証拠排除の原則（parol evidence rule）を確認し、かつ規定内容によっては、契約書以外の証拠に基づく不実表示や黙示条項に関する主張を排斥することを目的としている。ただし、不公正契約条項法（Unfair Contract Terms Act 1977）等の適用を受けることがある（第9章）。また、錯誤を理由とする契約の無効の主張までも排除することはできない（第8章2）。

（ⅴ）　契約修正条項（amendment clause）

契約書の定めを変更、修正する場合は両当事者の書面による合意を要する旨を定める条項である。ただし、イギリス法上、契約の成立や変更には、原則として書面を要しないので、この規定を設けても、書面によらない明確な変更の合意を全て排除できるわけではない。修正条項は、完全合意条項と同一の条項において規定されることが多い。

（ⅵ）　不依拠条項（non-reliance clause）

相手方当事者や第三者の意見や事実表明に依拠して契約を締結していないことを確認する旨の条項（non-reliance clause）であり、不実表示の主張を排斥する効果を有する（第10章2(4)）。ただし、責任排除条項と解されて、不公正契約条項法の適用を受けることがある。

(vii) 譲渡禁止条項（non-assignability clause）

契約上の権利義務の第三者への譲渡を禁ずる旨の条項であり、これに違反する譲渡は、譲渡された契約の相手方当事者との関係上は無効とされる（第18章5）。契約上の権利に対する信託の設定、契約当事者の第三者との合併、契約当事者の支配株主の変更等による当事者の交替は、通常の譲渡禁止条項で禁ずることができないので、これらを制限したい場合は特別な定めが必要である。また、契約上譲渡を認めたとしても、譲渡に関する法令上又はエクイティ上の要件及び制約に従わなければ有効な譲渡はできない（第18章5）。

(viii) 分離条項（severability clause）

契約に違法な条項（illegal term）が含まれている可能性がある場合は、違法条項を分離し、他の部分のみが有効に存続する旨を契約書に定めると共に、当該条項を他の条項から完全に分離できるように規定しておくべきである（第11章2(3)）。

(ix) 権利放棄条項（waiver clause）

相手方に対して契約違反の責任追及を直ちにしなかったとしても免責したことにはならず、また権利の不行使、一部放棄、猶予等があっても、当該権利のその後の行使やそれ以外の権利の行使までも放棄したことにはならない旨の条項であり、権利行使の懈怠等について権利放棄や契約存続の確認（affirmation）との認定を避けることを目的としている。ただし、この規定を設けたとしても、権利発生後のうかつな言動は、権利放棄等の認定や禁反言の根拠とされるおそれがある。

(x) 契約（第三者の権利）法（Contracts (Rights of Third Parties) Act 1999）の排除

イギリス法に準拠した契約の多くは、1999年契約（第三者の権利）法の適用を排除する旨の条項を標準書式として備えている。これは、同法の適用がある場合には、契約に基づいて便益を受ける第三者の同意がない限り、契約の修正

や解約ができなくなるためである（第14章 4 参照）。

(13) **準拠法、裁判管轄、仲裁条項（governing law、jurisdiction、arbitration）**

これらの条項は、通常、契約書本文の最後部、すなわち契約書末尾署名欄の直前あたりに設けられる。準拠法の規定がない場合は、訴訟を提起された裁判所が準拠法を決定することになる（第21章 2 ）。

裁判管轄条項は、専属的管轄（exclusive jurisdiction）を定める場合と非専属的管轄（non-exclusive jurisdiction）を定める場合とがある。どちらであるかを明記した方がよい。

裁判管轄条項に代えて、あるいはこれに加えて仲裁条項を設ける場合は、仲裁の合意に加えて、仲裁手続の準拠規則（国際商業会議所（ICC）仲裁規則、ロンドン国際仲裁協会（LCIA）規則等）、仲裁地及び使用言語を定めるべきである（第22章 1 ）。仲裁法上、イギリス法の判断に関する仲裁人の判断に不服のある当事者は、高等法院（High Court）に不服申立をすることが可能なので、裁判所による再審を避けるためには、契約書に仲裁人の裁定を紛争解決の最終判断とする旨を明記する必要がある（第22章 4 ）。

(14) **署名欄（signature）**

署名欄は契約書末尾に設けられ、会社の場合は取締役（director）が代表して署名（execute）する。捺印証書（deed）の場合を除き、会社印（common seal）の押印や証人（witness）の立会いの必要はない（第 6 章 5 、6 ）。

4．契約書作成上の注意事項

(1) 語句の用い方

上記 1 の目的に鑑み、契約書は、できる限り誰にでも理解できる簡易な語句や表現を用いて作成するべきである。ロースクールや法律事務所は、法学生や弁護士に対し、以下のような契約書作成上の注意事項を指導している。

（ⅰ） できるだけ短いセンテンスを用いること
（ⅱ） できるだけ正確で慣れ親しんだ語句を用いること（たとえば、utilise よ

り use、forward より send、endeavour より try の方が望ましい）
（ⅲ）　同じ意味の語句の繰り返しによる表現（assume and agree、change and alter、custom and usage、full and complete、furnish and supply、hold and possess、null and void 等）はなるべく用いないこと
（ⅳ）　修飾的な語句（たとえば、a little、very、relatively 等の修飾語、at this moment in time、in the first instance 等の付加的語句）や意味内容に解釈上の幅のある表現（たとえば、for the purpose of、from the point of view of 等による意味内容の限定）はできるだけ避けること
（ⅴ）　数箇所で同じ意味を表す必要があるときは、できる限り同じ語句や表現を繰り返して用いるようにし、特別な意図がない限り別の語句や表現に変更しないこと
（ⅵ）　ラテン語や古語や古文体（archaisms）は使わないこと（たとえば、in the event of より if、thereof より of the...、prior to より before、supra より above が望ましい）
（ⅶ）　二重否定（not uninterested、not unnecessary 等）は用いないこと
（ⅷ）　句動詞（set forth、aware of 等の verb phrase）はなるべく用いず、使用する場合は、できるだけ句と動詞を分離しないこと（たとえば、the facts of which you are aware より the facts that you are aware of の方が望ましい）
（ⅸ）　外国語やその直訳を定義せずに用いないこと

(2)　文法の用い方

　契約書は、上記(1)と同様の理由により、できる限りわかりやすく誰でも理解できる表現となるよう、なるべく簡便な文法を用いるべきである。特に、現在形、過去形又は未来形を用いて表現すべき文章にそれ以外の時制を使ったり、権利義務の条件（condition）を定める場合以外で仮定法を使ったりすると混乱の源となる。また、主語が不要又は無関係な場合や特別な理由（下記(6)の目的等）がある場合を除き、できるだけ受動態（the passive voice）は避けて能動態（the active voice）を用いるべきである。
　最も重要なのは、shall、must、may の使い方である。契約により（通常は契約締結と同時に）一方が他方に財産や権利を与えたり、義務や債務を引き受け

たりする場合は、現在形を用いるのが通常である。他方、契約において当事者が一定の行為や給付を約束する等、当事者の義務を定める場合は、原則として shall 又は must を用いるべきである。may は、当事者の一方が権限や権利を有する場合に用いられ、義務を課する規定とは解されない。

　日本人が契約書を作成するときに迷うのは、契約書中に普通名詞を標記する場合に、単数複数のどちらを用いるべきか（たとえば、契約当事者の子会社を標記する場合、a subsidiary とするのか、それとも subsidiaries とするのか）という問題である。イギリス法上、原則として、契約において複数として表示された語句は単数を、単数として表示された語句は複数を含むものとされている[1]が、国際取引に関する契約の場合は必ずしもイギリス法に準拠することになるとは限らないので、定義条項の後にその旨（すなわち、契約書中の単数は複数を、複数は単数を含む旨）を明記しておいた方が安全である。さらに、契約書の表現を明瞭にする上では、特別な理由（たとえば、下記(6)の目的等）がない限り、単語は単数にし、文法上も単数形で表現した方が望ましい。法律用語には、liability（責任）と liabilities（債務）、damage（被害、損害）と damages（損害賠償、損害賠償請求権）のように、単数形と複数形の意味が異なるものもある。

　and と or の使い方にも細心の注意が必要である。たとえば、契約解除事由として A or B と定めるべき場合に A and B と記載すると、A、B の双方が備わっていない場合でない限り解除できないと解される。

(3)　**期間、時間、数値の表現**

　契約において期間や期限を定める場合は、その初日や最終日を算入するか否かを明確に示しておく必要がある。by、from、until、to 等の語だけで始期や終期を示そうとすると不明確になるので、on or before...（…以前）、after...（…の翌日以降）、from and excluding...（…の翌日から）、to and including...（…日及びその翌日以降）、to but excluding...（…日の翌日以降）等を使い分けるべきである。また、between A and B や through A to B は、A と B が初日と終日を含むか否かを明記しないと、どちらの意味か不明確となる。

---

1)　Interpretation Act 1978 s6.

第24章　英文契約書の作成

(4) 契約条項の区分けと分割

　契約書の条項（clause）は、1つの条項において1つの事項だけを扱うように条文分けした方がよい。また、ある1つの事項の内容が複雑で、1つの条項だけでは長文になり、わかりにくいと思われるときは、sub-clause を設けて、その内容を更に分けて規定する方法が有効である。sub-clause を用いた場合、sub-clause の条番号は、枝番号（第1条の場合、1.1、1.2 …）にしたり、括弧番号（(1)、(2) …）、ローマ字（A、B、a、b …）やローマ数字（ⅰ、ⅱ、ⅲ…）を用いたりして、紛れないようにする必要がある。また、その表記の仕方を契約書全体において統一すべきである。各 sub-clause の内容は、（ⅰ）当該条項（clause）の適用がある一般的な場合についての規定、（ⅱ）この一般的な場面に適用される基本的な義務又は要件の定め、（ⅲ）この基本的な義務又は要件に対する第1の例外規定、（ⅳ）これに対する第2の例外規定、（ⅴ）各例外規定の適用範囲を限定する規定、（ⅵ）本条項（clause）だけにおいて使用される語句の定義という順序で区分けするとわかりやすい。

(5) 条項間の矛盾を避けるための表現

　たとえば、契約書のある条項においてXがYに対して一定の行為を行うべきことを規定し、他の条項がこれと同じ行為を行わなくてもよい旨を定めている場合、この2つの規定は、一方が他方の例外を定めているのか、あるいはいずれか一方が正しく他方は間違った規定であるかのどちらかということになるが、イギリスの裁判所は、文言上どちらとも判断できない場合は、不明確な条項として双方共に法的拘束力を認めない可能性がある。そのような事態を避けるためには、「subject to」や「notwithstanding」を用いて優先的に適用する規定がどちらであるか明確にする必要がある。「subject to」と「notwithstanding」は、ほぼ同じ目的で使用されるが、正反対の意味を有している。たとえば、ある条項（Clause X）に「subject to Clause Y」と記した場合は、Clause Y は、必ず Clause X に優先することになるが、「notwithstanding Clause Y」と記した場合は、その反対に Clause X が必ず Clause Y に優先することになる。Clause X に「Notwithstanding all the other provisions of this agreement」と記した場合は、Clause X は、当該契約の全ての条項に優先することになる。Clause X に

303

「Notwithstanding Clause Y」又は「Notwithstanding all the other provisions of this agreement」と記載したにかかわらず、Clause Y にも「Notwithstanding Clause X」又は「Notwithstanding all the other provisions of this agreement」と記した場合、少なくともどちらかの条項は間違っていることになる。

「without prejudice」という表現も同じような目的で用いられることがあるが、その意味は「subject to」とは異なっている。すなわち、Clause X に「without prejudice to Clause Y」と記した場合は、Clause X によって Clause Y の法的効果は何らの影響を受けないことになるだけである。これは、両条項の優劣というよりも、それぞれが無関係の事項を規律していることを表す場合の表現である。よって、両条項の内容が矛盾している場合は、少なくとも一方が間違っていると解される恐れがある。

(6) ジェンダー表現の回避

英文契約書に同じ人物（たとえば、director 等）が2度以上登場する場合、he、she、his、her 等、その者の性別が特定される表現を使う必要が出てくることがある。この場合、he、his でよいのか、それとも都度に he or she とすべきか、あるいは she or he とすべきかという問題に悩まされることがある。イギリス法上は、契約において、特別な定めのない限り、男性として表示された語句は女性を、女性として表示された語句は男性を含むものと解する扱いになっている[2]。しかし、契約書の作成に当たっては、当該契約書に目を通す者が男女両方であることを考慮し、できるだけ man、he、him 等の男性だけを示す表現は避けるようにし、男女両性に共通する表現を用いた方が望ましい。すなわち、man の語は person にし、his や her を the に置き換え、また he や she は they に代えて複数形にしたり、文全体を受動態に言い換えたりする等の工夫をして、性別を示す表現を用いない方がエレガントである。

---

[2] Interpretation Act 1978 s6.

5．契約解釈の基本原理とドラフト

イギリス法に準拠する契約書を作成する際には、イギリス法に基づいて当該契約書がどのように解釈されるかを考慮しておかなければならない。この観点から、第6章～第9章において説明したイギリス契約法の諸原則を再確認する。

(1) 文理準則（literal rule）

裁判所が契約書を解釈する際、原則として、契約書に記載されている文言や文章の意味内容を、それを一般人が読んだときにおける通常の意味内容どおりに解釈し、契約を締結する前における当事者の言動、約束やそのような契約を締結した目的その他契約書に記載されていない事項や事情は考慮に入れない（文理準則、第8章1）。また、不明瞭な条項や不完全な条項は法的拘束力を生ぜず、それが契約の成立に影響しない付随的な条項の場合は存在しないものとして解釈される（第6章3）。よって、契約書において用いる文言及び表現は、一般人が疑義を持つことがない程度に、簡易かつ明瞭にすべきである。

(2) 口頭証拠排除の原則（parol evidence rule）

契約書の文言が曖昧で書面上だけでは解釈を確定できない場合を除き、契約書に記載されていない事項や事象を合意の内容を証明するための証拠として使用することができない（第8章2）。よって、契約書には当事者間で合意に達した全ての事項を漏れなく規定しておかなければならない。

(3) 契約解釈上の諸原則

契約条項を作成する際には、文理準則（literal rule）を補完する様々な解釈原則にも注意を払う必要がある（第8章1）。たとえば、契約条項の適用範囲は契約書に例示列挙された事由と同種のものに限定される可能性がある（the *ejusdem generis* principle）し、また、契約書が言及していない事項は契約の適用が排除される恐れがある（the *expressio unius est exclusio alterius* principle）。よって、契約書に適用されるべき事項や事象を例示列挙する際には、あらゆる場合を想定して例示し、かつそれに限定されたくないときは、その旨（without limited to the foregoing 等）を明記しておく必要がある。

　契約書に記載された語句の意味は、当該記載された文脈に従って解釈され、かつ当該契約書の記載全体との整合性に基づいて解釈されるべきこととされている（the *noscitur a sociis* principle）ので、契約書作成の際は、常に辞書を参照にして個々の語句や表現の正確な意味内容を確認すると共に、契約書全体と当該条項や語句との関係にも気を配らなければならない。

　更に、「起草者の不利に」の原則（the *contra proferentem* rule）により、不明確な規定は、当該条項を作成した側、あるいは当該条項によって利益を受けようとする側の不利に解釈される可能性が高い。

(4) 黙示の条項 (implied term)

　物品の売買に関する契約、サービスや労務の提供に関する契約その他一定の種類の契約は、契約書に明記されていなくても、法令により一定の黙示の条項（implied term）が契約の内容として組み込まれる[3]。また、特別な法令がない場合でも、慣習や取引慣行、契約当事者の過去における取引等や当事者間で明示的な合意をするまでもないと通常人が判断するような事項については、裁判所が一定の解釈基準（business efficacy test、officious bystander test 等）に基づいて黙示の合意による契約条項を認定することがある（第7章2）。

　予期していない黙示の条項を認定されないようにするためには、契約書において、合意しておくべき事項は全て明記し、かつ完全合意条項（the entire agreement clause）等において、契約書に明記されたものを除き、明示又は黙示の合意による条項は一切存在しない旨を定めておくべきである（第8章3）。

(5) 契約条項 (term) の区別

　イギリス法上、契約条項には、契約条件条項（condition）と付随的条項（warranty）の区別があるが、無名条項（innominate term）の出現により、この分類はかなり曖昧になっている（第7章1）。特に、「condition」と規定した条項であっても「innominate term」と解されて契約解除（rescission）が制限されるこ

---

[3] Sale of Goods Act 1979 ss10-15、Supply of Goods (Implied Terms) Act 1973、Supply of Goods and Services Act 1982等。

とがあるので、ある条項違反を根拠として解除できるようにしておくためには、当該条項が重要であること、及び当該条項違反があれば契約解除できることを明記しておくべきである。また、重要ではない条項でも解除できるようにするためには、催告等の手続を定めておいた方が安全である。契約終了に関する条項が合理性を欠く場合は、不公正契約条項法（Unfair Contract Terms Act 1977）により効力を否定される（第9章4参照）。

(6) 責任排除条項（exclusion clause）

商取引に関するほとんどの契約は、何らかの責任制限に関する条項を含んでいる。責任排除条項の作成に当たっては、不公正契約条項法や消費者契約不当条項規則（Unfair Terms in Consumer Contracts Regulations 1999）に抵触する無効な条項と解されないよう、合理的で公平な内容にしなければならない。不公正契約条項法の適用を回避する目的でイギリス法以外の準拠法を選択してもこれを免れることはできない（同法27条2項）。同法の適用を受けない場合（同法26条、27条1項、第9章4(1)）であっても、同様の合理性基準を採用している国は少なくない。また、「起草者の不利に」の原則の適用があることを考慮し、明確で疑義のない条項にし、かつ通知（notice）が不十分と解されないよう、当該条項の書式や表示上も十分な工夫と配慮をするべきである（第9章）。

(7) 損害賠償額の予定（liquidated damages）

損害賠償額の予定に関する合意条項（liquidated damages clause）は、特に損害額の算定が困難な取引において望ましい条項である。ただし、これを設ける場合は、当該予定額の算定方法について合理的に説明ができるように一応の根拠をあらかじめ準備し、違約罰規定（penalty clause）として無効と認定されることがないようにしておくべきである（第13章5参照）。契約書に「indirect and consequential losses（間接損害及び結果損害）」の責任を排除する旨の責任排除条項を定める例があるが、この語の意味は不明確であり、少なくとも、逸失利益（loss of profit）の賠償責任を排除する趣旨には解されない[4]。

---

4) *Hotel Services Ltd v Hilton Internationals (UK) Ltd* [2000] BLR 23.

参考文献

Catherine Elliot & Frances Quinn, *English Legal System* 12th ed.（Pearson Education, 2011）（第 1 章乃至第 3 章）

Geoffrey Rivlin, *Understanding the Law* 6th ed.（Oxford University Press, 2012）（第 1 章乃至第 3 章）

A.T.H. Smith, *Glanville Williams: Learning the Law* 14th ed.（Sweet & Maxwell, 2010）（第 1 章乃至第 3 章）

Charles Wild & Stuart Weinstein, *Smith & Keenan's English Law* 17th ed.（Pearson Education, 2013）（第 1 章及び第 3 章）

Graig Osborne, *Legal Practice Course Guide Civil Litigation 2012-2013*（Oxford University Press, 2012）（第 2 章及び第23章）

Gary Slapper & David Kelly, *The English Legal System* 13th ed.（Cavendish Publishing, 2012）（第 2 章及び第 3 章）

Martin Partington, *Introduction to the English Legal System* 7th ed.（Oxford University Press, 2012）（第 2 章及び第 3 章）

Ian McLeod, *Legal Method* 8th ed.（Palgrave Macmillan, 2011）（第 2 章及び第 3 章）

Chitty on Contract 31st ed. vol.1（Sweet & Maxwell, 2012）（第 4 章乃至第14章、第16章、第18章乃至第20章及び第23章）

J. Beatson et al, *Anson's Law of Contract* 29th ed.（Oxford University Press, 2010）（第 4 章乃至第14章）

Jill Poole, *Casebook on Contract Law* 10th ed.（Oxford University Press, 2012）（第 4 章乃至第14章）

Edwin Peel, *Treitel the Law of Contract* 13th ed.（Sweet & Maxwell, 2011）（第 4 章乃至第14章）

Ewan McKendrick, *Contract Law* 9th ed.（Palgrave Macmillan, 2011）（第 4 章乃至第14章）

Richard Stone, *The Modern Law of Contract* 9th ed.（Routledge, 2011）（第 4 章乃至第14章）

J. O'Sullivan & J. Hilliard, *The Law of Contract* 5th ed.（Oxford University Press, 2012）（第 4 章乃至第14章）

Rory Derham, *Derham on the Law of Set-Off* 4th ed.（Oxford University Press, 2010）（第13章）

Winfield & Jolowicz, *Tort* 17th ed.（Thomson, 2006）（第15章及び第18章）

Richard Kidner, *Casebook on Torts* 8th ed.（Oxford University Press, 2004）（第15章）

S. I. Strong & Liz Williams, *Complete Tort Law: Text, Cases, and Materials* 2nd ed. （Oxford University Pres, 2011）（第15章）

Bowstead & Reynolds on Agency 19th ed.（Sweet & Maxwell, 2010）（第16章）

Alaster Hudson, *Equity & Trusts* 4th ed.（Cavendish, 2005）（第17章）

Sarah Wilson, *Todd & Wilson's Textbook on Trusts* 8th ed.（Oxford University Press, 2007）（第17章）

Philip H. Pettit, *Equity and the Law of Trusts* 10th ed.（Oxford University Press, 2005）（第17章）

David Hayton & Charles Mitchell, *Commentary and Cases on the Law of Trusts and Equitable Remedies* 12th ed.（Thomson, 2005）（第17章）

J. E. Penner, *The Law of Trusts* 8th ed.（Oxford University Press, 2012）（第17章）

Gary Watt, *Todd & Watt's Cases & Materials on Equity and Trusts* 8th ed.（Oxford University Press, 2011）（第17章）

Kevin Gray & Susan Francis Gray, *Land Law* 6th ed.（Oxford University Press, 2011）（第18章及び第20章）

S. Clarke & S. Greer, *Land Law Directions* 3rd ed.（Oxford University Press, 2012）（第18章及び第20章）

R. J. Smith, *Property Law: Cases and Materials* 5th ed.（Pearson, 2012）（第18章及び第20章）

Ewan McKendrick, *Goode on Commercial Law* 4th ed.（Penguin, 2010）（第18章及び第20章）

Dicey & Morris, *The Conflict of Laws* Vol.2（Thomson, 2012）（第18章及び第21章）

Martin Dixon, *Modern Land Law* 8th ed.（Routledge, 2012）（第18章）

Norman Palmer, *Palmer on Bailment* 3rd ed.（Sweet & Maxwell, 2009）（第19章）

Trevor C. Hartley, *International Commercial Litigation*（Cambridge, 2009）（第21章）

Claire Sandbrook, *Enforcement of a Judgment* 11th ed.（Sweet & Maxwell, 2011）（第21章）

Margaret L. Moses, *The Principles and Practices of International Commercial Arbitration*（Cambridge University Press, 2012）（第22章）

Cheshire, North & Fawcett: Private International Law 14th ed.（Oxford University Press, 2008）（第23章）

Bryan A. Garner, *Legal Writing in Plain English*（University of Chicago Press, 2001）（第24章）

和文事項索引

ア

相対取引　　27, 118

イ

EU 規則　　5, 18
EU 法　　1, 5, 10, 15, 17, 18, 20
遺失利益　　94, 143-145, 147, 154, 156, 181-183, 209, 236, 289, 307
一方的契約　　24, 26, 35, 60
一方的錯誤　　113, 116, 117
一方的申込　　24, 26, 28, 29, 34, 35
委任立法　　16
違法性　　113, 121
違約罰　　157, 158, 262, 307
因果関係　　103, 141-143, 175, 179-181, 237
インズ・オブ・コート　　14, 19

ウ

受戻権　　242-244
受戻権喪失手続　　242, 244

エ

エクイティ　　2, 45-47, 110, 111, 155, 206, 207, 229, 241, 242, 247, 249-252, 265, 266
エクイティ上の財産権　　125, 126, 199, 200, 203, 214, 215, 245

オ

欧州委員会　　4, 15, 17, 18, 94
欧州閣僚理事会　　17, 18
欧州議会　　17
欧州共同体　　4, 17
欧州裁判所　　10, 17, 18, 20
欧州人権裁判所　　10
欧州人権条約　　10, 15, 268

カ

下位裁判所　　7, 9, 13, 19, 21
会社印　　62, 300

解釈準則　　77
会社登録所　　248, 249
会社法　　5, 8, 18, 62
解除条件　　59, 81
解除条件付申込　　34, 35
過去の約因　　38, 39
過失　　89, 90, 92, 93, 134, 135, 153, 175, 180-185, 223
過失責任　　89, 92, 131, 153, 167, 170, 171, 175-186, 224, 236
過失による不実表示　　103-105, 107, 185
家事部首席裁判官　　8
慣習　　2, 15, 22, 27, 53, 71, 81, 138, 252, 306
完全合意条項　　82, 83, 297, 298, 306
完全性　　51, 52, 80
完全な譲渡　　228

キ

議会制定法　　1, 2, 4, 5, 15, 19
擬制信託　　203-206, 211, 236
擬制通知　　86, 168, 210
「起草者の不利に」の原則　　78, 89, 107, 306
貴族院　　4, 10, 16, 20, 21
寄託　　169, 235-239
寄託者　　169, 235-239
規定外排除原則　　78
客観基準　　24, 25, 58, 116, 157, 177
客観的手法　　77
救済措置　　3, 6, 85, 141, 162, 196, 208, 288
強制執行　　263-267
行政法　　5
共通錯誤　　113-115, 121
強迫　　41, 43, 47, 97, 108-111, 127, 224, 226
寄与過失　　153, 154, 183, 184
既履行約因　　38
記録長官　　9
禁止的差止命令　　162
近接性の原則　　176
禁反言　　45, 80, 107, 108, 191, 222, 223, 245,

299
近辺用語類推原則　78

ク

偶発的条件　59
クリーンハンド　162

ケ

経済的強迫　42, 108, 109
刑事裁判所　5, 7, 11, 21
刑事法　5
刑事法院　7, 9, 11, 12
競売　27, 264
契約違反　65, 66, 68, 77, 85, 89, 92, 93, 105, 121, 122, 127-130, 136, 141-162, 165, 166, 169, 170, 175, 197, 260, 287-289, 299
契約関係　165, 169, 182, 183, 235
契約関係の法理　165, 166, 169, 171, 189, 274
契約期間　65, 123, 297
契約交渉　25, 30, 54-58, 65, 72, 78, 79, 94, 95, 101, 102, 133, 159, 279-282, 285-290
契約条件条項　59, 67-71, 74, 75, 128, 306
契約条項　59, 65-71, 77, 80, 81, 86-90, 93, 116, 117, 123, 124, 128, 294, 296, 297, 303, 305, 306
契約条項の錯誤　116, 117
契約上の権利　227, 232, 263, 299
契約締結上の過失責任　285
契約の終了　127, 238
契約法　5, 241, 276, 305
結果信託　126, 202, 203, 245, 246
権原　7, 118, 215-217, 220, 222-227, 235, 236, 238, 247, 252
県裁判所　7-9, 13, 21, 264-266
憲法　5
権利放棄　47, 128, 173, 299

コ

合意事実記載書　11, 12
公益信託　201, 202
更改　60, 232, 233
公共政策　40, 73, 122, 124, 184, 226, 227, 262, 268, 269, 275, 277
広告　26, 27, 38, 97

控訴院　7, 9, 10, 12, 20, 21
公訴局　5
公訴局長官　5
口頭証拠排除の原則　80, 82, 298, 305
高等法院　3, 7-9, 21, 248, 264, 300
高等法院執行官　265
衡平の原則　3, 47
公法　5, 269
合理的期間の経過　34, 35, 107, 108
国王の議会　4
国際裁判管轄　255
コモンロー　1-3, 5, 22, 45, 75, 111, 131, 156, 199, 214, 215, 228, 238, 241, 242, 245-249, 251, 252, 255, 258, 268, 276, 290
コモンロー上の財産権　199, 200, 202, 210, 214, 216
根幹義務違反の法理　90
コンフォート・レター　52

サ

債権　155, 156, 199, 213, 214, 227-233, 238, 250, 266, 267
債権譲渡禁止条項　230
最高裁判所　7, 9, 10, 12, 20, 21
財産権　168, 199, 213, 214, 225, 227, 236, 241, 242, 263, 296
財産凍結命令　264
財産保全管理人　243, 246, 249
裁判管轄　171, 253, 256-260, 262, 268, 284, 300
裁量信託　201, 202, 208
詐欺　9, 41, 42, 104, 105, 117, 155, 182, 205, 206, 211, 224-226, 231, 269, 275
詐欺による不実表示　104, 105, 107
作為命令的差止命令　162
錯誤　81, 99, 113-120, 127, 136, 159, 162, 298
差止命令　3, 162, 163, 287
暫定的差止命令　287

シ

資産凍結命令　162, 163
事情の変更　48, 101, 102
質権　241, 242, 247, 248, 251

質権者　248
質権設定者　248
私法　5, 213, 275
事務弁護士　13, 248, 252
自由土地保有権　168, 213, 215, 241
受益者　110, 199-211, 215, 216, 222, 230, 245-247
受寄者　169, 235-239, 248
受託者　3, 110, 167, 194, 199-211, 216, 219, 229, 236, 244, 246, 247, 296
出訴期間制限　155, 226, 227
巡回裁判官　8
巡回裁判所制度　2
準拠法　213, 255, 259, 261-263, 273-276, 284, 290, 300, 307
上位裁判所　7, 13, 21
条件付合意　58, 59
条件付承諾　29
条件付捺印証書　63
承諾　23-36, 38, 39, 42, 46, 52, 54, 55, 57, 58, 116, 190, 282
譲渡禁止条項　230, 297, 299
譲渡抵当権　7, 214, 216, 219, 241-251, 253, 265
譲渡抵当権者　242-246, 250
譲渡抵当権設定者　242-244
少年裁判所　11
消費者契約　75, 92, 94, 159, 256, 257, 268
情報開示義務　285
消滅時効　227
条例　16, 17
女王座部首席裁判官　8
女王座部付属裁判所　9, 12
女王の議会　10, 15
女王の裁可　16
書式間の闘争　30, 31
庶民院　4, 16
所有権　118, 128, 214-227, 236-238, 248, 249
所有権留保条項　218, 219, 296
信義誠実の原則（信義則）　94, 100, 285, 288
真正代理　189, 190, 193
信託　3, 7, 8, 19, 110, 167, 168, 194, 199-210, 213, 216, 230, 236, 244, 249, 265, 299

信託財産　194, 199-211, 215, 216, 222, 230, 245-247
信託設定者　200-202, 206, 207
信託宣言　200-202
信託法　5
人的財産権　213, 214
信頼利益の損失　145, 148

ス

推測的損害　145, 149, 160, 161
枢密院司法委員会　10
枢密院令　16, 17

セ

製造物責任　186
制定法　4, 15, 16, 19, 74, 121, 125, 161, 171, 185, 199, 206, 214, 227, 228, 241, 242, 251
責任制限条項　85, 159, 171, 184
責任排除条項　78, 85-94, 107, 108, 170, 171, 299, 307
説得的先例　10, 11, 21
善意　117-120, 199, 210, 222, 225, 227, 249
善意の不実表示　104-107
善管注意義務　196, 206, 236
占有　75, 128, 214, 216, 217, 221, 222, 224-227, 235-237, 239, 243, 245, 247-249, 251, 252
占有者　216, 226, 227

ソ

相互的錯誤　113, 116
相殺　152, 155, 156, 203, 231, 250, 296
双方的契約　24
双方的申込　24, 28, 34
疎遠性　141-144, 157, 180, 181
訴訟禁止命令　260, 261, 273
ソリシター　12-14
損害　67, 68, 92, 104, 105, 141-163, 169-187, 232, 257, 260, 263, 302, 307
損害の拡大防止　151
損害賠償　13, 68, 70, 75, 97, 104-106, 117, 128, 129, 141-163, 167, 169, 176-187, 196, 226, 232, 236, 237, 253, 287-289, 297, 302
損害賠償額の予定　157, 307

損失補償契約　61

タ
耐航性条項　69, 70
第三債務者弁済命令　266
大法官　3, 8, 9, 11, 16
大法官裁判所　3
大法官部長官　8
代理　62, 67, 118, 165, 167, 171, 189-197, 207, 209, 222, 223, 235

チ
治安判事　11, 13
治安判事裁判所　7-9, 11-13, 21
遅延利息　151
地区裁判官　8, 11
注意義務　167, 175-179, 186, 223, 237
注意義務違反　175-179, 181, 185, 223
中間条項　67, 70
仲裁　53, 108, 154, 271-277, 284, 300
仲裁条項　271-274, 277, 300
調停　271, 272
懲罰的損害賠償　157
勅令状　2
賃金差押命令　266

ツ
追求権　209, 210, 212
追認　190-196

テ
定義　286, 293-295, 298, 302, 303
定期土地利用権　65
定期不動産賃借権　168, 213-216, 241, 242
停止条件　59, 60, 81, 295

ト
動産権　213, 248
当事者の同一性の錯誤　116-118
同類解釈原則　78
特定履行　3, 160-163, 169
取引制限契約　123

ナ
捺印証書　37, 60-62, 127, 155, 170, 215, 242, 246, 288, 300

ニ
入札　27, 28, 33, 244

ハ
バリスター　13, 14
判例法　2, 4, 10, 15, 19-22, 46, 73, 89, 92, 102, 104, 113, 116, 118, 121, 122, 138, 175, 185, 186, 199, 214, 251

ヒ
非金銭的損害　145, 150
秘密保持　208, 271, 286, 297, 298
秘密保持義務　208, 285-287
秘密保持契約　110, 149, 160, 285-287
ピューニ・ジャッジ　8
標準契約条項　71, 92
標準契約書式　30, 82, 88, 94, 107

フ
フォーラム・ノンコンヴィニエンス　259, 260, 268
不可抗力条項　138, 139, 297
不公正条項　94, 95
不実表示　81, 97-108, 114, 116, 117, 127, 177, 182, 224, 281, 285, 288, 296, 298, 299
付随的条項　67-70, 75, 128, 296, 297, 306
付属裁判所　9, 12, 21
付帯的契約　27, 56, 58, 82, 166, 288, 289
負担賦課命令　265
普通裁判官　8, 9
物的財産権　213
不当威圧　110, 111
不動産権　213, 214
不動産譲渡士　14
浮動担保　249
船荷証券　42, 47, 171, 220
不法行為　7, 8, 19, 89, 91, 104, 105, 153, 154, 159, 167, 171, 175, 182, 226, 238, 257, 260, 263
不法行為法　5

フラストレーション　130-139
フラストレーションの法理　131, 134, 136, 138, 298
文理準則　78, 80, 305

ヘ

ヘッズ・オブ・タームズ　283, 287, 289
返還請求　7, 108, 119, 120, 125, 126, 129, 138, 209, 219, 226, 227

ホ

法源　15, 17, 22
法的拘束力　5, 23, 24, 37, 41-44, 51-54, 56, 58, 61-63, 83, 127, 157, 166, 167, 169, 233, 272, 287-289, 303, 305
法律の錯誤　115
法律の表示　99
保険契約　61, 68, 102, 107, 153
保証　38, 52, 61, 66, 68, 83, 91, 92, 98, 108, 111, 166, 220, 221, 241, 296
保証契約　61
保証条項　67, 68, 108
補正命令　113, 120
本質的な錯誤　116, 118

ミ

未履行約因　38
民事裁判所　5-7, 268
民事法　5

ム

無効　54, 91, 93, 99, 113-119, 121-127, 136, 157-159, 219, 242, 243, 273, 274, 276, 296, 298, 299, 307
無体財産権　214
無名条項　67-71, 128, 306

メ

明確性　26, 51-53
明示条項　65, 85

モ

申込　23-36, 38, 42, 54, 57, 58, 116, 117, 190, 289
申込の撤回　24, 32, 34, 35
申込の誘引　25-27
黙示条項　65, 71-74, 81, 85, 91, 92, 131, 151, 160, 239, 298
黙示信託　202
黙示的条件　35

ヤ

約因　23, 37-47, 49, 54, 58, 61, 81, 127, 128, 159, 160, 165-167, 169, 200, 202, 232, 233, 287, 288
約因の法理　37, 160, 165, 167
約束的禁反言　37, 45-49, 128
約束的条件　59

ユ

有価証券　60, 173, 247
郵便ルール　32-34

ヨ

要式性　51, 60
傭船契約　69, 70, 72, 78, 132, 133, 135, 136, 138, 144, 154, 273, 277

ラ

ラストショット法理　31

リ

履行期前の契約違反　129, 130, 152
履行利益の損失　145, 148
離路原則　90
隣人原則　176

レ

レター・オブ・インテント　55-58, 287, 289

ロ

ロー・ソサイエティ　13, 19
ロックアウト契約　54, 288

欧文事項索引

A

absolute assignment　228
acceptance　23, 28, 32, 33, 128
acceptance by silence　28
Acts of Parliament　15
actual agency　189
actual knowledge　86, 168
administrative law　5
advertisement　26
affirmation　68, 106, 128, 130, 299
agency　167, 191, 222, 235
agency of necessity　192
agent of undisclosed principal　190
agreement　23, 37, 51, 54, 58, 60, 82, 83, 127
agreement to agree　54
agreement to negotiate　54
ancillary contract　58
anticipatory breach　127, 129, 152
anti-suit injunction　260, 261
Appellate Committee of the House of Lords　10
arbitration　300
attachment of earnings order　266
auction sale　27

B

bad bargain　39, 148
bailee　169, 235, 237, 248
bailment　169, 235, 237
bailor　169, 235, 238
bargaining power　92, 93
barristers　13
battle of forms　30
beneficiary　110, 199, 203, 204
bilateral contract　24
bilateral offer　24
bill　16, 220, 248
bill of lading　220
binding precedent　21
bona fide　117, 226

bona fide purchaser　199, 210, 222, 249
breach of contract　55
breach of duty　175, 177, 223, 237
business efficacy test　306
business liability　91
bye-law　16

C

case law　2, 15, 19
case report　19
causation　141, 142, 175, 179, 237
certainty　51
Chancery Division　8, 20
change of circumstances　101
chargee　249
charging order　265
chargor　249
charitable trust　201
charterparty　69, 78, 138
chattels personal　214, 248
choses in action　214, 241
choses in possession　214, 241, 247
circuit judge　8
civil court　6
civil law　5
claimant　6
classification of terms　67
code of conduct　13
collateral contract　27, 58, 82, 166, 289
comfort letter　52
common law　1, 2, 19
common mistake　113, 114, 120
common seal　62, 300
completeness　51
condition　34, 35, 58, 59, 67, 68, 70, 71, 74, 75, 83, 128, 301, 306
condition precedent　59, 60, 295
condition subsequent　59
conditional agreement　59

317

conditional assignment   228, 229
conditional deed   63
conditional offers   35
confidentiality   208, 298
confidentiality agreement   285, 286
consideration   23, 37, 38, 58, 127, 159, 200, 232
constitutional law   5
constructive notice   86, 210
constructive trust   203
consumer agreement   75
contemplation   142–144
contingent condition   59
contra proferentem rule   89, 107, 306
contract   23, 37, 57, 60, 61, 85, 90, 91, 97, 102, 235
contract in restraint of trade   123
contract of wager   122
contractual set-off   156
contributory negligence   153, 183
cost of cure   145, 146
counter-offer   29, 30, 289
County Court   7, 21, 264, 265
course of dealing   88
court bailiff   265
Court of Appeal   7, 9, 12, 20
Court of Chancellor   3
crime   5
criminal court   11
criminal law   5
Crown Court   7, 11, 12, 21
Crown Prosecution Service   5
custom   15, 53, 71, 79, 81

D

damage   141, 158, 170, 302
damages   3, 68, 97, 102, 104, 117, 128, 141, 153, 161, 163, 253, 302
decisions   15, 18
declaration of trust   200, 230
deed   37, 60–62, 127, 155, 215, 242, 288, 300
default   243, 246, 248–250
default interest   151
definitions   294, 295

delegated legislation   16
descriptive ratio   21
devolution   16
directives   15
director   62, 192, 203, 300, 304
Director of Public Prosecution   5
disclosure   286
discretionary trust   201, 202, 208
dishonest assistance   205
dishonesty   211
distinguishing cases   22
distress   150
district judge   8, 11
Divisional Court   9
doctrine of consideration   37
doctrine of frustration   131
doctrine of precedence   2, 19
doctrine of privity   165, 189
document of title   220
duress   97, 108, 109, 224
duty of care   167, 175, 176, 186, 223, 236, 237

E

easement   214, 216
economic duress   108, 109
electronic conveyance   215
enforceability   23, 37
enforcement of judgment   255
English Reports   20
entire agreement clause   82, 83, 298, 306
equitable assignment   227, 229, 250
equitable execution   266
equitable interest   199, 214, 216, 247
equitable lien   252
equitable mortgage   216, 242
equitable remedies   3
equity   2, 3, 193, 242, 243, 265
essential term   52
estate in land   214, 215
estoppel   45, 107, 222, 223
European Commission   17, 94
European Community   4, 17
European Community law   4

European Council of Ministers 17
European Court of Human Rights 10
European Parliament 17
exclusion clause 78, 85, 107, 171, 184
executed consideration 38
execution 264
executory consideration 38
expectation interest 145
expectation loss 145
express authority 189
express term 65, 85
express trust 200
extrinsic evidence 80

F

face to face transaction 118, 119
Family Division 8, 20
fiduciary duty 160, 199, 203, 207, 219
fiduciary relationship 110, 160
floating charge 249
force majeure clause 138, 139, 297
foreclosure 242, 244
formality 51
forum non-convenience 259
fraud 9, 104, 117, 155, 182, 206, 224
fraudulent misrepresentation 99, 104
freehold 168, 213, 215, 264
freezing injunction 162, 163
freezing order 264
frustration 127, 132
fundamental breach 90
fundamental mistake 116

G

good consideration 40
good faith 95, 222, 224, 285
governing law 300
guarantee 52, 61, 92, 241
guilty 5

H

half-truths 100
hardship clause 139

heads of agreement 56
heads of terms 283
High Court 3, 7, 8, 21, 264, 265, 300
hire-purchase agreement 35, 223
hire-purchase arrangement 53, 118, 225
House of Commons 4, 16
House of Lords 4, 10, 16

I

ICLR 20
illegal 5, 299
illegality 113, 132, 184
immovable property 213
implied authority 189
implied condition 35
implied term 59, 65, 71, 74, 81, 92, 151, 239, 306
implied trust 202
in good faith 222, 224
in honour only 51, 52
in principle only 51
inadequate notice 87
incidental authority 189
indemnity 61, 172
inequitable 45, 47
inferior courts 7, 9
injunction 3, 163, 287, 288
innocent misrepresentation 104, 105
innominate term 67, 69, 70, 128, 306
Inns of Court 14, 19
insolvency proceedings 267
insolvency set-off 156
instantaneous communications 32
Institute of Legal Executives 14
intangible property 214
intention to create legal relations 23, 51, 58, 127
interim injunction 287, 288
interpretation of contract 77
invitation to treat 26, 27

J

Judicial Committee of the Privy Council 10
judicial review 9

jurisdiction   252, 255, 300

K

King in Parliament   4

L

land registry   215, 264
last shot doctrine   31
late notice   87
Law Reports   20
Law Society   13, 19
leasehold   168, 213, 215, 242, 264
legal chose   228
legal interest   199, 214, 216
legal lien   251
legal mortgage   216, 242
letter of commitment   55
letter of intent   55, 56, 287
lex situs   213
lien   110, 241, 251, 253
limitation clause   85, 93, 159, 171
limitation of actions   185
liquidated damages   157, 307
literal approach   77
literal rule   78, 305
lock-out agreement   54, 288
Lord Chancellor   3
Lord Chief Justice   7
loss of profit   145, 147, 307

M

Magistrates' Courts   7, 11
Magna Carta   4
mandatory injunction   162
maritime lien   252
Master of the Rolls   9
memorandum of understanding   56
mercantile agent   222
mere puff   97
misrepresentation   86, 97, 100, 117, 136, 224
mistake   99, 100, 113, 114
mistake as to identity   116, 117, 119
mistake as to quality   116

mistake as to terms   116, 117
mistake in documents   120
mistake of law   115
mistake *res extincta*   113
mistake *res sua*   113, 114
mitigation   151
mortgage   214, 241, 242, 253, 264
mortgagee   242
mortgagor   242
movable property   213
mutual mistake   113, 116

N

natural forum   259
negligence   89, 92, 134, 153, 167, 170, 175, 185, 223, 236
negligent misrepresentation   104
negligent misstatement   105, 182, 185
negotiable instruments   60, 247
negotiation   55, 79
neighbour principle   176
nemo dat quod non habet   222
non-assignability clause   299
Norman Conquest   1
novation   232

O

obiter dicta   21, 46
objective approach   77, 172
objective test   24, 25, 103, 116
offender   5
offer   23-26, 30, 34
official receiver   267
officious bystander   72, 306
ostensible agency   191
overreaching   216, 246, 247
overriding interest   216, 245
ownership   214, 216, 248, 249

P

parol evidence rule   82, 298, 305
past consideration   38
penalty   157, 262, 307

320

personal property 213
personal security 241
persuasive precedent 21
pledge 235, 241
pledgee 248
pledgor 248
possession 75, 214, 217, 224, 226, 235, 247, 249, 251
possessor 216, 226
pre-contractual document 55
prescriptive ratio 22
President of the Family Division 8
principle of proximity 176
private law 5
Privy Council 21, 171
product liability 186
prohibitory injunction 162
promise 23, 37, 38, 45, 46, 61, 62
promissory condition 59
promissory estoppel 37, 45
property 199, 213, 214
public law 5
public policy 40, 73, 184, 226, 262, 268
puisne judge 8
purposive approach 79

Q

qualified acceptance 29
quantum meruit 159
Queen's Bench Division 8, 20
Quistclose trust 202

R

ratification 190
ratio decidendi 21
real property 213
real security 241, 296
reasonable foreseeability 176
reasonable person 25, 77, 116, 143, 177
reasonableness test 107
receiver 243, 249, 266
recorder 8
rectification 81, 113, 120

regulations 15, 18
reliance loss 145, 148
remedies 107
remedy 6
remoteness 141-144, 175, 179, 180
representation 65, 83, 108, 222, 296
repudiation 129
rescission 67, 70, 97, 104, 106, 116, 117, 306
restitution 58, 159
restrictive covenant 168, 216
restrictive trade practices 122
resulting trust 202, 245
retention of title clause 218
revocation 24, 32, 34
right of redemption 242, 244, 248
rights to entry 214
Royal Assent 16
royal writ 2
rules of interpretation 77

S

sealing 62
seaworthiness clause 69
secretary 62
security 241, 250
set-off 155, 250
settler 200
severance 124
shop display 25
solicitors 12
specific performance 3, 163, 169
speculative damage 145, 149
standard terms 71
standard terms of business 92
statement by conduct 100
statement of law 99
status quo ante 106
statute 4, 15, 71, 74, 206
statutory assignment 227, 228
statutory instruments 15, 16
subject to contract 51, 289
superior courts 7
supervening events 154

Supreme Court   7, 9, 12, 20, 246
system of assizes   2

T

tangible property   214
taxation   154
tender   27, 33
term   54, 65-68, 70-73, 95, 297, 299, 306
term of years   65
terms sheet   283
terms and conditions   58
third party debt order   266
time charter   138
title   215-217, 220, 222, 236, 238, 247, 296
tort   104, 105, 153, 167, 175
tort of deceit   104
total failure of consideration   160
tracing   209
treaties   15
trust   3, 167, 193, 199, 200, 202, 203, 207, 236
trust property   199, 215
trustee   3, 110, 199, 229, 236, 296

U

uberrimae fidei   102
uncertainty   53

undue influence   110, 111
unfair term   94
unilateral contract   24, 60
unilateral mistake   113, 116, 120
unilateral offer   24, 26, 35
unjust enrichment   160
unlawful   6
usual agency   192
utmost good faith   102

V

victim   5, 6
void   91, 113, 116, 119, 127, 159
voidable   108, 116, 224

W

waiver   128, 299
warranty   66-68, 70, 83, 128, 296, 297
Weekly Law Reports   20
without prejudice   289, 295, 304
without reserve   27
writ system   2

Y

Youth Court   11

法令・条文索引

A

American Restatement（2d）Contracts（1979）90条1項　49
Arbitration Act 1996（仲裁法）　271, 273-277
Attachment of Earnings Act 1971　266

B

Bills of Exchange Act 1882
　——3条1項　60
　——17条2項　60
Bills of Sale Act（1878）Amendment Act 1882　60
Bills of Sale Acts 1978-1982　249
Brussels I Regulation（Regulation 44/2001）（ブリュッセルI規則、BI規則）　255-259, 267, 268

C

Charging Orders Act 1979　265
Charities Act 1993
　——32条　201
　——33条　201
Civil Aviation Act 1982 86条　250
Civil Procedure Rules 1998（民事手続規則、CPR）　156, 163, 255, 258, 259, 264-266
Commercial Agents（Council Directive）Regulations 1993（代理商規則）　196, 197, 262
Companies Act 1985　62
Companies Act 2006　62, 249
Competition Act 1998 21条1項　122
Consumer Credit Act 1974 61条　60
Consumer Protection Act 1987（消費者保護法）2条　187
Contracts（Rights of Third Parties）Act 1999（契約（第三者権利）法）　172, 173, 299
Convention for the Protection of Human Rights and Fundamental Freedoms（欧州人権条約）　10, 268, 269
County Courts Act 1984　151, 264

Court Act 2003 99条　264
CPR Practice Direction（CPR PD（施行指令））　260

E

EC Directive on Commercial Agents（代理商に関する欧州委員会指令）　196
EC Directive on Unfair Terms in Consumer Contracts 1993　94
Emergency Powers Act 1920　17
European Atomic Energy Community Treaty 1957（the second Treaty of Rome）　17
European Coal and Steel Community Treaty 1951（Treaty of Paris）　17
European Community Act 1972（欧州共同体法）　4, 15
European Community Treaty 1957（the first Treaty of Rome）　17, 122

F

Factors Act 1889　2条1項　222
Foreign Limitation Periods Act 1984（外国出訴期間制限法）
　——1条1項　227
　——2条1項　227

G

Gaming Acts 1738, 1968　122

H

Hire-Purchase Act 1964
　——27条　225
　——28条　225
　——29条　225
Human Rights Act 1998（人権法）　11, 15

I

Innkeepers Act 1878 1条　252
Insolvency Act 1986　156, 228, 267

Insolvency Rules 1986 4.90項　156
Interpretation Act 1978 6条　302, 304

J

Judgment Act 1838 17条　151

L

Land and Tenant Act 1964　99
Land Registration Act 2002（土地登録法）
　215, 216, 242, 245, 246
Late Payment of Commercial Debts（Interest）Act 1998　151
Law of Property Act 1925（財産権法）　215, 228
　——2条1項（ⅱ）　247
　——27条　216, 246
　——52条　60
　——53条1項(b)　200
　——53条1項(c)　215, 229, 247
　——54条　60
　——60条3項　202
　——90条1項　246
　——91条2項　246
　——103条　244
　——105条　244
　——109条　243
Law of Property（Miscellaneous Provisions）Act 1989　61, 62, 215
Law Reform（Contributory Negligence）Act 1945　153, 183
Law Reform（Frustrated Contracts）Act 1943（フラストレーション法）　137, 138
Limitation Act 1980（出資期間制限法）155, 243
　——2条　226
　——3条2項　226
　——4条1項　226
　——5条　155
　——8条　155
　——11条　185
　——11A条　187
　——14条A、14条B　185
　——20条　243
　——29条5項　155
　——32条1項　155

M

Marine Insurance Act 1906 22条　61
Merchant Shipping Act 1995
　——16条　250
　——別表1　250
Misrepresentation Act 1967（不実表示法）
　104-107
Mortgaging Aviation Order 1972　250

P

Perpetuities and Accumulations Act 1964
　——1条　202
　——3条　202
　——4条　202

R

Restriction of Offensive Weapons Act 1959　25
Rome Ⅰ Regulation（Regulation 593/2008）（RⅠ規則）　261-263, 290
Rome Ⅱ Regulation（Regulation 864/2007）（RⅡ規則）　263

S

Sale of Goods Act 1979（物品売買法）　74, 91, 306
　——2条1項　216
　——6条　113
　——7条　138
　——12条　74、75
　——13条1項　74
　——14条2A項、2B項、3項　74, 75
　——15A条1項　75
　——16条　218
　——17条　217
　——18条 Rule 1、2、3、4、5　217, 218
　——19条　218
　——20条1項、2項　220, 221
　——21条1項　222, 223
　——23条　106, 224
　——24条　224, 225
　——25条　224, 225

——26条　222
——35条　128
——41条　251
——48条　252
——48A条1項　75
——50条3項　146
——51条3項　146
——57条2項　27
——61条3項　222
——62条2項　222
Statute of Frauds 1677（詐欺防止法）4条　61
Supply of Goods (Implied Terms) Act 1973（物品供給（黙示条項）法）　74, 91, 306
Supply of Goods and Services Act 1982（物品・サービス提供法）　74, 238, 239, 306
Supreme Court Act 1981　151, 156, 163, 246

T

Tort (Interference with Goods) Act 1977（不法行為（物品侵害）法）　226, 236, 238
Trade Union and Labour Relations (Consolidation) Act 1992 236条　161
Treaty of Lisbon 2007 (European Reform Treaty) 2条2項(a)　17
Tribunals, Courts and Enforcement Act 2007（審判廷、裁判所及び執行に関する法律、TCEA）　263-265
Trustee Act 2000（受託者法）　206-208

U

UN Convention on the Recognition and Enforcement of Foreign Arbitration Awards（仲裁判断の承認及び執行に関するニューヨーク条約、NYC）　271, 273-277
Unfair Contract Terms Act 1977（不公正契約条項法）　85, 91, 93, 95, 107, 156, 184, 196, 284, 298, 307
——2条1項、2項　91, 92
——3条1項、2項　91, 92
——5条　92
——6条　74, 91, 92
——7条2項　74, 91, 92
——11条1項、2項、3項　92, 107
——26条　91
——27条1項　91
——別表2　92
Unfair Terms in Consumer Contracts Regulations 1999（消費者契約不当条項規則）　85, 94, 95, 159, 307

V

Variation of Trust Act 1958　207

判例索引

A

A Schroeder Music Publishing Co Ltd v Macaulay [1974] 124
Abbey National Building Society v Cann [1991] 245
Abbott, Re [1900] 203
Accidia Foundation v Simon C Dickinson Ltd [2010] 194
Adams v Lindsell (1818) 32
Addis v Gramophone Co Ltd [1909] 150
Aerial Advertising Co v Batchelors Peas Ltd (Manchester) [1938] 69
Agip (Africa) Ltd v Jackson and Others [1991] 211
Alan Estates Ltd v W G Stores Ltd [1982] 63
Alfred McAlpine Capital Projects Ltd v Tilebox Ltd [2005] 157
Aluminium Industrie Vaassen BV v Romalpa Aluminium Ltd [1976] 219
Amalgamated Investment & Property Co Ltd v John Walker & Sons Ltd [1977] 135
Anderson Ltd v Daniel [1924] 121
Anderson v KAS Bank NV [2004] 267
Anglia Television Ltd v Reed [1972] 148
Anns v Merton London Borough Council [1978] 176
Archbolds (Freightage) Ltd v S Spanglett Ltd [1961] 121
Armour v Thyssen Edelstahlwerke AG [1991] 219
Armstrong v Jackson [1917] 195
Ashmore, Benson, Pease & Co v A V Dawson Ltd [1973] 122
Astor's Settlement Trust, Re [1952] 201
Attorney General of Belize v Belize Telecom Ltd [2009] 73
Attorney General v Blake [2001] 160
Attorney-General for Hong Kong v Reid [1994] 204

Attwood v Lamont [1920] 124
Attwood v Small (1838) 102
Avery v Bowden (1885) 130
Avraamides v Colwill [2005] 172
Avrora Fine Arts Investment Ltd v Christie's [2012] 108
Axel Johnson Petroleum AB v MG Mineral Group [1992] 156

B

B & S Contracts & Design v Victor Green Publications [1984] 109
Banco de Portugal v Waterlow & Sons Ltd [1932] 152
Bank of Liverpool v Holland (1926) 228
Bannerman v White (1861) 66
Banque Keyser Ullman SA v Skandi (U.K.) Insurance Co Ltd [1991] 102
Barclays Bank plc v Fairclough Building Ltd [1995] 154
Barclays Bank v Quistclose [1970] 203
Barlow Clowes International Ltd (In Liquidation) v Eurotrust International Limited [2006] 205
Barnett v Chelsea and Kensington Hospital Management Committee [1969] 179
Barry v Davies [2000] 27
Bartlett v Barclays Bank [1980] 207
Bawejem Ltd v MC Fabrications Ltd [1999] 230
Behn v Burness (1863) 68
Bell v Lever Brothers Ltd [1932] 114
Beoco Ltd v Alfa Laval Co Ltd [1994] 154
Beswick v Beswick [1967] 161
Beswick v Beswick [1968] 169
Bettini v Gye (1876) 69
Bisset v Wilkinson [1927] 98
Blackpool and Fylde Aero Club v Blackpool BC [1990] 28
Blake & Co v Sohn [1969] 59

327

Bliss v South East Thames Regional Health Authority [1987]   150
Boardman v Phipps [1967]   194, 207, 208
Bolam v Friern Hospital Management Committee [1957]   186
Bolitho v City & Hackney Health Authority [1997]   186
Bolton Partners v Lambert (1889)   190
Bolton v Stone [1951]   178
Boston Deep Sea Fishing and Ice Co v Ansell (1888)   195
BP Exploration Co (Libya) Ltd v Hunt (No.2) [1982]   137
Brennan v Bolt Burdon [2004]   115
Bridge v Campbell Discount Co Ltd [1962]   158
Brinkibon Ltd v Stahag Stahl [1983]   33
British Anzani (Felixstowe) Ltd v International Marine Management (UK) Ltd [1980]   155
British Crane Hire Corp Ltd v Ipswich Plant Hire Ltd [1975]   88
British Steel v Cleveland Bridge [1984]   56
British Westinghouse Co Ltd v Underground Electric Railways Co of London Ltd [1912]   153
Brogden v Metropolitan Railway (1877)   29
BTC v Gourley [1956]   154
Business Computers Ltd v Anglo-African Leasing Ltd [1977]   231
Butler Machine Tool Co Ltd v Ex-cell-o Corporation (England) Ltd [1979]   31
Byrne & Co v Van Tienhoven & Co (1880)   34

C

C & P Haulage v Middleton [1983]   148
Cammell v Swell (1858)   225
Caparo Industries plc v Dickman [1990]   177
Car & Universal Finance Co Ltd v Caldwell [1964]   224
Carlill v Carbolic Smoke Ball Co [1893]   26, 97
Carreras Rothmans Ltd v Freeman Mathews Treasure Ltd [1984]   203
Cator v Croydon Canal Co (1841)   229

Cehave NV v Bremer Handelsgesellschaft GmbH, The Hansa Nord [1976]   70
Cellulose Acetate Silk Company Ltd v Widnes Foundry (1925) Ltd [1933]   159
Central London Property Trust Ltd v High Trees House Ltd [1947]   46
Chapelton v Barry UDC [1940]   87
Chaplin v Hicks [1911]   149
Chappell v Nestle (1959)   40
Chartbrook Ltd v Persimmon Homes Ltd [2009]   80
China Pacific SA v Food Corporation of India, The Winson [1982]   193
City and Westminster Properties (1934) Ltd v Mudd [1959]   82
City of Gotha v Sotheby's and Cobert Finance [1998]   227
City of London Building Society v Flegg [1988]   246
Clarke v Dickson (1858)   106
Clegg v Olle Andersson [2003]   129
Clough Mill Ltd v Martin [1985]   219
Clough v Bond (1838)   207
CMC Group plc v Zhang [2006]   158
Coco v AN Clark (Engineers) Limited [1969]   286
Collier v Collier [2002]   126
Collier v P & MJ Wright (Holding) Ltd [2007]   46
Collins v Godefroy (1831)   40
Combe v Combe [1951]   49
Consgrove v Horsfall (1945)   171
Cooley v Ramsay [2008]   260
Cooper v Phibbs (1867)   114
Co-operative Insurance Society Ltd v Argyll Stores (Holdings) Ltd [1997]   161
Corr v IBC Vehicle [2006]   181
Couchman v Hill [1947]   66, 68
Courtney & Fairbairn Ltd v Tolaini Brothers (Hotels) Ltd [1975]   54
Couturier v Hastie (1856)   114
Craven-Ellis v Canons Ltd [1936]   159
Criklewood Property & Investment Trust Ltd v

Leighton's Investment Trust Ltd [1945] 136
Crystal Palace Football Club (2000) Ltd v Dowie [2007] 101
CTI Group Inc v Transclear SA (The Mary Nour) [2008] 134
Cuckmere Brick Co Ltd v Mutual Finance Lts [1971] 244
Cundy v Lindsay (1878) 118
Currie v Misa (1875) 39
Curtis v Chemical Cleaning and Dyeing Co [1951] 86
Customs & Excise Commissioners v Diners Club Ltd [1989] 233

D

D & C Builders Ltd v Rees [1965] 44
D & C Builders Ltd v Rees [1966] 48
Dallah Real Eatate and Tourism Holding Co v The Ministry of Religious Affairs, Government of Pakistan [2010] 276
Daulia Ltd v Four Millbank Nominees Ltd [1978] 35
Davis Contractors Ltd v Fareham Urban District Council [1956] 133
Dawson v Great Northern & City Ry [1905] 231
De Bussche v Alt (1878) 195
De la Bere v Pearson Ltd [1908] 142
Dearle v Hall (1828) 228, 230
Definitely Maybe v Marek Lieberberg GmbH [2001] 262
Demby Hamilton & Co Ltd v Barden [1949] 221
Denley's Trust Deed, Re [1969] 201
Denny Mott & Dickson v James B Fraser & Co Ltd [1944] 132
Derry v Peek (1889) 104
Dick Bentley Productions Ltd v Harold Smith (Motors) Ltd [1965] 66
Dickinson v Dodds (1876) 34
Dimmock v Hallett (1866) 97, 100
Diplock, Re (1948) 209
Dolphin Maritime & Aviation Services Ltd v Sveriges Angfartygs Assurans Forening, The Swedish Club [2009] 173
Don King Productions Inc v Warren [2000] 230
Donoghue v Stevenson [1932] 175
Drake v Thos Agnew & Sons Ltd [2002] 67, 103
Dublin City Distillery v Doherty [1914] 247
Dunlop Pneumatic Tyre Co Ltd v New Garage and Motor Co Ltd [1915] 158
Dunlop Pneumatic Tyre Co Ltd v Selfridge & Co Ltd [1915] 37, 165
Dyer v Dyer (1788) 202

E

Eastern Distributors Ltd v Goldring [1957] 223
Edgington v Fitzmaurice (1885) 99
Edmonds v Lawson [2000] 40
Edwards v Newland [1950] 237
Edwinton Commercial Corporation v Tsavliris Russ (Worldwide Salvage & Towage) Ltd The Sea Angel [2007] 135
Ellerman Lines Ltd v Lancaster Maritime Co Ltd [1980] 228
Entores v Miles Far East Corporation [1955] 32
Errington v Errington and Woods [1952] 35
Ertel Bieber & Co v Rio Tinto Co Ltd [1918] 136
Esso Petroleum Co Ltd v Harper's Garage (Stourport) Ltd [1968] 123
Esso Petroleum Co Ltd v Milton [1997] 155
Esso Petroleum v Marden [1976] 98
Euro London Appointments Ltd v Claessens International Ltd [2006] 158
Excalibur Ventures LLC v Texas Keystines Inc [2011] 274
Experience Hendrix LLC v PPX Enterprises Inc [2003] 160

F

F C Shepherd & Co Ltd v Jerrom [1987] 134

Fairchild v Glenhaven Funeral Services [2002] 180
Farley v Skinner (No.2) [2001] 151
Felthouse v Bindley (1862) 28
Ferguson v Davies (1997) 44
Feuer Leather Corpn Frank Johnson & Sons [1981] 222
Financing Ltd v Stimson [1962] 35
Fiona Trust & Holding & Ors v Yuri Privalov [2007] 277
Fisher v Bell [1961] 25
Foakes v Beer (1884) 43
Foley v Classique Coaches Ltd [1934] 53
Ford v Beech (1848) 78
Ford v White [1964] 145
Forsikringsaktieselskapet Vesta v Butcher [1989] 153
Forster v Baker [1910] 228
Foskett v McKeown [2001] 210
Frederick E Rose (London) Ltd v William Pim & Co Ltd [1953] 120
Freeman & Lockyer v Buckhurst Park Properties Ltd [1964] 192
Froom v Butcher [1976] 184

G

Gamerco S A v I C M/Fair Warning (Agency) Ltd [1995] 137
George Mitchell (Chesterhall) Ltd v Finney Lock Seeds Ltd [1983] 93
Gibson v Manchester City Council [1979] 30
Gillespie Bros & Co v Cheney Eggar & Co [1896] 81
Glasbrook Bros Ltd v Glamorgan County Council (1925) 40
Glasgow Corporation v Muir [1943] 178
Golden Strait Corporation v Nippon Yusen Kubishka Kaisha, The Golden Victory [2007] 154
Goldsoll v Goldman [1915] 124
Good v Cheeseman (1831) 45
Gordon v Gordon (1816) 102
Gordon v Sellico [1986] 101
Gorringe v Irwell India Rubber, etc., Workers (1886) 229
Graham v Johnson (1869) 231
Great Peace Shipping Ltd v Tsavliris Salvage (International) Ltd [2003] 115
Guinness plc v Saunders [1990] 195

H

H Parsons (Livestock) Ltd v Uttley Ingham & Co Ltd [1978] 144
Hadley v Baxendale (1854) 143
Hagedorn v Oliverson (1814) 190
Hallett's Estate, Re (1880) 210
Halpern v Halpern [2007] 108
Hanak v Green [1958] 155
Harbutt's Plasticine Ltd v Wayne Tank & Pump Co Ltd [1970] 146
Hardy v Washington Green Fine Art Publishing Co Ltd [2010] 237
Hare v Horton (1883) 78
Hargreaves Transport Ltd v Lynch [1969] 59
Harris v Nickerson (1873) 27
Harris v Sheffield United Football Club Ltd (1987) 41
Hartley v Ponsonby (1857) 41
Hartog v Colin and Shields [1939] 117
Harvela Investments Ltd v Royal Trust Co of Canada [1985] 27
Head v Tattersall (1870) 221
Healy v Howlett & Son [1917] 218
Hedley Byrne & Co Ltd v Heller and Partners Ltd [1964] 105, 182
Helstan Securities Ltd v Hertfordshire CC [1978] 230
Henderson & Co v Williams [1895] 223
Henderson v Merrett Syndicates Ltd [1955] 195
Herbert Morris Ltd v Saxelby [1916] 123
Herkules Piling Ltd v Tilburyfield Trust Ltd [1942] 228
Herkules Piling v Tilbury Construction (1992) 230
Herne Bay Steamboat Co v Hutton [1903] 132
HIH Casualty and General Insurance Ltd v Chase

Manhattan Bank [2003]　107
Hill v Chief Constable of West Yorkshire [1989]　177
Hippisley v Knee Brothers [1905]　194
Hirachand Punamchand v Temple (1911)　45
Hirji Mulji v Cheong Yue Steamship Co [1926]　136
Hochster v De La Tour (1853)　129
Hollier v Rambler Motors (AMC) Ltd [1972]　90
Holt v Healtherfield Trust Ltd [1942]　229
Holwell Securities v Hughes [1974]　32
Home Office v Dorset Yacht Co Ltd [1970]　176
Hong Kong Fir Shipping Co Ltd v Kawasaki Kisen Kaisha Ltd [1962]　70
Hopkins v TL Dallas Group Ltd [2004]　192
Hotel Services Ltd v Hilton Internationals (UK) Ltd [2000]　307
Houghton v Trafalgar Insurance Co Ltd [1954]　89
Household Fire and Carriage Accident Insurance Co Ltd v Grant (1879)　32
Hughes v Lord Advocate [1963]　180
Hughes v Metropolitan Railway Co (1877)　45
Hyde v Wrench (1840)　29

I

In Re: Tachographs: EC Commission v The United Kingdom (1979)　18
Industrie Chimiche Italia v Alexander G Tsavliris & Sons Maritime C [1990]　193
Ingram v Little [1961]　120
Inntrepreneur Estates Ltd v Hollard [2000]　100
Inntrepreneur Pub Co v East Crown Ltd [2000]　82
Interfoto Picture Library v Stiletto Visual Programmes [1989]　89
Investors Compensation Scheme v West Bromwich Building Society (No.1) [1998]　77

J

J & H Ritchie Ltd v Lloyd Ltd [2007]　129
J Evans & Son (Portsmouth) Ltd v Andrea Merzario Ltd [1976]　81
J Lauritzen A S v Wijsmuller B V: The Super Servant Two [1990]　135
J Pereira Fernandes SA v Mehta [2006]　61
Jabir v H Jordan & Co [2011]　237
Jackson v Horizon Holidays Ltd [1975]　151
Jackson v Union Marine Insurance Company Ltd (1874)　132
Jarvis v Swans Tours Ltd [1973]　150
Jones v Humphreys [1902]　228
Jones v Vernon's Pools [1938]　52
Joseph Constantine SS Line Ltd v Imperial Smelting Corp Ltd [1942]　134
Junior Books v Veitchi [1983]　182

K

Kearley v Thomson (1890)　125
Keech v Sandford [1726]　204
Keighley, Maxsted & Co v Durant [1901]　190
Kelner v Baxter (1866)　191
KH Enterprise v Pioneer Container (The Pioneer Container) [1994]　171
King's Norton Metal Co v Edridge, Merrett & Co (1897)　119
Kiriri Cotton Co Ltd v Dewani [1960]　125
Kleinwort Benson Ltd v Malaysia Mining Corporation, Berhad [1989]　52
Kleinwort Benson v Lincoln City Council [1999]　99, 100, 115
Knight v Knight (1840)　201
Koufos v C Czarnikow Ltd (The Heron II) [1969]　143
Krell v Henry [1903]　132
Kuwait Airways Corporation v Iraqi Airways Co (Nos 4 & 5) [2002]　226
Kyle Bay Ltd (t/a Astons Nightclub) v Underwriters Subscribing under Policy No 019057/08/01 [2007]　115

L

L Schuler AG v Wickman Machine Tool Sales Ltd [1974] 71
L'Estrange v F Graucob Ltd [1934] 86
Laemthong International Lines Co Ltd v Artis, The Laemthong Glory (No 2) [2005] 172
Lambard North Central plc v Butterworth [1987] 71
Lambert v HTV Cymru (Wales) Ltd [1998] 55
Lampleigh v Braithwait (1615) 39
Lane v O'Brien Homes Ltd [2004] 149
Latimer v AEC Ltd [1953] 178
Lazenby Garages v Wright [1976] 145
Leaf v International Galleries [1950] 107, 114
Lefkowitz v Great Minneapolis Surplus Store (1957) 26
Lewis v Averay [1971] 119
Lewis v Read (1845) 191
Linden Gardens Trust Ltd v Lenesta Sludge Disposals Ltd [1994] 170, 230
Lipkin Gorman v Karpnale [1991] 211
Liverpool City Council v Irwin [1977] 73
Lloyds Bank v Bundy [1974] 111
Long v Lloyd [1958] 106

M

Mahmound & Ispahani, Re [1921] 121
Malik v BCCI [1997] 73
Manchester Diocesan Council for Education v Commercial and General Investments Ltd [1969] 33
Mann v Nunn (1874) 82
Marcq v Christie Manson & Woods Ltd [2003] 235
Mareva Compania Naviera SA v International Bulk Carriers SA [1975] 163
Maritime National Fish Ltd v Ocean Trawlers Ltd [1935] 134
Marles v Philip Trant & Sons Ltd [1954] 122
Mars UK Ltd v Teknowledge Ltd [1999] 286
Mathew v Bobbins (1980) 110
McAlpine (Alfred) Construction Ltd v Panatown Ltd [2001] 170

McArdle, Re (1951) 38
McLaughlin v Duffill [2008] 189
Mclnery v Llyods Bank Ltd [1974] 98
McPhail v Doulton, Re Baden [1971] 201
Mediterranean Salvage and Towage Ltd v Seamar Trading and Commerce Inc, The Reborn [2009] 72
Mercantile Credit Co Ltd v Hamblin [1965] 224
Merritt v Merritt [1970] 51
Mitsubishi Motors Corp v Soler Chrysler-Plymouth, Inc (1985) 277
Monarch Steamship Co v Karlshamns Oljefabriker (A/B) [1949] 142
Montagu's Settlement, Re [1987] 204
Moore Stephens v Stone Rolls Limited [2009] 184
Moorgate Mercantile Co Ltd v Twitchings [1977] 224
Mortgage Express v Robson [2001] 126
Mullin v Richards [1998] 179
Murphy v Brentwood District Council [1991] 183

N

National Carriers Ltd v Panalpina (Northern) Ltd [1981] 136
Nettleship v Weston [1971] 179
New Zealand Shipping Co Ltd v AM Satterthwaite, The Eurymedon (1975) 42, 171
Newtons of Wembley Ltd v Williams [1965] 225
Nickoll & Knight v Ashton Eldridge & Co [1901] 133
Nicolene Ltd v Simmonds [1953] 55
Nisshin Shipping Co Ltd v Cleaves & Co Ltd [2003] 172
Noakes v Rice [1902] 243
Noble Denton Middle East v Moble Denton International Ltd [2010] 274
Nokes v Doncaster Amalgamated Collieries [1940] 230
Nordenfelt v Maxim Nordenfelt Guns & Ammunition

Co Ltd [1894]　123

O

Ocean Tramp Tankers Corporation v V/O Sovfracht, The Eugenia [1964]　133
Offer-Hoar v Larkstore Ltd [2006]　232
Office of Fair Trading v Abbey National plc [2008]　158
Office of Fair Trading v Abbey National plc [2009]　95
Ofir Scheps v Fine Art Logistic Ltd [2007]　88
Olley v Marlborough Court Ltd [1949]　87
O'Rourke v Darbishire [1920]　208
Oscar Chess Ltd v Williams [1957]　66
Oughtred v IRC [1960]　229
Overseas Tankship (UK) Ltd v Morts Dock & Engineering Co Ltd (The Wagon Mound No.2) [1961]　180
Owens Bank v Bracco [1992]　269

P

Paddington Building Society v Mendelsohn (1985)　245
Page One Records Ltd v Britton [1968]　162
Pankhania v Hackney London Borough Council [2002]　99
Pao On v Lau Yiu Long (1980)　39
Paradine v Jane (1647)　131
Parker v South Eastern Railway Co (1877)　87
Partridge v Crittenden [1968]　26
Paul v Constance [1977]　201
Payzu Ltd v Saunders [1919]　152
Peekay Intermark Ltd v Australia and New Zealand Banking Group Ltd [2006]　103
Pell Frischmann Engineering Ltd v Bow Valley Iran Ltd [2009]　149
Petromec Inc v Petroleo Brasileiro SA Petrobas (No.3) [2005]　54
Pharmaceutical Society of Great Britain v Boots Cash Chemists [1953]　25
Phillips v Brooks Ltd [1919]　119
Photo Production Ltd v Securicor Transport Ltd [1980]　90

Pignataro v Gilroy & Son [1919]　218
Pinnel's case (1602)　43
Pitt v PHH Asset Management Limited [1993]　288
Pitts v Hunt [1991]　184
Pollock v Stables (1848)　189
Popely v Popely [2004]　267
Poussard v Spiers (1876)　69
Prenn v Simmonds [1971]　79

R

R v Attorney General of England and Wales [2003]　110
R v Clarke (1927)　29
Radford v De Froberville [1977]　147
Raffles v Wichelhaus (1864)　116
Raiffeisen Zentralbank Osterreich AG v Royal Bank of Scotland plc [2010]　108
Rainy Sky SA v Kookmin Bank [2011]　79
Ramsgate Victoria Hotel Co Ltd v Montefiore (1866)　35
Reading v Attorney-General [1952]　195
Redgrave v Hurd (1881)　103
Regus (UK) Ltd v Epcot Solutions Ltd [2008]　94
Rice (T/A The Garden Guardian) v Great Yarmouth Borough Council [2003]　71
Riyad Bank v Ahli United Bank (UK) plc [2006]　167
Robertson v French (1803)　78
Robins v Gray [1895]　252
Robinson v Mollett (1875)　190
Rochefoucauld v Boustead [1897]　206
Rogers, Sons & Co v Lambert & Co [1891]　238
Roscorla v Thomas (1842)　38
Rose and Frank Co v Crompton (JR) & Brothers Ltd [1925]　51
Rowland v Divall [1923]　160
Royal Bank of Scotland v Etridge (No.2) [2001]　110
Royal Brunei Airlines v Tan [1995]　205
Royscott Trust Ltd v Rogerson [1992]　105

RTS Flexible Systems Ltd v Molkerei Alois Muller Gmbh & Company KG (UK Production) [2010] 57
Ruxley Electronics and Construction Ltd v Forsyth [1995] 147
Ryan v Mutual Tontine Westminster Chambers Association [1893] 161

S

Safeway Stores Ltd v Twigger [2010] 185
Sandhu Menswear Company Ltd v Woolworths plc [2006] 178
Sauter Automation v Goodman (HC) (Manchester Services) [1987] 31
Scammell & Nephew v Ouston [1941] 53
Schebsman, Re [1944] 168
Schmidt v Rosewood Trust Ltd [2003] 208
Scotson v Pegg (1861) 42
Scrutton Ltd v Midland Silicones Ltd [1962] 171
Selectmove Ltd, Re (1995) 44
Shadwell v Shadwell (1860) 38, 43
Shanklin Pier Ltd v Detel Products Ltd [1951] 166
Shirlaw v Southern Foundries (1926) Ltd [1939] 73
Shogun Finance Ltd v Hudson [2003] 118
Shuey v United States (1875) 35
Sibree v Tripp (1846) 44
Simpson v The London and North Western Railway Co (1876) 149
Smith v Butler [1900] 60
Smith v Eric S Bush [1990] 103
Smith v Hughes (1871) 77, 116
Smith v Land & House Property Corporation (1884) 98
Smith v Leech Brain & Co Ltd [1962] 181
Société Italo-Belge Pour le Commerce et L'Industrie SA v Palm and Vegetable Oils (Malaysia) Sdn Bhd, The Post Chaser [1982] 47
Spartan Steel and Alloys Ltd v Martin & Co Ltd [1972] 181
Spencer v Harding (1870) 27

Spencer v S Franses Ltd [2011] 238, 251
Spice Girls Ltd v Aprilia World Service BV [2002] 101
Spiliada Maritime Corp v Cansulex Ltd [1987] 259
Spurling (J.) Ltd v Bradshaw [1956] 89
St John Shipping Corporation v Joseph Rank Ltd [1957] 122
Statoil ASA v Louis Dreyfus Energy Services LP, The Harriette N [2008] 117
Stephens v Venables (1862) 231
Sterns Ltd v Vickers Ltd [1923] 220
Stevenson, Jacques and CO v McLean (1880) 30
Stilk v Myrick (1809) 41
Stoddart v Union Trust [1912] 231
Stooke v Taylor (1880) 156
Suisse Atlantique Société d'Armement Maritime SA v NV Rotterdamsche Kolen Centrale [1967] 90
Supershield Ltd v Siemens Building Technologies FE Ltd [2010] 144
Swiss Bank Corp v Lloyds Bank Ltd [1980] 249
Swiss Bank Corporation v Lloyds Bank Ltd [1979] 168

T

Tandrin Aviation Holdings Ltd v Aero Toy Store LLC [2010] 138
Target Holdings v Redferns [1995] 209
Taylor v Caldwell (1863) 131
Tekdata Interconnections Ltd v Amphenol Ltd [2009] 31
Thames Valley Power v Total Gas and Power [2005] 139
The Aiolos [1983] 229
The Balder London [1980] 228
The Moorcock (1889) 72
The Mount I [2001] 228
Thomas National Transport (Melbourne) Pty Ltd and Pay v May and Baker (Australia) Pty Ltd [1966] 90

Thomas v BPE Solicitors [2010]　33
Thompson v ASDA-MFI Group plc [1988]　59
Thompson v London, Midland & Scottish Railway Co [1930]　87
Thornton v Shoe Lane Parking Ltd [1971]　88
Three Rivers DC v Bank of England [1996]　229
Tillmanns v S.S. Knutsford [1908]　78
Tinn v Hoffman & Co (1873)　33
Tinsley v Milligan [1994]　125
Tito v Waddell (No.2) [1977]　232
Tool Metal Manufacturing v Tungsten Electric [1955]　48
Tooth v Hallett (1869)　231
Transco plc v United Utilities Water plc [2005]　183
Transfield Shipping Inc v Mercator Shipping Inc, The Achilleas [2008]　144
Tribe v Tribe [1996]　126
Tsakiroglou & Co Ltd v Noblee Thorl GmbH [1962]　133
Tse Kwong Lam v Wong Chit Sen [1983]　244
Tulk v Moxhay (1848)　168
Turcan, Re (1888)　230
Turiff v Regalia [1971]　58
Turner v Goldsmith [1891]　197
Twinsectra Ltd v Yardley [2002]　205

U

Underwood Ltd v Burgh Castle Brick & Cement Syndicate [1922]　217
Universe Tankships Inc of Monrovia v International Transport Workers Federation [1982]　109

V

Vandervell v IRC [1967]　202
Victoria Laundry (Windsor) Ltd v Newman Industries Ltd [1949]　143
Vinogradoff, Re [1935]　202

W

W J Alan & Co v El Nasr Export & Import Co [1972]　47, 49

W J Tatem Ltd v Gamboa [1939]　136
Walford v Miles [1992]　54, 288
Walker v Bradford Old Bank (1884)　228
Walton Harvey Ltd v Walker & Homfrays Ltd [1931]　135
Waltons Stores (Interstate) Ltd v Maher (1988)　49
Warlow v Harrison (1859)　27
Warner Bros Records Inc v Rollgreen Ltd [1976]　230
Warner Brothers Pictures Inc v Nelson [1937]　162
Watford Electronics Ltd v Sanderson CFL Ltd [2001]　93, 108
Watt v Hertfordshire County Council [1954]　178
Watteau v Fenwick [1893]　192
Watts v Morrow [1991]　146
Weiner v Gill [1906]　217
Wells v Cooper [1958]　178
Wells (Merstham) Ltd v Buckland Sand & Silica Co Ltd [1965]　166
West London Commercial Bank v Kitson (1884)　99
Westdeutshe Landesbank Girozentrale v Islington LBC [1996]　203, 210
Westerton, Re [1919]　230
White and Carter (Councils) Ltd v McGregor [1962]　152, 157
White and Carter (Councils) Ltd v McGregor [1961]　130
White v Bluett (1853)　41
White v City of London Brewery Co (1889)　243
William v Stern (1879)　48
Williams & Glyn's Bank Ltd v Boland [1981]　245
Williams v Cawardine (1833)　29
Williams v Roffey Bros and Nicholls (Contractors) Ltd (1991)　41
Wilson Smithett v Bangladesh Sugar [1986]　57
Winkworth v Christie Manson and Woods Ltd [1980]　226, 263

With v O'Flanagan [1936]　102
Woodhouse AC Israel Cocoa Ltd SA v Nigerian Produce Marketing Co Ltd [1972]　46
Wooldridge v Sumner [1963]　179
Wrightson v McArthur and Hutchisons (1919) Ltd [1921]　247
Wrotham Park Estate Co Ltd v Parkside Homes Ltd [1974]　149
WWF World Wide Fund for Nature v Wrestling Federation Entertainment Inc [2007]　160

X
Xenos v Wickham (1867)　63

Y
Yates Building Co v R J Pulleyn & Sons (York) (1975)　33
Yearworth v North Bristol NHS Trust [2009]　169

欧州裁判所
Case C-7/98 *Krombach v Bamberski* [2000]　268
Case C-21/76 *Bier v Mines de Potasse d'Alsace* [1976]　257
Case C-116/02 *Erich Gasser GmbH v MISAT Srl* [2003]　258
Case C-159/02 *Turner v Grovit* [2004]　261
Case C-185/07 *Allianz SpA v West Tankers Inc* [2009]　273
Case C-220/88 *Dumz v Hessische Landesbank* [1990]　257
Case C-269/95 *Benincasa v Dentalkit Srl* [1998]　258
Case C-281/02 *Owusu v Jackson* [2005]　259
Case C-364/93 *Marinari v Lloyds Bank* [1995]　257
Case C-381 *Ingmar v Eaton* [2000]　263
Case C-381 *Car Trim v Key Safety Systems* [2010]　256
Case C-386/05 *Color Drack v Lexx International* [2007]　256

島田 真琴（しまだ　まこと）
慶應義塾大学大学院法務研究科教授、弁護士。
1979年慶應義塾大学法学部卒業。1981年弁護士登録。1986年ロンドン大学ユニバーシティカレッジ法学部大学院修士課程修了（Master of Law）。ノートンローズ法律事務所、長島大野法律事務所勤務等を経て、2004年より現職。2005年から2007年まで新司法試験考査委員。
主要著作：「英国におけるマネジメント・バイアウトとわが国への導入の可能性」（『NBL』377号、378号、380号）、「イギリスにおける信託制度の機能と活用」（『慶應法学』7号）、「イギリスにおける金銭支払を命ずる判決の強制執行」（『法学研究』84巻12号）、「イギリス法との比較による債権法改正基本方針の検討―国際取引法務の観点から」（『慶應法学』19号）、「イギリスにおける盗失・略奪美術品の被害者への返還に関する法制度」（『慶應法学』21号）、「美術品の委託売買における美術商の顧客に対する責任―Accidia Foundation 対 Simon C. Dickinson Limited 判決の美術品取引実務への影響」（『慶應法学』23号）、「信託訴訟の国際裁判管轄」（『慶應法学』28号）、など。

イギリス取引法入門

2014年4月5日　初版第1刷発行

著　者―――島田真琴
発行者―――坂上　弘
発行所―――慶應義塾大学出版会株式会社
　　　　　　〒108-8346　東京都港区三田2-19-30
　　　　　　TEL〔編集部〕03-3451-0931
　　　　　　　　〔営業部〕03-3451-3584〈ご注文〉
　　　　　　　　〔　〃　〕03-3451-6926
　　　　　　FAX〔営業部〕03-3451-3122
　　　　　　振替　00190-8-155497
　　　　　　http://www.keio-up.co.jp/
装　丁―――鈴木　衛
印刷・製本――株式会社丸井工文社
カバー印刷――株式会社太平印刷社

Ⓒ2014 Makoto Shimada
Printed in Japan　ISBN 978-4-7664-2112-5